Umbert Eco

에코

움베르토 에코

디터 메어쉬 지음
안정오 옮김

인간사랑

옮긴이와 저자 디터 메어쉬 : 베를린 이태리 식당 앞에서

유니우스 출판사 사장과 옮긴이 : 함부르크 본사에서

에코가 강의하였던
볼로냐 대학 구내

볼로냐 대학 내의 철학분과 도서관 안에 비치된
에코의 책 목록표

‖ 한국어판 서문 ‖

기호학의 철학적 기본원리를 탐색하고 있었던 1980년대 초반에 나는 에코의 기호학을 만났다. 에코는 찰스 샌더스 퍼스의 실용적인 기호학과 페르디낭드 드 소쉬르의 언어학적 구조주의라는 두 가지 분리된 전통을 결합시키고 서로 조화시키려 하였으므로 나에게 매우 매력적으로 보였다. 움베르토 에코는 처음부터 이들 두 영역을 왔다갔다 했으며, 1968년도에 그의 첫 번째 독백인 『부재하는 구조』로써 어떤 구상을 제안하기 위해 이 두 가지 전통을 중재한 바 있는데, 그 중심에 열린 해석과정과 동적인 해석과정이 자리잡고 있다. 그는 기호해석 자체를 퍼스처럼 백과사전적인 "세상지식"의 조망하에서 비로소 보장될 수 있는 추정들, 가설들, 판독들의 결과로 이해했다. 그래서 기호학은 개별 학문에 기여하는 분석적인 도구나 방법이 아니라, 특히 한스 게오르그 가다머의 철학적 해석학으로 가정할 수 있었던 "해석이론"으로 나타난다.

세계적 베스트셀러인 에코의 『장미의 이름』은 1980년에 출간되었다. 나는 이 소설을 교수라는 지식인이 어떤 또 다른 자질의 가능성을 보여주려는 전형적인 "지식인 소설"로 생각하고 읽고자 하는 흥미를 전혀 갖고 있지 않아서 그 책을 상당 기간 동안 방치했었다. 그러나 우연하게도 1987년에 어떤 곳으로 여행하는 동안에 그 책을 손에 들고 가게 되었고, 읽기 시작하면서 곧바로 매료되어 버렸다. 이 책에 들어 있는 것은 어떤 "교수가 쓴 소설"이 아니었으며, 엄청난 대작이었다. 에코의 기호학적 구상이 드라마틱한 설명의 의복을 입고 드러나 있었다. 말하자면 다른 수단을 통해서 자신의 이론적인 내용을 작품으로 보여주는 특이한 것이었다. 이 책은 그의 고유한 방식에 따라서 당시의 후기 구조주의의 특징으로 형성된 이성비판에 대한 테마와 연결되어 있었고, 이성과 이성비판 사이의 화해할 수 없는 대립을 새로이 해소시킨 "계몽된" 계몽비판의 고백과 대비시켜 주고 있었다. 1988년에 『장미의 이름』의 후속 소설이 이성비판에서부터 밀교적인 구원론과 새로운 반계몽주의의 회귀까지의 넓은 범위를 주제로 한 『푸코의 진자』로 출간되었을 때, 나는 움베르토 에코의 작품에 대한 소개서를 쓰기로 결심하였으며, 두 개의 문학 텍스트의 해석에 제한해서 에코의 본질적인 기호철학을 재구하려고 시도했다.

그 이후 에코는 소설 『바우돌리노』(*L'isola del giorno pri-*

ma, Baudolino)를 썼으며, 최근에 자전적인 색채가 강한 소설 『로아나』(*La misteriosa fiamma della reina Loana*)를 발표했다. 이 소설들은 이 책에서 전혀 고려되지 않았으며, 더군다나 『소설 속의 독자』 이후에 지난 15년 동안 실행된 그의 해석이론(『해석의 한계』의 사정거리 안에 있는)의 섬세함도 거의 고려하지 않았다. 물론 이런 책들은 그의 초기 작품들의 수정본도 아니고, 그의 기호학적 이론의 변경도 아니며, 오히려 이것들의 초점은 자크 데리다의 해체와의 토론이고, 미국에서 지배적인 해석학적인 문학이론과의 토론이다. 에코는 항상 이런 식으로 가장 앞선 현재의 이론방식들의 내적 모순성과 "생각하지 못했던 것"을 반론적으로 그것들에게 제시하고 그것에 대해 어떤 적합한 입장을 취하기 위해서 현재의 가장 앞선 이론을 조망한다. 확대된 텍스트 모형이 중요하므로 에코는 이런 모형들이 그들의 전제조건과 "맹점"을 동시에 가지고 있는 그곳에서, 즉 텍스트와 문서 자체 안에서 시행한다. 그 이후에도 계속 에코가 지루하지 않게 반복하는 테마는 간단히 말하자면 모든 해석적인 임의성으로부터 "텍스트의 권리들"을 수호한다는 것이다. 해석의 과정은 시작이 있어야 하는데, 다시 말하자면 모든 석의(釋義)를 규정하고 그것의 질료적 현존을 넘어가면 안 되는 동기를 가져야 한다. 다른 말로 말하자면 기호는 심지어 "어떤 것"이다. 기호는 다른 목적에 대한 기호들의 사용 혹은 선점에 반대하는 것이다. 그래서 모든 해석은 모

든 "해체"와 마찬가지로 그들의 경계를 가진다. 나는 이러한 에코의 경계설정을 그 이후로 여러 가지 논문에서 해설하였고, 그 근거를 그의 전체 작품 안에서 찾고자 노력했다.[1]

내가 행한 움베르토 에코에 대한 논쟁들이 한국어로 번역되어 한국의 독자들이 읽을 수 있게 된 것에 대해 매우 기쁘게 생각한다. 이에 대해 특히 수년 동안 심혈을 기울여 번역하신 안정오(An. Cheung-O) 교수님께 감사드리고, 이 책을 출판하도록 허락하신 인간사랑 출판사에도 감사드린다.

2006년 1월 베를린에서

디터 메어쉬(Dieter Mersch)

차례

도입 : 이론적이고 설화적인 담론

"원래 사람들은 철학을 창작해도 될 것이다."

루드비히 비트겐슈타인, 『여러 가지 소견들』

『장미의 이름』과 『푸코의 진자』라는 두 권의 소설은 움베르토 에코의 명성에 토대를 제공하였지만 그렇게 중요한 것은 아니었다. 그는 이미 이전에 기호학에 대한 주요 저서인 『기호학 입문』과 『기호학-기호이론의 구상』을 출간하였으며[1], 『토마스 아퀴나스의 미학문제』, 『열린 예술작품』, 『소설 속의 독자』, 『문화비평을 위한 에세이』, 『종말론자와 통합론자』, 『집에서 필요한 것들』, 『오래 기다려야 할 소망』등의 저서와 수많은 칼럼, 문학적 작은 시도와 패러디 등을 발표하였다. 매우 다양하게 나타나는 이러한 모든 프로젝트들의 공통적인 연결점은 기호의 기본철학으로서의 기호학이다. 문화의 맥락 안에서만 기호가 존재하고 역으로 기호가 산출될 때만 문화가 표현된다라는 의미에서 기호학은 문화이론의 기본적인 토대이다. 그에 상응해서 미학적이고 문화역사적인 저술들은 상징의 생산과 해석이론에 대한 기고로서 간주될 수 있고, 문화비판적인 저술들은 롤랑 바르트의 예에 따른 일상의 기호학으로 가는 길목에 있는 응용모형으로서 간주될 수 있다.[2] 소설들조차도 설화적인 기호학으로 이해될 수 있다. 다시 말하자면 이는 이론의 예증으로, 그리고—비트겐슈타인과는 반대로—다음 공리에 의거해서 메타 설화적인 사색으로 이해될 수 있다 : "이론적으로 말할 수 없는 것에 대해 사람들은 설명해야 한다."[3]

그래서 에코의 작품은 통합체로서 고찰될 수 있다. 특히 그런 통합체 안에서 문학은 전체의 구성요소이기 때문에 그 전체와 함께 읽혀져야 한다. 문학은 우화적으로 만들어 가지만 담론으로서의 기호학은 그렇게 할 수 없다. 그래서 문학은 내적인 제한들을 없애고 어떤 다른 말하기로 전이된다. 담론도 의미심장하게 자기 자신에 대하여 말할 수 없다. 담론은 어쩔 수 없이 자가 설명의 당혹함을 경험한다. 기호학이 원칙적으로 기호의 조망 아래에 모든 것을 놓으려고 시도하는 한은 이런 현상은 기호학에도 해당된다(Z, 15) : 그렇다면 세상이 그런 식으로 서술되는 방식, 세상에서 사라지는 것, 특히 어떤 기호도 아닌 것 혹은 그런 기호로 서술될 수 없는 것은 기호학의 문턱 저편에 있고, 그래서 기호학의 개념과 도구를 사용할 수 없다. 다시 말하자면 이는 기호학이란 스스로 철학이 아님을 뜻한다. 체계에서 볼 때 기호학이 언급하는 것과 기호학과의 관계는 체질적으로 불명확하다. 기호학의 의의는 물론 기호학의 논증도 기호학 담론의 요소일 수 없다. 오히려 기호학은 특정한 방식으로 작업하는 범례를 형성한다 ; 그것이 행하는 것 혹은 행하지 않는 것은 기호학적 범주로부터 벗어난다. 그래서 우리가 기호학에 관해서, 그리고 기호학의 의도와 위치에 대하여 말하려고 하자마자 매체 자체에서의 위치 전환이 필요하다.

20세기 철학의 기본문제에서부터 어려움은 시작된다. 철학이 전반적으로 언어철학으로 치우침으로 인해 철학의 고유한 언급방식은 철학에서 문제가 되어버렸다. 그래서 철학은 자기 자신에 대해서 해명하려고 노력함으로써 철학의 담론적 가능성의 조건에 대하여 언급할 필요를 자주 느끼게 되었다. 분석적이고 언어분석적인 비트겐슈타인으로부터 콰인과 써얼의 철학은 물론, 하이데거와 가다머의 철학적 해석학과 아펠과 하버마스의 의사소통 공동체이론이 이것에 해당한다. 또한 프랑스 구조주의와 소쉬르에서부터 푸코와 데리다까지의 후기 구조주의도 이에 속하며, 퍼스에서부터 에코까지의 기호학도 이에 속한다.[4] 전반적으로 이것들은 불가피한 수수께끼를 만나게 되는데, 그것은 언어에 대해서 언급하는 것만으로는 충분하지가 않기 때문이다. 오히려 언어가 무엇에 대해서 말하는가가 언어로써 언급되어져야 한다. 이것은 기호학에서도 발생하는 딜레마인데, 기호학이 언급하는 기호를 기호학 말하기 자체가 사용하면서 기호학은 기호에 대해서 말하기 때문이다.

그러나 이러한 방식으로 언어와 언어에 대한 말하기가 분리될 수 없기 때문에 비트겐슈타인은 자신의 초기 철학에서 말해질 수 있는 것과 이러한 경계의 저편에 있는 모든 것에 대해서—이를 그는 간단히 "무의미"라고 나타낸다—경계를 지으려고 시도했었다. 언어 이외의 다른 어떤 장소가 없다[5]; 그래서 언어는 자기 자신에 대해서 어떤 것도 발설할 수 없다. 그에 따르면 말해질 수 있는 것은 "명확하게 말해질 수 있다. 우리가 말할 수 없는 것에 대해서 우리는 침묵해야 한다."[6] 언어가 결국 무의미한 것으로 인식되어야 한다면 바로 이러한 견해로부터 침묵이 나오게 되는데, 언어가 이미 언급될 수 있는 것의 영역으로부터 나온 것이기 때문이다.

아도르노는 이러한 것에 대하여 분명하게 "정신적으로 […] 서술할 수 없는 상스러움"[7]이라고 증명하였으며, 그럼으로써 모든 비판적인 자기 성찰도 사라질 것이고, 철학은 모두다 침묵으로 취급될 것이라고 반론을 제기했다. 그 대신에 철학이 생생하게 살아 있는 곳에서는 비트겐슈타인의 판단에 의하면 철학이 무엇에 대해 언급할 수 없는가에 대하여 말해질 수 있다고 한다. 즉 이는 "모험의 역설"을 이겨내고 원래 언급 불가한 것을 말하는 것을 의미한다. 그렇다면 당연히 철학적 사고는 언어로써 언어를 축소하는 것을 반대하는 진보된 반역으로 증명된다. 이것은 자기 자신에 반대하는 개념의 투쟁으로 비유된다. 이는 우리 세기의 언어철학적 담론의 대상과 또 다른 측면이 동시에 계시되는 경계선이기도 하다. 그럼에도 불구하고 이것은 발설할 수 있는 것의 끝에서 발설될 수 없는 것의 그림자로 나아가기 위해서 언어경계를 허무는 노력이다. 그리고 이러한 노력은 하이데거의 "존재의 전설"의 뿌리로 되돌아가는 회귀 안에 있고, 바타이유의 예술의 "황홀함"이나 푸코의 담론적 질서의 "전복", 들뢰즈와 가타리의 자유연상의 "정신착란"에도 존재한다. 이것들은 단계적으로 개념의 엄격함에서부터 시와 유사하게 바뀌거나 시적 낱말의 애매함으로 바뀌었다. 물론 하이데거의 그런 기원들을 찾으려는 추구는 언어의 과도한 확장으로 이어진, 그래서 이로부터 애매모호한 소문의 신비화로 보여진다. 그밖에 데리다의 애매모호한—임의로 채워질 수 있는 은유와 간격 혹은 단절로 빠져드는—문체에도 비슷한 것이 적용된다. 이로써 개념들이 사라지고 모든 진술하기가 임의적이 되는 비-담론적인 거친 무인도를 이들은 밟아버렸다.

그 사이에 철학이 언어경계를 향해 달리게 되고, 그러한 분리화와 "상처들"[8]은 결국 담론을 엄청나게 파괴하는 헛수고를 저지르게 된다. 이와 반대로 에코는 이것의 위치 자체를 바꾸었다. 그는 침묵에도 빠지지 않고 개념들에게도 폭력을 행사하지 않는 어떤 말하기를 가능하게 하기 위해서 이론으로부터 문학으로 넘어간다. 담론을 완전히 해체하거나 내부로부터 벗어나는 대신에 그는 모든 철학적 요구의 저편에 있는 언어를 다시 자유롭게 하기 위해서 미학을 선택했다. 이런 선택은 예술을 통해서 담론적 독설을 창조적으로 극복함으로써 그 정당성을 찾는다. 이론적으로 어쩔 수 없이 자기 모순에 빠져들어 가는 것이나 사고가 갈피를 못 잡게 되는 것은 이 미학을 생산적인 이윤으로 바꾸어 준다. 이성적 글쓰기가 기껏해야 부분적인 개념 질서를 세우거나 아니면 낭떠러지로 떨어지는 반면에, 이야기는 경계 없는 잠재적인 실재를 발명한다. 그래서 이것은 환상과 상상력을 통해서 이론적인 담론이 문자적으로 감히 꿈꿀 수 없는 허구적인 세상을 만들어낸다.

에코는 말하자면 "포스트모던적인" 길을 제안했다.[9] 그는 이론을 담론적 수단과는 다른 것으로 발전시키기 위해서 미학의 가능성을 이용하였다. 이러한 선택은 절대 필수적이지는 않으며, 많은 것 중 단지 하나의 대안이고 우연한 개인적 성향이나 능력의 결과이다. 에코는 그에 걸맞게 『장미의 이름』을 위한 서문에서 "수많은 원시 태고적 강박관념의 해방"

의 행위로서의 이야기에 대한 순수한 감정에서부터 이 소설을 썼다고(NR, 12) 고백하고 있다. 물론 실제로 그는 이러한 방식으로—이론의 새로운 형식을 지니는, 즉 포스트모던적 형식을 지니는 포스트모던적인—책의 새로운 유형을 제시한다. 왜냐하면 소설을 쓴다는 것은 알베르토 아소르 로사처럼 "사람들이 만일 오늘날 또 다른 존재론을 갖는다면 결국 존재론을 설명하는 유일하게 인정할 만한 방식"[10]이기 때문이다.

그래서 담론과 문학은 상호적으로 보완적이 된다. 그리고 철학은 서사적인 것 없이 이해될 수 없고, 서사적인 것은 철학적 작품 없이 이해될 수 없다. 그래서 발터 슈테펜스에 의하면, 소설을 재구하기 위해 에코의 이론을 이용하기보다는 오히려 에코의 이론을 재구하기 위해서 그의 소설을 이용한다는 말이 맞다.[11] 이를 위해서는 물론 신화적인 전환이 필요하다. 즉 이야기로부터 담론성으로 돌아가는 것이 필요하다. 거기에 해석의 본질적 과제가 있다. 해석을 한다는 것은 최우선적으로 소설의 다양한 철학적 측면들을 발굴하는 것을 뜻한다. 그러면 비로소 에코의 기호학적 철학의 진면목이 드러난다.

기호학적 모형으로서의 『장미의 이름』

1

텍스트와 문자 – 작가의 저편

"그리고 여기서 내가 쓰는 것, 그리고 네가——나의 미지의 독자——지금 읽는 것은 기왕에 있는 단편들이 나에게 주었던 그것만을 반복하는 대충 짜맞춘 작품, 거대한 형상시, 거대한 아크로스티크(각 행 혹은 각 연의 첫 글자, 첫 음절 혹은 첫 단어를 모으면 하나의 단어나 문장이 되는 기교서형 : 역자 주)인 것처럼 나에게 생각된다. 그리고 내가 여기서 말했던 그 사람이 **나**인지 혹은 오히려 **그들이** 나의 입을 통해서 말하고 있는 것은 아닌지 잘 모르겠다."

에코, 『장미의 이름』

에코의 소설은 전체적으로 볼 때 기존의 문학적 범주의 전통을 파괴한다. 에코의 소설은 기존의 전통들을 가지고 진행되지만 그 전통과의 관계는 단절되어 있다. 그래서 에코 소설은 아주 상이한 장르들을 서로 혼합하고, 수많은 이야기 코드들을 연결하고, 이야기 문체와 담론형식으로부터 큰 규모로 작성된 알렉산더 방식의 텍스트 조직까지 모든 형식을 모은다. 이렇게 하여 새로운 "유형"의 책이 생기게 된다. 이 책에서는 문학이 아니라 "메타 텍스트"가 다루어지고 있기 때문이다. 이 메타 텍스트들은 그들의 역사를 설명하면서 동시에 그것의 생성에 대해서 말하고 그것이 어떻게 읽혀질 수 있는가에 대해서 말하는 이론적인 구조들이다. 그래서 메타 텍스트는 매우 다양한 해석들을 허용한다 ; 이것들은 어떤 한 해석에 특권을 부여하는 것이 아니라 해석을 오히려 확대하려는 것처럼 보인다. 어떤 텍스트를 쓴다는 것은 에코가 『소설 속의 독자』에서 쓴 것처럼 독자에 의해서 이해되면서 계속 발전되기만을 기다림으로써 다른 텍스트에 의해 이해되는 것을 말한다 : "텍스트란 어떤 사람이 그것을 기능하도록 도와주기를 원한다"(LF, 64). 그래서 이야기 구조는 "열린 기계"와 유사하다. 그리고 에코가 자신의 『장미의 이름에 대한 후기』에서 쓰고 있는 것처럼 이 책의 "시적인 작용"은 "완전히 소모되지 않고 항상 새롭게 다른 읽기방식을 생산하는 능력"에서 생긴다(NRR, 9).

이것은 통속소설의 특징을 매우 분명히 가지는 책들에 어떻게 적용될 수 있을까? 에코가 그러한 것들을 『종말론자와 통합론자』에서 분석한 것처럼, 저속물의 시학에 적합하게 『장미의 이름』에는 물론 『푸코의 진자』에도 순진한 나-설명자, 주인공의 강력한 전형화, 동일화의 문학적 모방, 긍정적인 영웅과 반영웅의 전형적 기본모형 및 그것의 "선한" 이데올로기와 "악한" 이데올로기에 대한 모형적 배열 등이 존재한다. 더욱이 이야기 구조는 완전히 전통적인 방식이고, 그것의 허구적인 수단은 완전히 시대착오적이며, 구성양식은 단순하고 진부하다.[1] 물론 그 결론들은 어디서나 가늠될 수 있고, 인용은 물론 그것 자체로 저속할 수 없는 저속화의 성찰도 언제나 가늠될 수 있다.[2] 에코는 진부한 것으로서의 그러한 것들을 파괴하기 위해서 의식적으로 상투어를 사용한다. 그는 그러한 것들을 진부한 것으로서 알게 함으로써 진부함이 소용 없도록 하기 위해서 진부함을 확실하게 사용한다. 바로 이 때문에 그의 소설은 평범한 문화에서 나온 일상적인 생산물이 아니다[3] ; 이 이중적 전략으로 인해 그의 소설은 도덕적으로 이상형이 없으며 비평된 것을 자신의 고유한 수단으로 파괴해 버린다고 비평을 받는다.

다른 말로 하자면 에코의 소설들이 통속문학을 거부하는 한은 통속문학이다. 오히려 그의 소설은 서로 반영되어서 다양하게 얽혀진 측면들로 구성되어 있고, 중복되거나 중첩되어서 각각의 순수한 작품을 다시 구성할 수 없게 하는 구조 위의 구조로 구성되어 있다. 그래서 에코 소설의 플롯은 구성이나 여러 가지 구조와 수준들의 작용, 다른 문학작품의 작은 부분으로 구성된 몽타주, 수많은 부분들의 연결—이것들은 그의 소설이 다루고 있는 것처럼 복잡하게 얽힌 미로나 자연적으로 된 콜라주(여러 언어로 구성된 문학작품 : 역자 주)를 이 소설에서부터 만들어낸다—에 그렇게 큰 관심을 갖지는 않는다. 우선은 탐정소설[4]이 당연히 문제가 된다. 즉 영국이나 미국적인 모형의 표절과 암시로부터 거의 완전하게 조합되어서, 그런 것들의 장르를 풍자하는 "메타 탐정소설"이 되는 그런 탐정소설이 여기서는 중요하다. 그래서 만일 『장미의 이름』이 에드가 엘렌 포우, 코난 도일, 아가사 크리스티의 특징적 장르 모형을 반복한다면—탐정은 시간이 거의 없고, 어둠 속에서 조심스레 걸으며, 모든 수사는 혼란에 빠지며 결국 논리적 추론의 그물이 가장 혐의가 없을 만한 범인에게 던져지게 된다—혹은 『푸코의 진자』가 햄밋(Dashiell Ham- mett)과 챈들러(Raymond Chandler)의 내용들을 반복한다면—여기서는 흔히 도시에서 일어나는 부도덕한 일을 많이 하는 어떤 풍자가가 점점 더 정신을 못 차리다가, 결국은 그것이 유령인지 현실인지 매우 불확실하며 복잡한 사건의 미궁으로 점차 우연하게 빠져든다—이는 단지 이것들이 고정된 문학적 테마임을 밝히기 위해서 그런 것이다. 두 개의 소설에서 매우 많이 등장하는 끔찍한 요소에도 비슷한 것이 적용된다. 『장미의 이름』에서 산 정상에서의 안개가 낀 무대, 수수께끼 같은 건축물 형식의 비밀, 공동묘지에서의 야간장면 등 ; 『푸코의 진자』에서—포스터식의 영화관 효과로 추가적으로 설치된—금지된 신비스런 술책, 모든 종류의 밀폐된 사회의 세계결탁, 수백년을 통해서 유령처럼 돌아다니는 백작, 오래된 성과 당시의 교회의 신비한 축제에서부터 마지막에 나오는 군중 히스테리적 피의 희생. 그것들을 순수하게 그리고 흔쾌히 따라감으로써 독자는 이미 그것들의 의식적 마술에 빠져들어 가고 아이러니한 놀이에 빠져든다. 에코는 『초인의 신화』에서 어떤 놀라운 하일라이트나 재치 있는 무대가 이를 위해 중요한 것이 아니라, "중복"과 "기계적 사고방식의 수행"(AI, 211, 또한 207쪽 이하 참조)이—이것은 반복 수행으로서 언제나 수포로 돌아간다—중요하다고 기술하고 있다.

더 나아가서 『장미의 이름』은 또한 역사소설[5]로서 "그럴 듯한 것으로"[6] 이해될 수 있다. 예를 들어 이것은 쉐펠의 『엑케하르트』와 비교될 수 있다. 연대기적 보고의 언어로 저술된 이 소설은 후기 중세적 정치와 문화의 포괄적인 모습을 믿음과 권력, 세계종말론과 구원의 희망, 종교적 광신주의와 보편질서 등을 통해 전해준다 ; 에코는 그것을 또한 동시대적 토론과 완전히 신세기적 원천에서 나온 육중한 파스티쉐(Pastiche, 원전이 없는 필사본 : 역자 주)로 무장한다.[7] 부분적으로 신뢰할 만한 자료에 근거하고 시대의 소요와 다양한 위기를 서술하는 전체성의 서술이 게오르그 루카치의 『소설의 이론』[8]의 의미에서 그런 방식으로 그에게 가능하려면 우선은 시대의 충실한 반영이 아니라 은밀한 상상이 중요하다. “왜냐하면 내가 다루는 사물 안의 어디에서나 그것들이 드러나는 것을 나는 알기 때문이다”(NNR, 24). 에코는 중세에 관해서 인상적으로 말하려는 것이 아니고 중세 속에서 말하려 했다(NNR, 27). 그래서 역사화의 처리방식은 오로지 자기 스스로 만족하도록 규정된 예술적이거나 연출된 시대를 창조하는 가면이 된다. 소설은 역사와 완전히 다른 어떤 것을 만들기 위해서 역사의 모형을 사용한다. 즉 “그 시대에서 한없이 멀리 떨어져 있고, […] 현재의 모든 관계들로부터 완전히 자유롭고, 우리의 희망과 확신에 생소한”(NR, 12) 어떤 이상적인 투사체를 사용한다.

“실질적인 문제들”(NR, 12)에 대한 선입관 없이 서술한다는 고백에도 불구하고 이 두 소설들의 시간관계는 혼동되지 않는다. 『푸코의 진자』의 경우는 심지어 명확하다. 이런 것을 쓴다는 것은 분명히 진부할 뿐만 아니라 명백하지 않다. 시간의 저편에서는 어떤 쓰기도 불가능하다. 다만 문자의 제한성은 그 문자가 표면적으로 수용되는 것보다 훨씬 더 불분명하고 은폐적이다. 그래서 사람들은 『장미의 이름』에서 분쟁과 음모의 근대적 이태리성에 대한 비유를 보았고, 알도 모로의 사건에서 폭력의 비이성성에 대한 우화를 보았으며, 전체 드라마와 문제가 우리 시대에 재현될 수 있었던 정치적으로 중요한 사건들을 보았다.[9] 프라 돌치노의 조직을 통해서 서술된 '68의 환상, 마르크스주의의 교파적 분열, 소설 속에 나오는 프라티첼 그룹의 모습을 띤 좌익 극단주의자들, 테러주의적 붉은 여단, 그리고 계속 사라지는 민족 ; 게다가 베네딕트파와 프란치스코파 사이의 대립에서 보수주의자와 진보주의자의 갈등, 그리고 왕의 사신과 교황의 사절 사이의 비생산적인 논쟁에서 오늘날 강대국들의 불투명한 외교적 계략 등이 보여진다. 비록 에코가 여러 번 중세적 이단자와 근대적 혁명사 사이의 유사성을 주장하고 종교적 계몽운동의 여러 가지 작용방식을 "마르크스-레닌 교단"의 도덕주의와 비교하고, 스탈린주의자와 트로츠키주의자 사이의 "거친 공격"을 프란치스코파와 도미니크파 사이의 논쟁과 비교했었지만(GW, 24, 289),[10] 그는 역으로 새로운 중세로 가는 길목에서 그런 관계들을 연결한다면 그것은 "한편으로는 우리 세계문명의 선택된 순간 또는 상황과, 다른 한편으로는 기독교 시대인 5세기에서 14세기까지 이어지는 역사과정의 여러 가지 순간들" (GW, 11) 사이에서만 납득될 수 있음도 역시 지적했다. 하지만 이것은 원칙적으로 모든 시기에 적용된다. 그래서 비교가능성의 초점은 오히려 소설의 다른 변장에 속하는데, 이는 낯선 환경에서 몇몇 실제 정치적 토론을 이끌기 위해서 배경으로서만 역할하는 대신에 훨씬 더 기본적인 대화의 역할을 시간들 사이에 분명하게 열어주는 요령이다.

다른 말로 말하자면 에코의 소설은 명백한 의미에서 탐정소설도 아니고 공포소설도 아니며, 역사소설도 아니고 정치적 실화소설도 아니고 시대소설과 같은 그런 것도 아니다 ; 오히려 모든 것을 모아놓은 것이라고 할 수 있고, 어떤 것을 모아놓은 것이 아니라고 할 수도 있다. 그의 소설들은 거의 모든 범주에서 벗어난다. 모든 장르의 저편에서 그의 소설은 모든 알려진 서술형식, 교훈형식 그리고 계몽형식에서부터 나온다. 그 대신에 에코의 소설들은 쓰기의 "예술공간"을 발전시키고, 놀랄 만한 문학적 놀이터를 발전시키며, 실제적이고 가능한 인용, 표절과 바꿔 쓰기, 인용되거나 위조된 구절들로 구성되어 있는 이념들과 수많은 서술들,— 부분적으로는 제이의 그리고 제삼의 손을 거친 짧은— 강의실 노트와 복사물들로 된 합성작품을 발전시키고, 문학과 문학적 양식의 단편들로 구성된 복합적 도서관을 발전시킨다. 『장미의 이름』에서는 볼테르, 라블레, 조이스, 보르헤스, 니체, 바흐친, 푸코, 비트겐슈타인 등이 재료로 사용된다 ; 더욱이 에코는 솔로몬의 아가서, 요한계시록, 아리스토텔레스의 작품들, 힐데가르트 폰 빙엔의 작품들, 토마스 폰 아퀴나스의 작품 등으로부터도 인용한다 ; 더 나아가서 그는 이시도르 폰 세비야의 『어원론』, 윌리엄 오캄의 『대화』, 혹은 그리스도의 청빈에 대한 질문을 다른 교황 요한네스 XXII세의 『연대기』와 같은 중세의 수많은 원전을 모방하고, 재구하며, 표절한다. 요한 후이징가의 『중세의 가을』,[11] 에른스트 로버트 커티우스의 『유럽문학과 라틴적 중세』,[12] 로자리오 아순토의 『중세에서 미의 이론』,[13] 에어빈 파노프스키의 『교양예술의 해석과 의미의 이론』,[14] 파리오 프라츠의 『사랑, 죽음 그리고 악마』[15]와 같은 역사적이고 예술사적으로 보아서 기본이 되는 작품의 보고들이 추가된다. 에코는 《라 레푸부리카》(*La Repubblica*)와의 인터뷰에서 아무것도 자신에 의해 쓰여지지 않았고 모든 것은 이미 쓰여진 텍스트로 구성되어 있다고 말했다.[16] 물론 중요한 것은 그가 그 걸작품을—아리스토텔레스의 사라진 책인 『두 번째 시학』[17]의 모든 단락을—재현하는 데 성공한다는 것이다.[18]

『푸코의 진자』는 텍스트 안에 아직도 이러한 텍스트들의 모티브를 가지고 있다. 물론 관계들은 전환되어져 있다 : 이것은 "책들의 역사"(NR, 12)가 아니고 독자들의 역사인데, 독자들은 의도적으로 떨어져 있는 장소를 통하여 읽혀진 것의 편린으로부터 역사의 책을 새로이 발견한다.[19] 이어서 카발라 교도, 아랍의 마술사, 고대 악령학, 아타나시우스 교회, 칼구스타프 융, 클로스소브스키, 짐멜, 보르헤스, 교회역사[20] 등이 풍부하게 인용되고 편집된다. 그래서 『열린 작품』과 『소설속의 독자』에 나오는 텍스트 이론의 의미에서 독자는 공범자가 된다. 다시 말해서 이야기가 독자를 천문학, 영지주의, 연금술, 붉은 장미 십자가, 마쿰바와 부두-마술의 촘촘하게 짜여진 그물 속으로 유혹하는 것처럼 그렇게—그리고 그와 더불어 플로베르의 『부바와 페퀴체』가 한때 학문의 저지를 배회한 것처럼, 그 이야기가 심령론의 저지를 배회하는 것처럼 그렇게—독자는 무의식적으로 공동 저자가 되는데, 그는 그렇게 해서 무의식적으로 이야기의 포로가 된다.

그러나 작품생산에서 이러한 구성기술은 텍스트로부터 텍스트의 신뢰성을 빼앗아 간다. 이미 쓰여진 문장으로부터 필사된, 외부의 계획들에 의해서 구성된, 다른 사람들의 말과 영감으로 설명된 저술은 언제나 새로운 것을 생산할 목적으로 쓰여지는 상징적 우주로서, 사실은 주체의 저편에서 발전한다. 어떤 취한 상태나 갑작스런 착상이 아니라 이차적 요소들의 조합의 결과가 문학 자체를 완성해낸다. 그리고 이 작품의 저자가 역사들을 고안하거나 역사에 대해 의미를 부여함으로써 창시자로서 책임을 지고 만들어 가는 것이 아니고, 책이 그 안에 보존되어진 기억의 장면을 통해 의의를 "만들어 낸다." 그래서 에코의 소설은 저자의 부재이론을 일관성 있게 관철시킨 것으로 증명되고 있다 ; 기껏해야 저자의 역할은 텍스트 구성의 선택, 배열 혹은 삽입과 같은 몇몇 구성하는 일로 축소된다.[21] 그러는 한에서 이 소설들은 쥴리아 크리스테바[22]와 텔켈그룹(프랑스 문학잡지 : 역자 주)에 의해 알려진 바대로 "간텍스트성"의 원칙을 따른다. 이들에 따르면 문학이란 문학

고유의 질서를 세우기 위해서 서로에게 상호 작용하며 상충적으로 작용하기도 하고 침투해 들어가기도 하는 다양한 문학으로 구성되어 있다. 이때 텍스트 생산이란 어떤 다른 지위를 가지게 된다 : 쓰는 것이란 읽는 것에서부터 나오는 일종의 실습이다. 그리고 "읽는 것"은 원래 "수집하기", "추려내기", "엿보기", "알아내기", "파악하기", "훔치기"를 의미한다.[23] 다르게 표현하자면 텍스트들은 이 텍스트들의 생산자로부터 이탈되어진 채로 우연히 잡힌 불변화들의 구조를 통해서 구성되어지고, 그것들의 변형과 반복연습을 통해서 비로소 이해될 수 있는 독자적 체계이다.

물론 이런 모형에 따라서 작성되어지긴 했어도 이 두 소설의 결말은 당연히 다르다. 사실상 에코는 콜라주 기술을 지나치게 강조함으로써 "간텍스트적인" 태도를 취한다. 인용의 의식적인 비축, 암시의 암시 및 직접적인 위조들, 원전에서 시행되는 의미변화와 곡해들이 바로 여기에 속한다[24] ; 불가능하거나 비개연적인 책의 인용도 여기에 속하는데, 가령 "편집자"가 부에노스아이레스의 어떤 고서점에서 "장기놀이에서 거울의 사용에 대하여"라는 제목을 가진 틸로 테미스바르의 어떤 책을 발견한 것을—이 책은 아드소의 공인되지 않은 필사본의 자세한 부분들을(이것은 원래 『종말론자와 통합론자』에 대한 부록에서 나왔던 에코의 보다 오래된 패러디에 대한 또 다른 패러디이다[25]) 포함하고 있다(NG, 9)—『장미의 이름』의 허구적 편집 보고 전반부에 제시하고 있다. 그리고 계수로부터 전승된 비밀교습으로부터 훨씬 더 비밀스런 어떤 것을 만들어내는—물론 어떤 무작위적으로 작동하는 컴퓨터의 자가적 환상으로 만들어진—『푸코의 진자』의 텍스트 생산체계 아불라피아(벨보가 사들인 컴퓨터 이름, 원래 아브라함 아불라피아에서 유래하였는데, 그는 13세기 스페인의 카발라교 수도사였으며, 카발라교의 중요한 체계에 대한 문헌을 저술하였다 : 역자 주)가 이런 맥락에 속한다. 그래서 에코는 혼란의 놀이보다 간텍스트성의 원칙을 훨씬 이전에 구조적 구성에 사용한다. 이 간텍스트성의 원칙은 일시적인 시험기술이 아니고 계속 반복되는 웃음과 유사하다. 그러나 그런 것으로서 이 원리는 시리즈적인 소설형식을 극복하고 포스트모더니즘 식의 이념으로 이어진다. 이런 형식은 동시에 간단한 쓰기로의 귀환을 가능하게 한다.[26]

그러기에 사람들은 에코의 소설을 훌륭한 포스트모던적인 서사시의 한 예로서 나타낸다.[27] 물론 그런 꼬리표는 모든 다른 꼬리표와 마찬가지로 잘 어울리지 않는다. 포스트모더니즘의 미학은 예술과 저속물 사이의 무차별에서부터 규정된다. 그래서 그것은 아방가르드와 대중문화 사이의 두르러진 차이들을 없앤다. 물론 에코는 문화산업의 메커니즘의 가면을 벗겨냄으로써 문학을 문학의 단순한 오락적 특성에서 벗어나게 하며, 문학을 평범함으로부터 구출해낸다. 소설에서 어떤 순수한 자유분방함이나 즐거운 일이 그의 소설기술의 특징이 아니고, 준언어적 아이러니와 아이러니 속에서의 아이러니가 에코의 소설기술의 특징이다. 그러나 이 경우 그의 소설기술은 대중 의사소통 시대에서조차 쓰기의 가능성에 대한 성찰이 된다. 그래서 에코의 소설은 그것이 "비판적"으로 처리하는 정도로만 "포스트모던적"이고, 그것이 "포스트모던적"인 정도로만 "비판적"이다. 그 소설들은 반복하고, 방해하고, 부수기 위해서 포스트모더니즘과 놀이를 같이한다.

물론 이러한 놀이의 재차 반복은 불가능하다. 『장미의 이름』과 『푸코의 진자』 사이의 본질적 대립이 여기에 있다. 전형적인 속편의 생산으로서 두 번째 소설은 더 야심이 있고, 더 어수선하고, 더 과장되어 있다. 바로 그래서 두 번째 것은 전체적으로 실패한 것처럼 보인다. 두 번째 소설은 혼란의 방식을 부자연스럽게 처리하며, 그럼으로써 그 방식을 무가치하게 만들고 있다. 아이러니 놀이와 놀이의 아이러니는 이러한 방식으로 스스로 졸렬한 모방으로 타락한다. 그래서 이것의 예전의 비판적 가능성을 상실한다. 에코가 더 이상 다른 소설을 쓰고 싶지 않다고 설명한 것은 잘한 일이었다.[28]

기호의 기호로서 장미

"장미는 세계의 모든 언어를 말한다."

랄프 왈도 에머슨, 『자연 에세이집』

에코는 자신의 첫 번째 소설에다가 수수께끼와 같은 『장미의 이름』이라는 제목을 붙였다. 이 이상한 제목에 대해서 많은 것이 추론되어진 바 있으나, 나-설명자인 아드소가 무명의 어떤 소녀와 어느 날 밤에 모험적으로 사랑을 하며, 이 소녀는 첨부된 이름목록에서 의문부호로 표시된 장미로 나타나는데, 이 무명의 소녀에 대한 이상한 암시를 제외하면 책의 어디에도 장미는 등장하지 않고 장미의 "이름"도 암시되어 있지 않다.[29] 제목이 가능한 독서방식을 "결정"하면 안 되고 "혼란"시켜야 한다라고 에코는 『장미의 이름에 대한 후기』에서 말하고 있다(NNR, 11).

원제목 『*Il nome della rosa*』(장미의 이름)는 13세기에 로리스(Guillaume de Lorris)가 쓴 『*Le Roman de la rose*』(어떤 장미의 소설)라는 시를 연상하게 하는데, 이것은 오비드[B.C. 43-A.D. 17년까지 살았던 로마의 시인으로서 유명한 『메타 모르포젠』(*Meta-*

morphosen)을 저술하였다 : 역자 주]의 전형에 따른 사랑의 우의적인 해석이다 ; 이 시는 멀리 있는 애인을 위해 쓰여진 것인데, 그녀의 이름은 불리워져서는 안 되었고 "사랑받기에는 너무 존경스럽고 위엄이 있어서 사람들은 그녀를 장미라고 불러야 했다."[30] 특히 그 책은 클루니 교단 수도사인 몰라넨시스(Bernardus Morlanensis)의 『세상의 멸시에 대하여』에서부터 나온 여섯 운각의 시구로 끝난다 : "지난날의 장미는 이름뿐, 이제 앙상한 이름만이 우리에게 남아 있다"(NR, 635).

이런 금언은 중세에 이미 유행한 데카당스로부터 절대로 분리될 수 없고, 기독교적 세계부정, 죄 있는 삶의 포기와 인간의 공허 등과 같은 테마를 변화시킨다. 그래서 이 명제는 바니타스(*Vanitas*, 허무)에 대해, 즉 침몰한 세기의 화려함은 물론 인간 노력의 무모함이 증명하는 사물의 무상함에 대해 말한다. 그들로부터는 단지 이름만이 남아 있을 뿐이다. 즉 기호만이 남아 있고 그들이 언젠가 나타내었던 실재는 남아 있지 않다.

그래서 장미의 "이름"은 처음부터 차이를 나타낸다. 기호는 텅 빈 추상체들이어서 이들 추상체들 뒤에서는 세상의 폭풍과 고난이 사라진다. 이것이 인간적 상황의 비극적인 것을 밝혀준다 : 원래 존재하는 것은 수시로 변하고 불변하는 것은 아무 것도 아니다. 기껏해야 그것은 소리이고, 표시이고, 한 장의 종이이다. 즉 존재하는 것은 결국 수도원 도서관의 무서운 화재 이후에 남아 있는 것으로부터 아드소가 모으고 있는 어떤 작은 잔여물인 숯덩이로 변한 조각과 같은 것이다 : "책들의 조각, 단편, 인용, 미완의 문장들, 잔재, 미완성 작품들로 된 도서관"(NR, 633). 기호들은—시체처럼—그런 것들을 보존할 수는 있으나 생생하게 살아 있게 할 수는 없는 사라진 과거를 위해 존재한다. 그래서 나이든 아드소는 마지막에 세상의 무가치한 것을 신비스런 방법으로 설명하는데, 그의 견지에 의하면 기껏해야 침묵이 남아 있을 뿐이다 : "모든 차이를 […] 고르게 하는" "조용한 사막"(NR, 634).

따라서 기호들은 계속해서 기호가 아닌 것에 대해 말한다. 기호들은 "어떤 지나간 것"에 대해서 알려준다. 어떤 것이 살아 있는 곳에서만 이름들은 생긴다 : 이름을 부여하는 것은 살아 있음의 직접성을 필요로 하지 않는다. 왜냐하면 모든 순간이라는 것은—괴테에서처럼—영원히 언급할 수 없는 것이기 때문이다. 죽음 후에 죽어 있는 상태만이 명명될 수 있다 ; 모든 이름은 이미 유한성의 표시이다. 그래서 아드소도 역시 모든 종류의 위안이 되는 상상을 회상하면서 나중에 자신의 사랑에 대한 경험을 현실화하려고 시도할 때, 현존의 이러한 수많은 상상을 하는 행운 속에서도 남아 있는 "부재"를 항상 경험한다고 말하지 않았던가?(NR, 357) 기호는 문자적 의미에서 부재를 나타낸다 ; 기호가 이 부재를 대체하는 방식이 아니고 기호가 다시금 나름대로 해석되어야 하는 다른 기호를 지시한다. "즉 최후의 어떤 것, 즉 진실된 것은 절대로 존재하지 않고 언제나 어떤 다른 것에 대해 말하는 어떤 것에 대해서만 나는 말할 수 있단 말인가?" (NR, 406) 라고 아드소는 묻는다. 기호들과 그 기호들이 지시하려 제시하는 것 사이에도 극복하기 힘든 간격이 벌어져 있다. 명칭이라는 우주의 앞에, 뒤에, 다음에 그리고 명칭의 우주 밖에 놓여 있는 것은 명칭의 문턱 저편에 있다. 세계는 어떤 것에도 고정되어 있지 않고 서로 상호적으로만 지탱되는—영원히 붕괴위험이 있고, 바로 그래서 지탱이 되는 성문의 아치와 유사하게—해석의 놀이로 증명된다. 그래서 현실적인 것의 본질은 말할 수도 없고 지시할 수도 없다 ; 존재란 기호의 가능성에서 벗어난다. 유대-기독교라는 종교에서 신의 우상금지를 위한 보다 심오한 의미도 역시 바로 이 안에 있는 것이 아닌가?

귈렌 (Jorge Guillen) 이 쓴 『이름들』[31]이 마지막 부분에서 몰라넨시스의 경구를 다시금 반복하고 상징에 사로잡힌 중세로부터 상징이 없는 20세기까지의 다리를 이런 식으로 연결할 때, 이 시는 그것에 대한 뒤늦은 메아리같이 들린다 : 세상의 허무를 증명하는 존재론적 과오로 "바니타스" (*Vanitas*, 허무)가 바뀌는 것처럼.

일찍이, 수평선이
자신의 속눈썹을 반절쯤 열고

보기 시작한다. 무엇을? 이름들을.
이것들은 푸른 녹을 나타낸다.

사물에 쓰여진 바 있는, 장미!
오늘날에도 그것은 아직도
장미라 불리운다.
그리고 장미의 변신을 생각하는 것은 조급함이다.

더 오래 살아 있을 조급함이여
오랜 사랑을 위해
너무나 빠른 순간,
그 순간의 부적절한 부담이 우리를 짓누르리라,

목표에 도달한 후에 그것은
곧바로 다음을 강요하는구나
[…]

그리고 장미들? 닫혀진 속눈썹 : 수평선
종말이 될 때, 아무 것도 없을 것인가?
하지만 이름은 남아 있으리라!

땅의 사물들은 일시적이다. 그것들은 머물러 있지 않는다. 그것들은 조용히 있지 않는다. 그래서 지속성이 주어진 어떤 것도 존재하지 않는다 : 모든 것은 오히려 유한하고, 유한함은 순간이고, 순간은 끊임없다. 그렇게 기억의 내적인 눈 앞에서 이름들만이 남아 있다. 즉 계속 중단되는 어떤 것에 대한 희미한 추억만이 남아 있다. 그로써 우리는 필수적으로 불안정 속으로, 존재의 "근거 없는 수수께끼 같은 것"(하이데거) 속으로 들어가 버림으로써 의의의 불규정성과 그것의 그때마다의 해석의 다양성에 직면하게 되었다.

에코는 자신의 수많은 글에서 이론적으로 근거 없는 것에 대한 이러한 모티브를 여러 번 이용했다 : 그래서 『푸코의 진자』의 중심부에는 공인받지 않은 빈 자리 텍스트가 있다. 이 빈 자리 텍스트의 단편적 보고는 모든 종류의 여러 가지 해석들을 허용한다 : 템플 기사단원의 모든 맹세에서부터 고대 프랑크제국의 세탁물 명세서까지. 『장미의 이름』에 나오는 수도사 탐정 윌리엄에게 신비한 책을 찾는 과정에서 주어진 바 있고, 아리스토텔레스의 시학과 수사학으로부터 나온 몇몇 구절을 임의적으로 반복하는 애매한 상형문자로 기록되어진 난외 주석에서도 비슷한 것이 적용된다. 기껏해야 사라진 텍스트를 암시하는 기표의 축적에서부터 생겨나는 이것은 그 텍스트의 가능한 내용에 대해 어떤 것도 언급하지 않는다. 그래서 이것은 무한하게 수많은 독서방식을 가능하게 하거나 어떤 정해진 독서방식을 전혀 허락하지 않는다.

그러한 기능은 여러 겹으로 서로 포개어진 설명기술의 방식에 적합하다. 이미 1960년에 에코는 나보코브의 "Lolita"

를 "Nonita"로 패러디한 바 있는데, 이것은 정렬의 대상을 바꾸고 순진한 소녀의 청춘 대신에 시들고 죽음에 가까운 육신에 대한 동경을 노래한다. 짧은 이야기를 위한 연출된 서문은 다음과 같다 :

> "앞에 놓여 있는 이 필사본은 홍염석이 많이 나는 작은 도시의 지방 감옥의 총감독으로부터 우리에게 전해졌다. 이 사람이 베일에 싸인 죄수에 대해—이 죄수는 그것을 자신의 방에 남겨놓았는데—언급한 애매한 진술, 그 글을 쓴 사람의 운명을 감싸고 있는 안개, 이 글을 쓴 사람을 알았던 사람들의 일방적이고 설명할 수 없는 신중함은 우리가 알고 있는 것으로써 만족스럽지는 못하지만, 그리고 매우 겸손하게 필사본의 보존된 부분을 우리에게 재현해 주고 있다" (PS, 7).

역시 지시와 암시로 되어 있어 완벽한 미궁으로 이루어져 있는 『장미의 이름』에 대한 허구적 편집보고서도 비슷한 상황을 보여주고 있다 : 편집자는 — 에코 — 반어적인 제목 "당연히 어떤 오래된 필사본"에서 정치적으로 격동의 시기에— 즉 프라하에서 1968년 8월 16일에— 우연히 아베 발레트(Abbe Vallet)의 책이 그의 손에 어떻게 들어왔는가를 기술한다. 거기서는 없어져 버린 14세기의 원전 필사본의 번역을 진지하게 재현하는 것이 중요하다. 하지만 이상한 상황으로 인해서 그 발굴물 자체도 사라져 버렸다.[32] 그래서 단지 몇 개의 4절판 노트들만이 급하게 완성된 초벌 번역의 상태로 남아 있었고, 그 이야기는 부분적으로는 기억에서부터 이야기되어야만 했다. 에코는 이런 식으로 근거가 전혀 없는 상황을 구성한다 :

> "친애하는 독자 여러분, 다음에 유념해 주시기 바랍니다 : 그가 보여준 것은 어떤 독일 수도승에 의해 14세기에 라틴어로 저술된 어떤 텍스트를 17세기에 인쇄한 판본으로서 애매모호한 신고딕어-프랑스어판이었는데, 그것을 독어로 번역한 것이었습니다" (NR, 10).

아마도 언젠가는 원래 모습의 원고가 있었으나 일련의 번역과정을 통해 바뀌고 변형되었다. 즉 나름대로 그것의 초안을 다른 식으로 변조한 사본이 있었다. 결국 모든 이러한 있을 법한 텍스트들이 사라져 버렸다. 그래서 프로이드가 꿈 연구의 근본적인 것으로 언급한 전이와 압축은 기억의 빈 곳에 해당하는 회상의 흔적만으로 남아 있게 된다.

연결이 잘 되어 있지 않은 전달 역사의 이러한 책략은 절대 새로운 것이 아니다.[33] 오히려 17세기와 18세기에 문학에서 유행하던 방식이다. 그리고 사람들은 이미 알렉산드로 만쪼니의 『약혼녀』와 발터 스코트의 『웨이버리』, 세르반테스의 『돈키호테』, 토마스 모어의 『유토피아』, 프란시스 베이컨의 『새로운 아트란티스』에서 이런 것을 찾을 수 있다. 이것들의 필사본도 역시 에코에서처럼 알려지지 않은 출처의 "색이 바랜, 만신창이가 된 필사본"으로 주어진다. 적어도 그러한 은폐는 어떤 낯선 권위 뒤에서 저자로서 자신의 정체성을 은폐하기 위해서, 그리고 보통 같으면 규제되었을 비판을 무명의 그림자 속에서 감행하기 위해서, 혹은 픽션으로서는 절대 도달할 수 없는 진리의 모습을 문학에 부여하기 위해서 사용되었다. 이와 반대로 분명히 에코에게는 원전과 복사본을 구별할 수 없게 하는 기호학적 고정 이미지가 중요하다. 모든 텍스트에 동시에 적용되고 어떤 특정한 텍스트가 드러날 수 없는 잠재적인 텍스트의 순환만이 존재한다. 또한 모든 복사본은 그것의 고유한 원전이고, 역으로 원전은 근거가 없는 것이다. 다른 말로 하면 기호는 원초적 저작성이 없이 존재한다. 기호들은 상호적 혼합과 겹침을 통해서 유일하게 실현되고 어떤 원전이나 신빙성을 토대로 실현되지 않는다. 그래서 세상에는 근거도 진리도 존재하지 않는다. 어떤 최종적 의미가 확정될 수 없는 것처럼 그렇게 구속력 있는 해석은 존재하지 않는다. 왜냐하면 기억들은 희미하고 기호는 거짓말을 할 수 있기 때문이다.[34]

그래서 기호학의 중요한 정리 중 하나는 다음 서술로 귀결된다 ; 기호들은 자기 자신에서부터 의의가 부여되는 어떤 독자적인 실체를 형성하지 않는다. 즉 기호들은 그것들의 실체적 존재를 통해서만 의미를 가지지 않는다. 오히려 기호들은 기능을 나타내는데, 이들의 여러 가지 가능성들은 고정되어 있지 않다. 이들은 채워져야 하는 빈 자리로서 기능한다. 『장미의 이름』은 모든 이름을 대표하는 어떤 이름이다 ; 그 이름은 상징들의 상징 혹은 (기호 자체의 비어 있음을 보증하는) 기호들의 기호이다. 장미의 "이름"은 기호학적 빈 자리의 계열체이다.

기호학적 빈 자리와 20세기의 철학

"사람들이 인지할 수 있는 도(道)는 도가 아니다. 사람들이 부를 수 있는 이름은 영원한 이름이 아니다."

노자, 『도덕경』

어떤 기호도 "다시 나타나지"(재현되지) 않는다. 이는 기호란 자신의 고유성이며, 어떤 지시된 것을 통해서 규정될 수 없음을 말한다. 기호는 완전히 빈 자리로서 오히려 모든 가능한 것을 나타내기 위해 설정되어져 있다. 따라서 해석할 수 있는 자유가 무한히 열려 있다. 그래서 "장미"는 매우 색다른 사색을 하게끔 동기를 제공한다. 그러므로 장미의 해석 다양성, 즉 장미를—에코가 자신의 『장미의 이름에 대한 후기』에서 쓰고 있는 것처럼 장미는 다음 이외에는 "거의 다른 의미를 더 이상 갖지 않는다" 할 정도의—그러한 무궁무진한 의미의 어떤 한 상징으로 만드는 거의 임의적인 장미의 함축성은 다음과 같이 나타난다 :

"신비스런 장미, 장미전쟁, 장미의 소설, 장미십자가

회원, 화려한 장미의 매력, 장미의 삶을 살아온 장미, 장미 속의 인생(la vie en rrrose, 에디뜨 피아프의 샹송 제목 : 역자 주), 장미가 장미인 것이 장미이다, 작은 장미, 작은 장미, 빨간 작은 장미여" (NNR, 11).

오래 전부터 장미는 심오한 사용을 통하여 문화적으로 고정 이미지를 형성해 왔다. 장미는 정신이고 계시이며 비밀이다 ; 장미의 싹은 형성의 약속을 나타내고, 청소년의 순진함을 나타내며, 장미의 잎사귀관은 존재와 가상의 놀이이고, 장미의 향기는 유혹의 마술이며, 장미꽃의 복합적 대칭과 장미색의 다양함은 예술의 영원함이다. 계절의 순환에서 장미는 존재하는 것의 유한성을, 특히 아름다움의 덧없음을 지시한다. 옛날에 장미는 "개화"와 "만발"이라는 본질적 의미에서 신체를 나타내고 "창조하는 자연"의 모습이었다[35] ; 중세기에 장미는 그리스도의 로사리오(묵주)와 가시관인 동시에 세상 수난의 구체화이다. 그래서 알라누스 압 인술리스의 장면에서 장미의 신선한 꽃이슬은 이미 가까운 저녁을 회상하고 젊음과 죽음이, 삶과 죽음이 공존한다 : 그리고 포라진 (Jacobus de Voragine)의 『레겐다 아우레아』(*Legenda aurea*, 성자들의 이야기 모음집 : 역자 주)에서 장미는 잊혀진 순교자의 피로 나타나고, 가장 성스런 수난의 화신으로 등장한다. 에코의 소설에서 무명의 소녀도 사랑의 순교자에 비유되지 않을까? 장미는 또한 세빌야 주교의 성(城)에 있는 도서관 현관의 묘비명을 신의 말씀과 연결시키며 "신곡"을 통해 단테와 연결시킨다. 그와 반대로 이 장미는 『즐거움의 정원』에 있는 로리스 (Guillaume de Lorris)의 『장미의 소설』(*Roman de la rose*)에서 감각의 조악한 향유와는 반대로 심장의 순수함의 예찬으로 발전한다. 그리고 괴테에서 이 장미는 매력과 가시를 가진 채로 고통과 즐거움의 순환을 의미한다.

또 "다르게 정착되어 있고 통속적으로 알려진 장미의 이미지는" 장미와 여자의 시적인 동일화이며, 특히 장미가 시의 전체 역사를 거의 관통하는 것처럼 연인과의 동일화라고 보르헤스는 쓰고 있다 :

> "나는 샤론의 장미이고 계곡의 백합이다라고 아가서에서 술라미트 여인(sulamitin, 아가서 여자 주인공 : 역자 주)이 쓰고 있다. […] 니벨룽겐의 노래의 다섯 번째 장에서 지그프리트는 처음으로 그리고 영원히 크림힐데를 인식한다. 그리고 우리가 그녀에게서 들은 첫 번째 것은 그녀의 피부가 장미색이라는 사실이다. […] 16세기 말 즈음에 말헤르베는 딸의 죽음을 당한 어떤 친구를 위로하려 한다. 그리고 그의 위로 시에는 다음과 같은 유명한 말이 있다 : "그리고 장미, 그런 장미처럼 그렇게 살았던, 그 장미 …." 셰익스피어는 어떤 정원에서 장미의 진한 진홍색과 백합의 눈부신 흰색을 놀라워한다. 그러나 이러한 화

> 려한 색은 그에게 있어서 단지 자신의 사랑의 그림자이고 미지의 세계이다(Sonnets, xcviii). '신이 장미를 창조했을 때 신은 나의 얼굴을 창조하였다' 라고 스윈번의 어떤 시에서 사모트레이크의 여왕이 말한다."[36]

보르헤스는 이 예들은 "끝없이 계속"될 수 있을 것이라는 말로 이 글을 끝낸다. 이처럼 장미는 여성적 감성의 '영상'으로서 열정의 지속적인 욕망을 상징화한다. 그래서 심리분석은 장미를 성(性)의 상징으로 나타낸다. 즉 장미의 꽃으로 여성의 질을 나타내고 장미의 향기로서 매혹하는 최음제를 나타낸다. 그리고 욕망의 수수께끼가 희미한 기억들 뒤에 장미의 '이름' 으로서 존재할 것이다. 유안 라몬 지메네즈(Juan Ramon Jiménez)의 시에 의하면 장미의 인상적인 향기가 전체 우주를, 즉 "땅과 바다의 시야를 무한하게" 채우는 것처럼[37] 이 욕망의 충족되지 않은 동경은 모든 것을 관통한다.

마이스터 에카르트의 후계자인 16세기의 신비주의자인 안겔루스 실레시우스의『천사 같은 편력자』에는 다음과 같은 격언이 있다 :

> "장미는 이유 없이 존재한다. 장미는 피기 때문에 핀다. 장미는 자기 스스로를 보지 않고, 사람들이 자기를 보는지 아닌지를 묻지도 않는다."[38]

이러한 격언은 학문에 대한 함축적인 비평을 함축하고 있다.[39] 왜냐하면 장미는 어떤 이유에서 피는 것도 아니고, 어떤 목적이나 목표를 가지고 피는 것이 아니라 순수한 자족에서 이행된다. 그와 반대로 학문은 어디서나 근거를 추구한다. 학문은 그것의 존재를 설명하는 인과적 원인-결과의 연쇄를 설정하는 것을 통해서 사물들의 사태를 규명하려 한다. 스스로 설명될 수 없고 그래서 그것의 진리 측면에서 의문으로 남는 경험적 전제조건들에서 추출되는 논리적 결론의 구조를 다시금 이 학문은 가진다.

학문적으로 연구된 장미는 그렇게 핀다. 즉 특정한 조건들이 이것이 성장하도록 하기 때문에, 토질과 태양조사량 그리고 기후조건이 적합하기 때문에, 줄기의 모세관 체계가 충분한 양분을 공급할 수 있기 때문에, 성장이 생성코드의 문자에 적합하게 수행되기 때문에. 물론 모든 이러한 이유들은 생성의 비밀을 다 설명하지 않는다. 왜냐하면 장미는 장미가 구성하고 있는 필연성을 요구하지 않기 때문이다. 장미는 이유에 대해 묻지 않는다. “그것은 피기 때문에 핀다.”

여기서 장미는 모든 꽃피는 것을 나타낸다. 그리고 꽃피는 것의 가장 화려한 것은 그것의 본능, 사랑, 에로틱 그리고 성적인 것으로 채워진 알 수 없는 삶이다. 라이프니츠는 모든 형이상학의 기본원리로 이 명제를 승격시킨 바 있는데, 모든 살아 있는 것과 마찬가지로 이 장미에도 이 근거의 명제가 해당되지 않는다. 이 명제에 따르면 모든 것은 자신의 근거를 가지고 있으며, 근거 없는 어떤 것도 존재하지 않지만 설명할 수 없고 근거가 없는 예외적인 사랑과 삶도 있다. 모든 이성적인 접근은 사랑의 견지에서는 종료되고 동어반복적이 된다. 왜냐하면 삶이 살아 있기 때문이다. 그리고 우리가 사랑하기 때문에 우리는 사랑한다.

그래서 특히 낭만주의는 학문의 이성주의와 반대로 삶이란 연구할 수 없다는 데서 생겨났다. 낭만주의는 다시금 놀라운 것과 설명할 수 없는 것의 여러 가지 부수적인 흐름들을 야기시켰으며, 그것을 위해 계속 비밀리에 피고 그것의 색은 비현실적으로—즉 자연의 저편에서—아른거리는 그런 수수께끼 같은 식물인 "푸른 꽃"[40]의 상징을 삽입하였다. "푸른 꽃"은 아무 것도 아니고, 순수한 상상의 것이고 동시에 이상을 반영한 형체이다 ; 이것은 가장 깊은 인식에 대한 추구를 실체화하며, 이것을 찾는 자는 동시에 이것으로 세계의 신비를 발견한다. 그래서 이 꽃은 장미와 마찬가지로 보편적인 은유로 기능한다 ; 하지만 이 꽃은 환영적인 것으로 빠져 들어간—낱말을 통해서만 밝혀지거나 누설되는—암호와는 다르게 나타난다. 그러면 학문의 저편에는 침묵만이 남아 있을 것이다 : 어떤 대상을 명명한다는 것은 그것을 은폐하는 것을 의미한다. 이름이란 말라르메에서처럼 존재를 "낯설게 하기" 일 것이다.

이와 반대로 20세기의 시와 철학은 모든 사고란 기호학처럼 언어와 기호로만 중재된다고 생각하였다. 세상이란 상징적인 것과 다르게 표현될 수 없기 때문이다. 그러나 사물의 "순수한" 이름은 존재하지 않기 때문에 그런 소망은 간청이 되고 인식은 위장이 될 것이다. 그래서 라이너 마리아 릴케는 『오르페우스에게 바치는 소나타』(*Sonette an Orpheus*)에서 장미의 향기를 영원히 추구되는 것으로, 그리고 알려지지 않은 것으로 노래불렀으며, 그런 식으로 장미의 다양한 의미들이 존재하는 것과 그 의미들을 다 명명할 수 없음을 경고했다 :

> "장미여, 꽃의 여왕이여, 옛날에 너는
> 홑겹의 꽃잎을 가진 꽃이었다.
> 하지만 우리에게 너는 많은 꽃잎을 가진 포근한 꽃이다.
>
> 너의 풍요함에 너는 옷에 옷을 입은 것 같고
> 그 몸은 화려해 보인다
> 그러나 너의 모든 잎은 모든 옷을 거부하고 기피하고
> 있구나.
>
> 너의 향기는 오래 전부터 가장 감미로운 이름을 부른다 ;
> 그 향기는 갑자기 명성처럼 대기에 퍼진다.
>
> 그러나 우리는 그 이름을 무어라고 할지 모른다,

추측할 뿐…
그리고 우리가 부를 수 있는 시간에 얻어낸
회상이 그 향기 위로 넘어간다."[41]

이것은 바로크에서 20세기로, 안겔루스 실레시우스에서 게르트루데 슈타인의 "장미가 장미인 것은 장미이다 … "로 이어진다.[42] 이 명제는 절대 동어반복을 나타내지 않는다 ; 이것은 동일한 것을 이중화한 것이 아니고 그것을 삼중화해서 언급하고 있다. 형식적으로 보아 언급해야 할 것을 두 번 반복하는 진술의 의미는 해당진술의 저편에 있다. 즉 그 진술을 넘어 어떤 다른 진술에 있다. 진술하기의 가능성이 계속되는 반복을 엉클어지게 하는 주부와 술부의 연결에서 생기는 한에는 이 명제는 진술하기의 가능성까지도 없애버린다. 이는 언급할 것이 아무 것도 없을 것임을 의미하는 것이 아니고 모든 말하기는 이상하게 빗나가고 있음을 의미한다. 서술의 순간에 이것을 서술하려 시도한 그것이 사라져 버리기 때문에 이를 "빗나감"이라 한다. 다른 곳으로 눈을 돌려보면 근거를 따라서 연구하는 학문뿐만 아니라 이성적 판단에서 이행되도록 의도하는 사고 자체도 헤맬 수밖에 없다. 사고는 필연적으로 자신의 대상을 상실함으로 인해 끊임없이 반복해서 동일한 것을 말할 수밖에 없다.

말하자면 이성의 노력들은 알 수 있는 것에서가 아니

라 말하지 않는 것에서 끝난다. 어떤 것도 실제로 설명되거나 이해될 수 없다 ; 오히려 모든 합리성은 약속이다. 의식을 상기시키는 반복들은 유일하게 이 합리성에서 이루어진다. 게르트루데 슈타인이 삼중적 복제를 제시하는 것은 우연이 아니다. "3"이라는 수가 많은 종교에서 성스러운 것을 나타내는 것처럼 이 삼중적 복제는 증대를 포함한다.[43] 지식이 삶의 진리를 경험하는 것이 아니라, 그것을 상징적으로 높이고 그래서 성스럽게 하는 의식을 경험한다. 삶은 알 수 없는 것이고 또한 불확실한 것이다 ; 종교학자 루돌프 모토가 "감동적이고 매혹적인 비밀"[44]로 나타낸 "완전히 다른 것"이다.

그러나 "완전히 다른 것"을 고려할 때 모든 기호들은 그 의미를 상실한다. 그것에 대한 어떤 해석도 존재하지 않고 단지 "흔적"의 의미에서의 암시만이 존재한다. 그래서 장미의 "이름"은 패러독스를 나타낸다. 왜냐하면 이것은 단지 추정만 할 수 있어서 에코의 소설 어디에도 나오지 않는 원래 명명불가한 것으로서 장미를 명명하기 때문이다.[45] 물론 그 장미의 이름은 계속적으로 무엇이 중요한가를 나타낸다 ; 끊임없이 자기 고유의 이름을 찾지만 결국 찾지 못하는 삶이 바로 이름 없음의 삶이다.

20세기의 사상은 고대의 태고적 지혜를 그대로 반복하고 있다. 이 고대의 지혜는 자족(自足)의 필요성에서 인식의 경계들을 인식했다. 아폴론의 델피 신탁은 대답할 수 없는 수수께끼의 형태로 인간에게 있어 통제 불가능한 운명의 임의성을 말한 바 있다. 모든 해석은 자기 원래의 의미를 놓쳤다. 그래서 계속해서 이것은 영원히 미궁의 과제로서 전체 삶의 바탕이 되었다. 지혜란 삶을 풀리지 않는 과제로 자족하는 데서 생기는 것이다. 단지 죽음만이 우리 자신이 무엇인지를 해결할 수 있다 : 그와 반대로 우리가 알 수 없는 것을 알려고 하는 것은 오만이다. 그러면 분명히 삶의 수수께끼에 대한 질문에 대한 대답은 그것의 대답을 내버리고 그 질문을 그대로 두는 데서 나올 것이다. 낱말 그대로의 의미에서 보면 그 답은 "있게" 놔두는 데서, 그리고 질문 대신에 살고, 웃고, 사랑하는 데서 나올 것이다. 최고의 지혜는 하이데거가 "비밀을 위한 솔직함"[46]이라고 부른 "평정"에서 나온다. 고대 사상은 여기에서 유일무이한 진실을 발견한다. 아리스토텔레스의 물리학에서 말하는 바대로 "변하는 달" 아래에서는, 즉 시간의 변화에서는 인간에게는 아주 옛날 것을 생각해내는 것이 허락되어 있지 않다. 그 대신에 소크라테스는 자신의 인식의 핵심을 플라톤에 의해 전달된 그 유명한 명제로 결론을 내린다 : "나는 내가 아무 것도 모른다는 사실을 안다." 사람들은 이러한 명제를 회의주의의 표현으로 곡해하였고, 그 명제 안에서 어떤 자가당착을 보았다 ; 하지만 이것은 지식의 오만불손에 대항하여 겸손에서만 실현가능한 인간적인 척도에 대한 통찰이다. 일반적으로 알려지지 않은 그 다음에 나오는 말은[47] "왜냐하면 신만이 유일하게 지혜롭기 때문"이다.

계몽주의, 그리고 계몽주의와 함께 제기된 의의, 근거 그리고 진리에 대한 부당하고 무의미한 질문은 이러한 겸손을 파괴하였고, 우리를 전혀 가늠할 수 없는 곳으로 빠져들게 하였다. 그래서 우리 세기의 여러 가지 철학을 통해서 계몽주의 비판과 이성비판의 다양한 형태들이 나타나는데, 이는 비트겐슈타인에서와 같이 논증 사고의 비판으로 나타나기도 하고, 아도르노에서와 같이 정체성 사고의 비판으로 나타나기도 하며, 데리다에서와 같이 해체주의 형식으로 나타나거나 혹은 레비나스에서와 같이 유럽적인 이기주의의 비판으로 나타나기도 한다. 세기의 전환기 이후로 철학적 담론은 영원한 자기비판의 상태에 있다. 이미 니체는 이성적 사고의 비정상적인 발육에 역겨움을 느꼈다. 그는 소크라테스에서 "데카당스"를, 즉 "모든 인간의 가장 추한 것"[48]을 예감했다. 이것이 의미하는 것은 모든 철학의 가장 추한 것이다. 왜냐하면 그는 이성을 사고의 기준으로 들어올렸기 때문이다. 그리고 하이데거는 서양 형이상학의 전체 역사를 위대하지만 불행한 과오로, 즉 대부분 기형적으로 성장해서 갑자기 중단된 일련의 "오류"로 서술했다.[49]

에코의 기호학은 이러한 사상가들과 밀접한 유사성을 갖는다. 그의 철학적 입장이 완벽하게 그대로 구성되어 있지 않다 해도 이 사상가들의 유산에 참여한다. 왜냐하면 기호는 비어 있고 모든 해석은 일종의 발명인데, 모든 세계가 바로 이것에 종속되어 있기 때문이다. 그렇게 때문에 기호의 흔적은 "긴장감"을 주고, 이 기호가 보여주려고 나타내는 것을 폭로하거나 "의미하는" 것을 거부한다. 그래서 우리는 무(無)에서 우리의 이해를 찾는다 : 우리는 이름 없는 것에게 이름을 붙여주고 미로 안에서처럼 그 이름 안에 사로잡혀 있다. 그러나 이름의 저 깊은 심연 아래에 낭떠러지가 있는데, 그 위에서 우리는 고정되어 있지 않은 어떤 줄 위에서 줄 타는 사람처럼 균형을 잡는다. 우리가 어떤 것을 설명해도 그것은 현실과 연결될 어떤 의미로 이어지지 않는다. 기호적인 설명도 현실과 관련된 어떤 의미로 이어지지 않는다. 오히려 이 기호적 설명은 세상에 어떤 이성적인 질서도 없고, 모든 담론은 기호의 근거박약으로 어쩔 수 없이 사라지고 있음을 보여준다.

완전한 기호적 우주의 발견

"우주는 (다른 사람들은 이것을 도서관이라고 부른다) 끝없이 무한한 수의 육각형으로 된 화랑으로 만들어져 있다."

보르헤스, 『바벨의 도서관』

에코의 『장미의 이름』은 기호 자체를 나타내는 명명될 수 없는 이름으로 "장미"의 "이름"을 부른다. 그래서 책의 제목이 모든 이름에 대해 말하는 "이름"이다.[50] 그러므로 『장미의 이름』은 이미 프로그램이다. 책들이 낱말로 구성되어 있다는 그러한 통상적인 의미에서가 아니라, 소설이란 서로 지시하고 서로 중첩되고 혹은 서로 방해하는, 하지만 언젠가 현실의 기호 표시체를 포기하지 않고 기만적인 현실을 생산하는 기호와 기호체계에 대해 끊임없이 다룸으로써 기호들이 행위의 원래 "주제"를 결정한다는 보다 깊은 의미에서의 프로그램이다. 짧게 말하면 소설은 일관적으로 형상화된 기호학적 예술품들이다.[51] 소설은 기호, 지시, 흔적 그리고 암시로 구성된 "알아맞히기 놀이"이다. 에코가 『기호학 입문』에서부터 『기호학과 언어철학』에서 서술한 바대로 소설은 모든 특징과 자질을 가진 기호의 기초철학으로서의 기호학을 위한 설화적인 모형이다.

이는 이미 고유명사의 선택에서 시작된다. 이 고유명사들은 이것들의 담지자들에게 엄격하고 명확한 동질성을 부여하는 명확한 서술에서 나오지 않고 모든 명명은 복합적이고 다양하게 해석될 수 있는 코드에 근거를 둔다. 이것은 특히 주인공의 경우에서 다음 같이 알려져 있다 : 뛰어난 기호해석자이며 교화된 신부 탐정이고 전(前) 종교재판관이며 왕이 보낸 비밀요원인 윌리엄 바스커빌은—"중세의 신발을 신고 현대의 머리를 가진"[52]—윌리엄 오캄의 중세적 유명론자를 표명하고 베다 연구가(Roser Aubrey Doyles *Baskerville* Mynors)[53]를 표명하며, 또한 아더 코난 도일의 셜록 홈즈의 탐정소설 속의 "바스커빌의 개"를 나타내고 있다. 더욱이 그는 로저 베이컨, 로버트 그로세테스테, 그리고 유명한 『자유의 수호자』의 저자인 파두아(Marsilius von Padua)와 같은 일련의 "혁명적" 프란체스코파의 특징을 조화시키는데, 에코는 이것을 윌리엄에게 여러 번 말하게 한다. 그외에 수많은 전기적인 개별사항들이 오캄의 전기에서 직접 차용되었다. 예를 들어 "오캄의 친구"와 "스승 로저 베이컨"(NR 86, 263, 405)에 대한 관계와 바이에른의 루드비히 궁정에서 오캄의 나중에 나오는 역할 등이 그렇다 ; 또 다른 사람들이 다시금 셜록 홈즈의 성격과 습관을, 가령 그의 자만심 혹은 마약복용을 사용한다. 그의 젊은 제자

아드소는 당연히 와트슨 박사의, 홈즈의 또 다른 자아의, 그리고 그의 모험의 소박한 연대기 저자의 모습에 해당하는데, 홈즈가 하는 것처럼 윌리엄은 우월감을 나타내는 "나의 사랑하는 아드소야 … "라는 말로 아드소를 가르치려 한다. 더 나아가서 에코 자신은 "몬티어-엔-데어"[Montier-en-Der, 프랑스의 작은 도시인데 켈트족이 세운 수도원이 이곳에 하나 있고 수도사 아드소가 『적그리스도에 관한 책』(*Libellus de Antichristo*)을 이 수도원에서 저술하였다 : 역자 주, NR, 111]의 아드소라는 암시를 주는데, 이 아드소의 『적그리스도에 관한 책』(*Libellus de Antichristo*)은 악이 가까이 왔음을 예언한다. 또 다음 연관성은 하인리히 폰 멜크의 수도원 생활로 이어진다. 수도원장 아보 폰 포사노바란 이름은—그의 유래는 토마스 아퀴나스가 죽은 장소를 지시한다[54]—단지 자기 자신의 단순한 중복만을 나타낸다. 즉 이것은 세상의 축소형인 수도원의 책임자에게만 해당하는 이름과 기능이 동일한 동어반복이다. 그의 과시벽과 자아현시증은 당연하게 수도원장 주거를 생각나게 한다. 그의 부와 호화로운 생활을 언젠가 베른하르트 폰 클러복스(Bernhard von clerveaux)가 심한 말로— 윌리엄도 자신의 특징을 위해 그런 똑같은 말을 사용하였다 — 괴롭혔다.[55]

결국 에코는 나이 많은 도서관 대표이며 윌리엄의 필적할 만한 적수로서의 호르헤(Jorge von Burgos)를 눈 먼 시인이며 예전에 아르헨티나 국립도서관 관장인 호르헤(Jorge luis borges)로, 즉 에코가 특히 소설의 중요한 은유들(미로, 도서관 그리고 거울)에 대해 책임이 있는 "유죄인"으로 분장시킨다.[56] 그러나 그의 흔적은 꾸며진 "출판인" 서문에 이미 있다. 그 서문에서 설명에 대한 결정적이고 상상적인 목록상 암시는 사실적인 것과 섞여서 부에노스아이레스의 고서적상에 있다.[57]

이름들은 말하자면 명명하지 않는다 : 미로처럼 이름들은 많은 연상과 상호 연결들을 가지고 등장하는 사람과 장소를 설정한다. 꼼꼼한 해독작업이 비로소 모든 그것의 중요한 함축된 의미를 발견할 수 있을 것이다.[58] 이런 식으로 이름들은 전체 극의 번데기화를 부추기는데, 이런 전체주의 번데기화는 그것을 해석하는 사람에게 이야기된 것에 지속적으로 동참하고 있는 전체 역사를 밝혀준다.[59] 계속 읽어가다 보면 이것은 소설의 모든 요소에 해당한다. 그래서 완전한 기호학적 우주의 모형이 발견된다.

특히 아페닌 산맥 높은 곳에 위치한 수도원의 서술이 이것에 해당한다. 이는 에코가 쓰고 있는 바대로 토마스 만의 『마의 산』에서 나온 결핵요양소에서 그 전형을 찾을 수 있는데, 그 요양소는 세계와 차단된 임상적 장소의 모형이다(NRR, 38). 수도원은 대우주의 질서가 반영되고 있는 "소우주"인데, 이는 바로 "세계의 축소된 모습"이다(NR, 284, 512). 물론 이 질서는 완전히 나뉘어져 있다. 왜냐하면 무대의 구성은 성스러움과 세속 사이의 대립으로 구성되어 있고, 종교적인 영성과 세속적 학식인 신앙과 지식의 대립으로 구성되어 있으며, 결국은 성(聖)과 속(俗)의 대립으로 구성되어 있기 때문이다. 아드소가 멀리서 볼 때 수도원은 "하늘나라 예루살렘"으로 나타나지만, 자세히 고찰해 보면 "성스런" 장소의 한가운데에 있는 이상한 이(異)물체—비록 이것이 원래 중심이었지만—처럼 "육중한" 건물로 드러나기 때문이다. 이 건물은 다른 건축물로부터 분리되어 있어서 수도원뿐만 아니라 교회도 역시 능가하고 "어느 것보다 더 오래된 것"으로서 서술된다. "거대한 손"을 통해서 "수백 년 걸린" 작업 후에 만들어졌으며, "아마도 어떤 다른 목적을 위해" 건립된(NR, 31 이하, 38, 52) 이 건물의 생성은 아주 희미한 선사시대로, 즉 인간적 전통의 초기로, 그리고 인간 전통의 "서술체계"의 초기로 거슬러 올라간다.

그러나 이 건물은 특별히 "기독교 시대"에 가장 큰(NR, 624) 도서관인 비밀로 둘러싸인 도서관을 포함하고 있다. 그 도서관은—아이러니할 정도로 자세히—식당과 부엌에 대해서도 고려하여 세워져 있다. 즉 그 도서관은 더 나아가서 기본적인 욕구의 "토대" 위에 있는 강력한 "상부구조"인데, 아드소의 연애사건도 역시 이것에 속한다. 모든 시설물이 완전성과 신적 법칙의 상징을 형성한다면, "세계의 미로"(NR, 201)로서의 도서관은 "미지의 나라와 세속적인 저승 사이의 경계에 있는 숨겨져 있는 제국"을 형상화하고 있다(NR, 232).

그러나 도서관 자체는 미로로서 이미 무질서한 것을, 혼란스러운 것을, 그리고 신의 부재를 생각나게 한다. 도서관의 존재는 신성모독적인 인식의지의 상징으로서 겸허한 관조의 내면성을 파괴함으로써 이미 기독교적인 "우주질서"의 위험성을 의미하고 있다. 왜냐하면 지식은 완전한 반항정신이고 회의적인 자유이기 때문이다 ; 지식은 이단적인 불신앙에 영양을 공급하고 성스런 것을 해체한다.

수도원의 건축계획 안에는 중세기적 세계상과—에코 스스로는 이것을 "범기호학적 형이상학"으로(Z, 111 이하), 즉 "완전히 신비스런 현존의 상징적 숲으로, [⋯] 인간들에게 지속적으로 수수께끼를 부과하는 조물주의 방사"로서 나타낸다—신세기적 과학성이 서로 대립되어 있다. 즉 한 마디로 말하면 플라톤주의와 아리스토텔레스주의가 대립하고 있다. 후자가 전자를 파괴하고 이성과 경험적 관찰술로써 플라톤주의의 상징에 사로잡힌 보편주의를 멸망에 이르게 한 것처럼, 결국에 가서는—아리스토텔레스 책이 보여주고 있는—도서관의 전복을 일으킬 만한 비밀들도 전체 수도원을 타락으로 빠지게 할 것이다.

그래서 필연적으로 건물이 악랄한 장소로 나타난다. 이 건물의 규모를 나타내는 척도들도 이를 말하고 있다. 전통들이 어디에 작용했는지를 스스로 알지는 못하지만 그 전통들이 지식의 구성에 참여했기 때문에 "모든 참석자들에게 밝혀지지 않는"(NR, 52) 어떤 계획에 따라서 기안된 건물의 비율들은 주로 "4"와 "6" 같은 완전히 "성스럽지 않은" 수에 기인한다.[60] 그 건축물은 기본적으로 "4"(사)로 구성되어 있는데, 세계의 구성은 사방위, 사계절, 사원소, 사행성 등으로 나타내진다 : 그래서 네 개의 육각형의 탑이 거기에 만들어져 있다. 폐쇄되어 있는 그 안에 금지된 문서가 놓여 있고, 그것에서부터 재앙이 시작된다. 기독교적 수(數)의 신비학의 가르침에 따르면 "6"은 악의 등장이고 암흑의 암시이다. 그래서 이런 식으로 세상적인 것과 악마적인 것의 위험스런 결합이 예고되고 "적그리스도"가 건축의 기호학 안으로 직접 들어가 있는 것처럼 보인다.[61]

에코의 『장미의 이름』이 비록 간텍스트적 콜라주로 만들어졌지만 아주 정확히 계산된 체계로 나타나 있다. 전체 구상에서 그의 자세한 기호학적 의의를 충족시키지 않은 그림이나 동기는 아무 것도 없다. 여기에서 기호는 실제로 여러 언어를 말하며, 사물의 과정이 수정구조와 같이 모든 작은 일에서 다양하게 반복되는 것처럼 미래 결과의 암시, 지시 혹은 예견이다. 이것은 도서관 은유에도 상당한 정도로 적용된다. 도서관은 한 마디로 기호의 장소이다. 책들은 다른 기호에 대해 설명하는 기호로 구성되어 있는 기호이기 때문에 그럴 뿐만 아니라, 소설이 전체로서 소개하는 다른 기호학적 우주의 내부에서— 완전히 역설적인 우주 — 책들이 완전한 기호적 우주를 다시 세상의 거울 자체로서 계획하기 때문이다. "책 사이에서 살고 책과 함께 살고 책으로 산다"(NR, 144)는 수도승들은 읽고 번역하고 필사하고 삽화를 그리는 것으로 그들의 나날을 보냄으로써 자신들의 삶을 도서관에 바쳤다. 간단히 말하면 기호의 세상에 있는 기호와의 삶이다. 그들을 위한 도서관은 정통한 사람만이 들어가는 금지된 공간을 만들므로 인해 그들의 집약된 지식저장소는 기껏해야 "밀교적인" 신비로 남아 있다. 그래서 도서관은 그것 자체로의 회귀이고, 체계적인 보존의 장소이며, 지식의 공개가 아니라 폐쇄이다. 모든 사람이 책을 사용하는 대신에 도서관은 이 책들을 은폐한다 : 이 책들을 자유로이 이용하게 하는 대신에 도서관은 그것을 통제하고, 비판적인 인식작업을 가능하게 하는 대신에 도서관은 이 인식작업을 좌절시킨다. 도서관은 자기 자신을 폐쇄하는 불투명한 통합이다 : 도서관은 헤겔의 의미에서 괴기소설에서 차용된 납골당의 납골실과 지하묘지를 거쳐서 결국 도달되는 정신의 "골고다 언덕"에 비유된다. 즉 끝없는 독백으로 깊이 들어간 읽히지 않은 철학과 문학으로 구성된 글자 그대로 문자와 지적 담론과 코멘트의 공동묘지이다. 아드소는 다음과 같이 말한다 :

> "갑자기 나는 (…) 책들은 다른 책에 대해 자주 말하고 있으며, 물론 가끔은 그 책들이 서로에게 말하는 것 같

> 다는 생각이 든다. 이러한 새로운 인식을 조망함으로써 도서관은 나에게 더욱 섬뜩하게 보였다. 도서관은 혹시 세속적인 것을 오랫동안 말하는 속삭임의 장소가 아닐까? 양피지와 양피지 사이에 있는 들을 수 없는 대화의 장소인 것은 아닌가? 다시 말하면 어떤 생생한 것 아니면 어떤 인간적인 정신을 통해서 길들여질 수 없는 완전한 힘의 공간이 아닐까? 수많은 머리에서 분출되고 그것을 생산한 사람이 죽은 뒤에도 계속 살아 있는 완전한 비밀의 보물창고는 아닐까?" (NR, 366)

이와 반대로 윌리엄은 세상을 지향하는 "일반적인" 학문의 이상을 지지한다 :

> "책의 선(善)은 읽혀지는 데 있다. [···] 책을 읽을 눈이 없다면 책들은 어떤 개념도 산출하지 못하는 거세된 기호만을 갖게 되고 그 책들은 침묵으로만 일관할 것이다. 이러한 도서관은 아마도 옛날에는 가지고 있는 책을 보호하기 위해서 생겼지만 이제는 책을 매장하려고 존재하는구나" (NR, 506).

도서목록은 이러한 모순을 반복한다. 상태들을 구별하고 분류해 주는 색인은 원래 여기서는 봉인으로 작용한다. 왜냐하면 이것은 안내문 없이는 해독될 수 없기 때문이다.[62] 사서책상에 "금으로 된 작은 사슬"로 고정되어 있는 "코덱스 카데나투스"(codex catenatus) (책 묶음집 : 역자 주)는 저자목록도 아니고, 작품목록도 아니며, 주제별 목록도 아니다. 그것은 "돈 주고 구입한 것인지 선물받은 것인지에 따라서"(NR, 101) 매우 비상식적인 방식으로 책을 목록화하고 있다. 우리는 어떤 책을 찾기 위해서는 날짜를 알아야 한다. 그 날짜는 단지 사서만이 안다. 대형서적, 육필문서, 필사본의 미로를 안내하는 어떤 안내자도 없다.(윌리엄은 나침반을 가지고 그려가면서 이를 시도한다.) 책의 복잡한 상황을 잘 다루도록 도와주는 규칙은 어디에도 없다. 단지 분류표만이 꼬불꼬불하며 잘 보이지도 않는—수도원장이 윌리엄에 대하여 들어가지 못하게 확정지은 것처럼 검열의 목적을 가지는—길을 지시한다 : "목록은 아무 것도 말해주지 않는다. 도서관 사서만이 어떤 책의 분류표를 통해, 그리고 책의 접근을 통해 그 책이 어떤 종류의 비밀을 가지고 있고 어떤 종류의 진리 혹은 거짓을 가지고 있는지 알 수 있다"(NR, 53).

흐트러진 문자 도식으로서 그 분류표는 통로와 공간을 측정한다. 차례로 읽으면 "Anglia", "Germania", "Gallia", "Acaia", "Iudaea", "Fons Adae", "Yspania", "Hiberia", "Roma", "Aegyptus", "Leones" 같은 이름들이 나오고, 이 이름들은 도서관을 지도로 분류하는 공허한 기표로 구성된 아

리아드네의 실(그리스-로마신화에 나오는 크레타 공주의 이름이 아리아드네인데, 영웅 테세우스가 미로에서 미노타우로스를 죽이고 무사히 빠져나오도록 실타래 한 뭉치를 주어 미로를 쉽게 빠져나오도록 도와준 데서 유래한다 : 역자 주)이다. 그것을 읽는 것을 이해하면 혼란은 제거된다 : 수수께끼는 계몽주의 이후의 모든 수수께끼처럼 아무 것도 아닌 것이 된다. 미로에서부터는 절대 종합할 수 없고 기껏해야 일련의 부분적인 서술이 생길 수 있는 것처럼, 만일 우리가 그것을 외부로부터 고찰할 수 있다면 그것의 해독도 그냥 해결될 것이다. 내부에서부터 보면 모든 통로는 당분간 맴돌기만 하거나 막히기만 할 것이다. 그래서 어려운 해독작업이 이미 해결되었다고 믿을 때 우리는 항상 다시 좌절할 위험에 처하게 된다. 고유한 자신의 모습을 축소하거나 확대하는 요술거울은 어디에나 설치되어져 있다 : 그리고 밤에는 도깨비불이 유령처럼 돌아다니고 환각을 일으키는 안개가 의미를 몽롱하게 만든다. 인류의 지식은 비밀문자로 목록화되고 해독불가해서 기호연구가를 잘못 인도하게끔 정해져 있는 기호의 집합이라고 할 수 있다.

그럼에도 불구하고 신비한 것의 본질적 해답은 "Leones" 목록 안에 있는 폐쇄된 "아프리카의 종말"(Finis Africae)에 있다. 즉 괴물이 숨어서 기다리는, 특히 그 중에서 사자가—북쪽지방 기독교인들에게 이 사자는 모든 야수 중에서 가장 위험한 야수로 등장한다—기다리는, 그리고 서설에서는 호르헤의 모습으로 형상화된 중세적 지도제작술의 끝에 있다. 이러한 구역 안에 이단적이고 악습적인 문서가 보존되어 있고, 특히 내부로부터 그것의 밀폐된 신의 세계를 폭로하기 위해서 이교도적 동양의 우회로를 거쳐서—역시 아프리카를 거쳐서—기독교적인 서양으로 계속 전달된 고대로부터 나온 그런 이단들이 보존되어 있다. 이것은 아리스토텔레스의 문서에도 해당되는데, 공식적으로는 접근이 불가한—본질적인 이단을 조장하게 될 희극에 대해서 다루는—『두 번째 시학』도 역시 이것에 해당한다.[63]

한번 더 비밀의 내부로 들어가는 그런 복잡한 메커니즘을 작동시키기 위해서는 애매모호한 수수께끼 격언이 해체되어야 한다. 말하자면 그것의 글자에 따라서, 즉 그것의 의미가 아니라 기표의 순서에 따라서 해체되어야 한다.[64] 그래서 어떤 체계적인 방법이 목표에 도달하는 것도 아니고, 탐정 같은 예리함도 아니다. 우선 꿈의 해석만이 성사되다가 무의식적인 것과 무연고적인 것의 "진리"들이 성사된다. 역시 그전에 이미 의문스런 책이 목록에 있었다. 그것은 물론 "음탕한 처녀와 하녀에 대한 무분별한 이야기"로 나타나고(이시도르 폰 세빌랴의 어원론에 따른 희극의 특징) 세 개의 다른 제목을 가진 혼성 필사본과 묶여져 있다 : "바보격언"에 관한 아라비아 필사본, 세상의 생성을 신적인 웃음에 기인한 것으로 여기는 시리아 이집트 기원의 시리아 필사본, 구약성서의 가르침에 대한 명확히 근거를 찾기 어려운 초기 기독교적 패러디인 코에나 씨프리아니(Coena Cypriani)에 대한 알코프리바스(Magister Alcofribas)의 주석.[65] 그래서 라블레(Francois Rabelais)의 "가르간투아와 판타그루엘"(Garantua und Pantagruel) [이 이름은 저자의 아나그람인데, 이것은 성 빅터(Sankt Viktor)의 도서관의 상상적 상태들을 목록화하고 있다]에서 나온 비정상적인 알코프리바스 나지어(Alcofrybas Nasier)에 대한 암시도 역시 중요하다. 그밖에 코에나 씨프리아니는 계속해서 이미 언급된 아드소의 꿈—그는 무의식적으로 해답을 제시했다—안에서 다시금 라블레와의 수많은 관계로서(NR, 550 이하) 패러디되어진다. 그래서 촘촘한 암시의 그물이 생기는데, 거기서는 비밀의 폭로와 요한계시록의 세계 대화재소멸론과 그것의 연결이 알려지고 있었다.

그러나 이러한 책들의 배제는—예를 들어 아리스토텔레스의 『시학 2권』—또한 기호적 우주로서의 도서관의 경계를 표시한다. 왜냐하면 책을 배제하는 자는 추론할 수 있는 것의 영역을 제한하고 기호작용의 가능성을 차단함으로써 기본적으로 모든 것을 배제하기 때문이다. 그러나 기호작용의 추론은 의미의 확정을 함축하고, 그로써 해석의 자유를 중단시킨다. 그런 추론은 독서방식을 독단적으로 지시하고, 그런 식으로 세계의 토론 가능성을 매장해 버린다. 왜냐하면항상 그러한 기호추론은 이미 최종적인 의미를 가지므로 어떤 해석의 정확성과 오류성 및 허용성과 불허성을 결정적으로 평가할 수 있기 때문이다. 에코는 원칙적으로 경계지워지지 않고 추론될 수 없는 기호작용의 개념을 폐쇄된 기호작용에 대립시키는데, 이 폐쇄된 기호작용은 다른 것의 부정과, 즉 이념에 토대가 되고 전체적 사고가 시작하는 권위적인 진리독단론의 설정과 결부되어 있다. 호르헤가 자신의 "설교"에서 영원한 회귀의 사도신경을 맹세한다면 결국 그는 소설의 대표자로 증명된다 :

> "나는 탐구가 아니라 보존을 말하고 있다. 왜냐하면 자기 자신을 위해 표현되는 낱말의 완전성에서 처음부터 완결되어 있고 완전하다는 것은 신의 일이라기보다는 지식의 특성이기 때문이다. 나는 보존을 말하는 것이지 탐구를 말하는 것이 아니다. 왜냐하면 선지자의 예언으로부터 교부들을 통한 그것의 해석에까지의 시간대에 완성되고 종결되었다는 것은 인간적 일이라기보다는 지식의 특성이기 때문이다. 지식의 역사에는 어떤 진전도 없고 어떤 획기적인 혁명도 없고 단지 계속적이고 탁월한 반복만이 존재한다" (NR, 509).

그래서 호르헤의 전체주의는 경직의 해석학이 된다. 이런 이름으로 지식의 감시, 표시 그리고 몰수가 정당화된다. 칼리프의(보르헤스가 이것에 대해 보고하고 에코가 이것을 인용하고 있다)[66] 전설에 따르면 그는 모든 책들이 코란과 동일한 것을 말했거나(그래서 그 책들은 소용이 없다고 한다) 코란과 다른 어떤 것을 말했기 때문에(그래서 그 책들은 해악적이라고 한다) 알렉산드리아 도서관 파괴를 명령했는데, 이 전설을 생각해 보면 호르헤는 단 한권의 책의 "중독"을 통해서 "성스런 것"을 구출하려 하고, 그러므로 주석의 주석화와 그의 지속적인 주석화의 복제화 기계로서의 전체 도서관을 구출하려 한다. 이로 인해 그는 우선 책들의 매장자가 된다. 왜냐하면 그의 광신주의는 그가 방해하려고 의도하는 것을 행하기 때문이다. 호르헤는 결국 천장까지 쌓인 책 가운데 휩싸여 자신을 불태우는 엘리아스 카네티의 『현혹』에 나오는 이상한 서적 수집가인 피터 키인 박사와 비슷하다. 그리고 호르헤와 유사하게 키인 박사는 죽기 바로 직전에 "요란한 웃음"을 터뜨린다. 그래서 그를 통해서 알렉산드리아 도서관의 파괴가 같은 의미에서 반복된다. 소설에서와 마찬가지로 이를 통해서 수많은 고전적 전수물들이 사라졌다.

달리 말하자면 서적 금지와 소각은 그런 행위이다. 호르헤의 밀폐처리는 문화의 파괴로 이어진다. 전체 서양역사를 통해서 추론해 볼 때, 진리에 대한 불행한 테러주의가 이러한 문화파괴의 행위이다. 이런 행위는 로마 제국주의에서부터 중세의 종교재판소를 거쳐 20세기의 수많은 전체주의까지 자신의 핏자국을 이어간다. 결국 롤랑 바르트는 이것을 "파쇼적인 것"이라고 부르게 된다 : 이것은 질서에 대한 숙명적인 강요이다. "왜냐하면 파쇼주의는 말하기를 방해하는 것이 아니고 말하기를 강요하기 때문이다."[67]

그와 반대로 기호적 우주의 다른 경계는 혼동을 통한 그러한 의미의 해체를, 즉 언어의 용해를 나타낸다. 그래서 곱추 살바토레는 — 아이러니하게도 "구원자" — "모든 언어를 말하고 어떤 언어도 말하지 않는데", 그는 도서관의 책 세계의 가장 반대편에 서 있으면서 책을 풍자하고 있다. 그는 에코가 표현한 대로 일반적 이해의 정확한 분류와 보존에 대비된 "일차적 언어 혼란"의, 즉 바빌론 언어 혼란의 구현이다(NR, 64 이하). 살바토레는 문자 그대로 담론의 영점에 있다 ; 그의 개인 언어는 엉클어진 혼합어를 이루고 있고, 문법적 규칙에 의해서 기능하지도 않고 술어화의 모형에 따라서 기능하지도 않는다 ; 그의 말은 오히려 비문장적이며, 비논리적이고, 언사, 흐트러진 파편, 우연히 들은 단편으로 구성된 무질서한 — 어떤 의의도 만들지 않으므로 의미를 없애버리는 — 혼란이다. 그래서 그는 수도원에서 사건들에 대해 어떤 것도 예상하지 않고 그 사건들에 의해 비극적인 방식으로 초청되는 어린이나 "야생동물"의 상태로 머문다.

발터 슈테판이 적합하게 서술하는 바대로[68] 냉정한 묵시록적 과정을 겪는 "기호적 결투"로서 열린 기호와 닫힌 기호 사이의 긴장에서 오는 사건의 박진감은 이 두 가지 극단적인 것 사이에서 발전한다. 『장미의 이름』 안에 있는 기호들은 이미 처음부터 그러한 불쾌한 출구에 대해 보고한다. 전체 소설은 창조의 역사 대신에—에코 자신도 그것에 대해 지시했는데(NNR, 28)—몰락의 역사를 설명함으로써 "뒤바뀐 창세기"의 도식으로 정리되어져 있다. 일반적 경우처럼 장으로 나누어지지 않고 옛날 수도원 삶을 규정한 미사의 칠 운각 리듬에 따라서 수도원에서의 사건들은 "일곱 개의 일과"를 형성한다. 이것은 니체가 이미 『권력에의 의지』에서 허무주의의 유래를 공표한 것처럼 시시각각으로 "긴장의 고문"으로 "거칠고 폭력적인 파국으로 말려 들어간다."[69] 그래서 행위의 내적인 배열과 같은 시간형식, 양식수단 그리고 목적은 어디에서나 불행을 연상한다.[70] 이것이 이야기 구조의 전체 요소를 구성하는 모형이다.

그래서 요한계시록은 가장 자주 인용되고 반복되고 모사된 텍스트이다. 아드소는 교회 정문 현관에 대한 팀파논의 서술로서의 베아투스(요한계시록에 대한 해설서를 저술한 수도사인데 스위스에서 독일로 이주해 왔다 : 역자 주)-주석에서 이것을 사용한다 : 윌리엄은 일곱 개 나팔의 서약에서 수도원에 있는—단지 "읽기에서 일어난 사건"인—일련의 살인사건을 위한 해답을 인식한다고 믿는다. 예언자로서 호르헤는 "진리의 말에 대한 새로운 첨가물을 찾는 데 있어서 말과 행위에, 성과 도시에, 거만한 대학과 거대한 돔에 잠재해 있는" "교만의 죄"를 보면서 다가오는 세계의 심판을 경고한다(NR, 511) ; "비성서적" 문서와 의사소통의 동기도 역시 요한의 텍스트에서 나온 것인데, 호르헤는 인류를 이런 동기로부터 자유롭게 하기 위해서 이 비성서적인 문서를 어렵게 만들어 놓는다. 결국 마지막에 나오는 흉악한 화염은 매우 계시적이며 실질적인 "세상의 화재"와도 유사하고, 수도원은 물론 기독교 정신의 전체 지식까지도 파괴해 버린다.

그러므로 아드소 폰 멜크의 허구적 연대기는 처음부터 음산하고 무거운 분위기를 가지고 호흡하고 있다. 모든 것은 암호, 상징 그리고 숨겨진 암시로 채워져 있어서 이미 있었던 것을 회상할 뿐만 아니라 오고 있는 것을 예언하는 것처럼 보인다. 모든 기호, 사건 혹은 장면이 다 섬뜩한 것의 불안한 자질을 갖고 있다. 이에 대해서 프로이드는 이미 그것은 너무 가까이서 작용하기 때문에 드러나지 않는 친숙한 것이라 했다. 에코의 소설은 이런 점에서 말라르메의 세계와 유사하다. 이 세계는 어디서나 재앙으로 가득 찬 운명에 대해 중얼거리는 촘촘하고 관통할 수 없는—이 소설 안에 거울처럼 전체 역사가 들어 있다—조직이다. 그의 모든 상징주의는 『장미의 이름』을 몰락의 징후로 나타낸다.

기호학적 지혜와 탐정식 해명

"첫째 장 이전에 어떤 일이 일어났다. 기록한 사람은 물론 아무도 그것을 모른다. 모든 다른 이야기 형식에서는 일상적인 일과 범죄가 현재의 독자 앞에서 발전되어 간다. 여기서는 그와 반대로 그날을 두려워하는 범죄가 발생했을 때 [···] 독자는 거기에 있지 않았다. 그 범죄는 역사의 뒤에 있고 나중에 밝혀져야 한다. 그리고 그것을 밝혀내는 것이 바로 주제이다."

에른스트 블로흐, 『탐정소설의 철학적 경지』

사건의 어둠을 밝히는 것이 범죄 수사학적 연구의 관심사이고 업무이다. 윌리엄은 소설의 초반에서 수도원장으로부터 이 일을 위촉받는다. "믿을 수 없을 만큼 어두운 역사" (NR, 379)의 미로를 통해서 탐정과 같은 이성의 아리아드네 실이 지나간다. 이러한 이성은—이중적 의미에서 세계종말론과는 다르게 행하는—기호학적 해명의 방법적 모형이 된다.

우연은 아니지만 에코는 여기에서 인기가 많은 통속적인 장르를 가지고 이끌어 가는데, 그것은 탐정이 주로 사용하는 수사의 논리학이다. 이것을 기호학자는 특별한 방식으로 사용한다. 탐정이건 기호학자건 둘 다 동일한 원칙을 따른다 ; 이 두 집단은 세계를 기호로 고찰하고 그 기호의 세계 안에서 의의를 발견하려고 한다.[71] 그래서 수도원에서 도망가 버린 말이 문제가 되는 처음 장면은 아주 구체적으로 이를 예시적으로 보여주고 있다. 윌리엄은 전혀 보지 않았지만 눈에 있는 말의 발자국과 수풀더미에 있는 꺾여진 몇몇 가지로부터 동물의 완전한 모습을 그려낼 수 있다. 여기서는 볼테르의 철학적 소설 『자딕』으로부터 추출한 단락이 다루어지고 있다. 물론 그는 이 내용을 오래된 페르시아 원전에서 번역했다고 언급한다. 더 나가서 셜록 홈즈가 『바스커빌의 개』라는 탐정소설의 초반에서 시도한 것과 같이 윌리엄은 자신의 탐정기술이 수준급이라는 사실을 증명하는 상황이 주어진다. 하지만 에코는 이를 위해서 옛날부터 전해 내려오는 이야기로부터 모든 것을 인용한다. 왜냐하면 하우프(Wilhelm Hauff)의 동화 『아브너, 유대인』(*Abner, der Jude*)에서와 동일하게 『천일야화의 술탄의 역사』에서도 유사한 이야기가 존재하기 때문이다. 아르노 슈미트는 이 내용은 대부분 『자딕』을 표절했음을 증명한 바 있다.[72] 그런 식으로 볼테르를 거쳐 『천일야화』로, 그리고 더 나아가서 하우프를 거쳐 에코의 『장미의 이름』까지를 거슬러 올라가 보면 카를로 긴쯔부르크가 현대 범죄소설의 출발점으로 나타낸 문학적 모방이 생겨난다.[73] "브루넬루스"(*"Speculum*

Stultorum, 멍청한 자의 거울 : 역자 주"에서 나온 당나귀)가 남기고 간 흔적으로부터 윌리엄이 찾고자 하는 말의 정확한 이름을 알아맞힘으로써 에코에 의해 이것은 아이러니하게도 극복된다.

범죄소설의 핵심은 해명하기와 흔적 찾기에 있다. 이에 대해서 에른스트 블로흐는 그것은 언제나 특별한 철학적 흥미를 지니고 있다고 말했다. 지그프리트 크라카우어와 발터 벤자민도 비슷하게 언급한 바 있다. 에코는 자신의 『장미의 이름에 대한 후기』에서 이것을 모든 장르의 가장 형이상학적이고 가장 철학적인 것이라고 부르는데, 그는 이것을 의사가 하는 진단이나 학문적 연구와 비교한다 : "모든 철학의 (그리고 모든 심리분석의) 기본질문은 탐정소설의 기본질문과 결국 같은 것이다 : 누가 범인인가? 그것을 알기 위해서 모든 사실들은 논리를 가지고 있음을 우리는 가정해야 한다" (NRR, 64).

이것은 해명의 역사성과 관련이 있으며, 숨겨진 사실의 발견을 징후의 이성적 연결을 통해서 나타낸다. 이는 종교재판소의 유일한 입증도구였던 호소나 고문을 통해서 강요받은 자백과는 완전히 다르다. 그래서 『장미의 이름』에서 윌리엄은 자신의 일을 그만두고 과학적 징후를 찾으려는 은퇴한 탐정으로 소개된다. 이런 방식은 그 유래가 푸코의 의미에서 종교재판소적 절차에 있기 때문이 아니라,[74] 베른하르트 구이의 경우에서 명백하게 밝혀진 대로 무자비를 통해서만 "비이성적인" 학파의 자백을 얻어낼 수 있기 때문이다. 이러한 폭력이나 무절제와는 달리 탐정들이 사용하는 이성은 사건의 논리적 재구성에만 제한되고, 그러므로 오로지 사실적인 것의 부인할 수 없는 힘만을 충실하게 따른다.

여기서는 모든 중요한 흔적과 징후의 평가, 배열, 수집, 무비판적 파악이 우선 필요하고, 범죄의 연구에 관계되는 이 모든 것은 의심과 증거의 체계적인 질문에서부터 아주 작은 티끌의 인지까지도 매우 중요해 보인다. 징후는 주로 비개연적이고 부차적인 것 안에 있다. 아더 코난 도일의 『'셋' 이라는 기호』에서처럼 손목시계의 우연한 긁힘, 혹은 모든 일상적인 탐정소설에서처럼 섬유로 된 옷, 색채 잔유물, 지문, 작은 점들이 중요하다. 탐정은 문자 그대로 사소한 것과 주목받지 않고 놓여 있는 것에서부터 접근한다 : 모든 하찮은 것들이 그에게는 의미가 있게 된다.

물론 이러한 징후는 그에게 자연스럽게 나타나는 것이 아니고 특별히 그런 것으로서 발견되어야 하고 확인되어야 한다. 탐정적인 흔적 읽기는 기호 찾기이다. 기호작용 자체의 과정이 거기에서 모형적으로 설명될 수 있다. 왜냐하면 가령 기호들은 집과 나무처럼 세상에 등장하는 어떤 경험적 물체가 아니기 때문이다. 이것들은 세상에서 사실처럼 존재하는 것이 아니고 이런 세상적인 것을 토대로 사실로서 증명될 수 있는 것들이다. 이것들은 다른 것에 대한 지시로서 수용되는 한에서만 존재한다. 눈에 찍혀 있는 자국들이나 한 줌의 머리털은 그 스스로 아무 것도 지시하지 않고 그것들 안에 포함되어 있지 않은 것을 표현하게 하는 적용의 힘으로 비로소 해석 가능한 흔적이 된다.

특별히 그런 것으로 "읽혀질" 수 있는 것만이 기호로서 인식된다. 이것은 다시금 지나간 "그것으로의 이해"를, 즉 양해를 전제로 한다 : 짐승의 발자국은 그것을 잘 아는 자만이 찾아낼 수 있다. 왜냐하면 그것을 이해할 수 없는 자는 그가 무엇을 주목해야 하는지도 모를 뿐만 아니라, 바로 자신 앞에 있는 것이 해석될 수 있는지 아닌지도 모를 것이기 때문이다.[75] 지질학자에게는 어떤 것이 지구역사의 결정적인 것을 암시하는 지표의 기복과 침식작용으로 나타나지만, 단순한 관찰자에게는 그것이 기껏해야 미학적인 자연의 장관으로 인지될 수도 있다. 기호들은 기능이다 ; 그것들은 스스로에 대하여 말하지 않고 그것들이 아닌 다른 어떤 것에 대해, 그래서 그것들에서부터 비로소 추측될 수 있는 어떤 다른 것을 위해 말한다.

모든 형사들은 찍힌 자국, 패인 자국 혹은 여러 가지 남아 있는 것들이 정확한 증거 확보를 함으로써 미궁의 범죄를 해결할 수 있음을 안다. 그래서 고전적인 탐정들은 관찰을 잘하는 재능을 가진 대가로 알려져 있다. 그런 탐정들의 명확하게 보는 능력은 외적인 것만을 보는 일반적인 눈으로 보면 아무 것도 보지 못하는 곳에서도 어떤 특별한 것을 찾아낸다. 그들은 자신의 해명활동에서 기초적인 추론의 토대가 될 수 있는 사소한 것이나 비정상적인 요소들을 찾아낸다. 탐정소설이 번창하게 됨에 따라 여기서부터 탐정소설의 본질적인 정신을 확보하게 된다. 에드가 엘런 포우가 설정한 형사 듀팽은 가장 일시적인 사건에서조차 불확실한 어떤 것을 예견하는 뛰어난 탐정의 기본원형이다. 아더 코난 도일의 셜록 홈즈나 아가사 크리스티의 『헤르클 포이로트』는 그들의 가장 세심한 감정을 비개연성으로까지 상승시키고 있다. 에드가 윌러스(Edgar Wallace)를 통해서 표현된 해결 실마리도 역시 유사한데, 이에 따르면 전혀 혐의가 없는 인물이 범인으로 밝혀진다. 모든 사망사건은 어떤 다른 원인을 가지는데, 에코는 수도원에서 일어난 수수께끼와 같은 사건에 관련 있을 수 있는 어떤 맹세나 살인자가 없음을 통해서 그런 인물전형을 설정한다.

이런 것은 사람을 속일 의도로 자주 숨겨져 있지만 범죄수사에는 결정적이다. 즉 기호가 속일 수도 있고 기호가 나타내는 것을 감출 수도 있다. 이것은 특히 다른 것으로 바꾸기 위해 놓여지는 잘못된 흔적에 해당하고, 모든 흔적을 제거하는 시도에서 생기는 흔적에도 해당한다. 모든 것은 각자의 자리에서 나타나고 사건의 장소는 자연 그대로 보여지고 어떤 것도 행위의 기괴함을 보여주지 않는다. 물론 그것은 우리에게 믿겨지지 않는 파악 불가한 것이다. 비록 사물들이 공간에서 어떤 특별한 것을 폭로하지 않는다 해도 우리는 그것이 은폐하고 있는 사건의 견지에서 그것을 해석한다.

그래서 에코에 의하면 기호란 "사람들이 거짓말하기 위해 사용될 수 있는 모든 것"들이다(SZ 26, 89). 이런 기호의 현존은 어떤 것을 나타내는 것만을 의미하는 것이 아니고 기호들의 도움으로 어떤 것을 숨기고 은폐할 수 있음도 의미한다. 그래서 기호해석의 필연성이 생긴다. 기호들은 단지 인식의 문제만이 아니다. 이러한 기호들은 자신들이 나타내는 것 안에서 직접 드러나지 않는다. 그래서 탐정은 기호가 보여주는 것과는 다른 어떤 것을 규칙적으로 의미할 수 있는 지시들에 관심이 많다. 만일 어떤 행위 다음에 나타나는 결정적인 어떤 것과 그 행위의 실현을 파헤치는 것, 거짓말의 가면을 벗기는 것, "실질적인" 진행과정을 파내는 것이 그에게 문제가 된다면 그는 기호의 지시를 무시하면 안 되고, 지시와 의미 사이의 차이를 집요하게 물고 늘어져야 한다. 말하자면 그는 기호의 근본적인 삼차원성을 계산해야 한다. 그것은 우선 "기호의 기본적인 문턱"을 나타낸다. 의의에 대한 기준이 있어야만 "기호작용의 전체 순환을 벗길 수 있다"(SS, 73).

그래서 기호를 외적 작용으로 이해하는—이것의 원인을 추론해야 하는—탐정을 단지 냉정한 이성주의자로만 서술하는 것은 역시 선입관이다. 탐정은 논리가라기보다는 해석가이다. 그리고 그의 유명한 직관적 판단력은 이성이 성능이라기보다는 오히려 해석학적인 솜씨이다. 이를 위해서는 에코처럼 판독의 기술이 필요하다.[76] 그 기술이 비로소 발견된 기호를 맥락 안으로 통합시키고, 그로써 그 기호를 이해할 수 있게 해준다. 말발굽의 자국들이나 뽑혀진 한줌의 털, 몇 개의 꺾여진 가지들은 일단은 모든 해석을 가능하게 한다. "말이 도망갔다"라는 결론은 강제적이지도 않고 개연적이지도 않다. 하지만 가설은 어떤 테마를 형성하는데, 그것의 배경에 일련의 다른 우연성이 서로 관계될 수 있다. 우리는 입문서 없이는 대부분의 그런 것을 간과할 것이다. 물론 우리가 어디에서 그런 것을 찾아야 할지 아직 알지 못한다. 그러나 중요한 동기들이 그것을 해석하도록 안내해 준다 ; 예를 들어 말발굽 흔적은 그 동물이 흥분한 동물임을 알려주고, 말발자국의 규칙성은 특별히 길들여져 있음과 그 말의 말발굽의 특징을 알려준다. 전체 이야기는 수도원에서 가장 많이 사랑받고 있는 말이 도망갔다는 데서 비롯된다.

언제나 기호는 완전한 텍스트를 근거로 해서만 해석될 수 있다. 기호작용의 과정은 다른 기호들의 전체 그물망의 전제조건에서만 근거를 찾을 수 있는 종합적 사건이다. 어떤 기호도 단독적으로는 의미를 갖지 않는다 ; 오히려 모든 기호는 어떤 체계 내에서 다른 것과의 관계 안에서만 해석이 가능하다 : 이것은 특히 판결을 위해 중요하다 ; 어떤 일련의 징후는 어떤 범죄자를 유죄로 인정할 수 있을 것이다. 물론 그 연쇄체의 하나의 요소만이라도 망가지면 그렇게 완벽한 모든 증거의 건물이 붕괴될 수도 있다. 모든 부분의 연결만이 결정적인 모습을 만들어낸다 ; 그와 반대로 모든 기호의 배치원리에서 각각의 요소가 상실되면 나머지 기호들도 새로이 설정되어진다.

기호들이 의의를 가지게 하기 위해 기호를 어떤 것에 연관지으려고 한다면 단순히 어떤 역사를 설명하는 것은 충분치 않다. 연관성의 암시력은 그런 사물들이 구체화해 주지 않는 질서의 겉모습만을 양산할 뿐이다. 모든 것이 전에는 간격 없이 연결되던 것도 갑자기 간격이 생겨나고 어렵게 조합된 결과들도 종종 잘못된 것으로 증명된다. 또한 모든 기호와 징후는 사건에서 의심스런 것의 징후를 내포하고 있다. 그래서 탐정들이 하는 조사는 학문적 연구와 마찬가지로 불확실한 토대 위에 있다. 기호작용은 어디에서나 모험적이다 : 그것은 기껏해야 "그럴 듯한" 의의를 세우는 것으로 끝나고, "필수적인" 의의를 세우지는 않는다. 그래서 어떤 자백이 없는 한에는 징후과정의 끝에 무조건적인 "증명되어야 한다"가 있을 수 없다. 하지만 어떤 자백이 있는 한은 조건적인 "오류"가 있을 수 있다.[77] 해석의 "진리"는 대부분의 탐정소설에서처럼 어떤 경우는 "해결된 것"으로 취급되고, 어떤 징후 다발이 "증명된 것"으로 취급될 수 있기 전에 범인을 통해서만 입증되어야 한다.

그러므로 기호해석과 관련해서 볼 때 명확한 "옳다" 혹은 "그르다"는 존재하지 않는다. 많은 19세기 탐정소설이 불확실한 이성의 낙관론에서부터 이런 생각을 관철시키려 노력했지만, 의미는 미세한 연역법의 산물이 아니라 — 에코가 『장미의 이름에 대한 후기』에서 쓰고 있는 것처럼 — 극도로 개연적인 몇 가지 추정이나 "가정을 설정하는 모험"(NRR, 63)의 결과이다. 그래서 에코는 탐정소설을 "순수 상태에 있는 추정의 역사"(NRR, 63)라고 부른다. 그리고 그것은 이성의 승리가 아니고 추정의 세련화이고 "알아맞히기"에서의 어떤 특별한 기민성이다. 이런 것을 위해서 어떤 규칙이 있는 것도 아니고 지도가 있는 것도 아니다 : 이것은 차가운 물 속으로 용감하게 뛰어드는 것과 비슷하게 안전망 없이 연결을 도출해 낸다. 그래서 윌리엄은 자기 조수를 다음과 같이 가르친다 :

> "나의 사랑하는 아드소야 […] 어떤 비밀의 해명은 확실한 기본원리로부터 나오는 연역법과 같은 것이 아니란다. 그 기본원리로부터 일반적인 법칙을 추론하기 위해서 그렇게 많은 개별적 자료를 수집하는 것이 아니란다. 오히려 외관상으로 서로 관계없는 수많은 사실들 앞에 우리가 있고 그것을 어떤 일반적인 법칙의, 즉 우리가 알지 못하고 아직까지 전혀 형성되어 있지 않은 어떤 법칙의 수많은 개별 경우로 소개해야 하는 것과 같단다"(NR, 389 이하).

그래서 탐정들이 시도하는—기호적 해명도 역시—해명은 결국 창조적 환상을 만들어냄으로써 비롯된다. 이들은 담론적인 "인식하는 이성"(ratio indicandi)보다는 비담론적인 "발명기술"(ars inveniendi)을 더 자주 이용한다. 즉 이것은 학문이라기보다는 예술에 더 가깝다. 탐정은 상상할 수 있어야 하고 분석할 수 있어야 한다. 그래서 셜록 홈즈는 자신의 친구 와트슨 박사를 매우 모험적인 결론을 가지고 언제나 놀라게 한다 : 그것의 기본원리는 갑작스런 착상이고, 거의 파악할 수 없는 예감이다. 예를 들어 퍼스는 일종의 "본능"이라 말하고,[78] 블로흐는 "민감한 직관"이라 말한다.[79] 이것은 확신과 불확신을 혼합함으로써 탐정학을 이성적인 것과 미학적인 것에 동일하게 관련짓는다. 그래서 예전부터 탐정소설은 답답한 경찰조직과 천재적인 대가의 대립으로 진행된다. 다음 두 가지는 모두 다 홈즈와 사설 탐정들의 특징이다 : 방법의 논리적 정확성, 그리고 우연한 것과 부수적인 것에 대한 창조적 의의. 블로흐가 말한 대로 이 안에서 "베르그송은 존 스튜어트 밀을 극복하고, 전체성 이론은 개별 부분으로 된 간단한 구성을 극복한다."

그래서 탐정은 절대로 정당한 확실성에서 출발할 수 없으며, 전혀 불확실한 것을 토대로 자신의 가설을 세운다. 그는 "진리"를 알지 못한다. 하지만 그는 무모하게 감행을 해서 가끔은 정확하게 알아맞힌다. 그래서 탐정학의 합리성 형식은 근거와 논거에 거의 토대를 두지 않는다. 그것은 기껏해야 전제조건들을 형성할 뿐이다. 오히려 감행의 특징을 갖는 일종의 무모한 발견에 토대를 둔다. 바로 이 때문에 가장 좋은 탐정술에서 임의성이 방법적 행동양식으로서 자주 작동한다. 윌리엄도 결국 다음과 같이 자백한다 :

> "[…] 나는 일련의 사건을 두루 꿰고 있다고 믿었고, 묵시론적인 모형을 따름으로써 나는 호르헤에 도달했다. 그리고 그것은 우연이었다. 나는 일련의 범죄의 원인을 찾아냄으로써 호르헤에 도달했다. 그래서 그 일련의 범죄는 원래 어떤 다른 원인을 가지고 있음을 알았고, 한 사람의 소행임을 알았다. 나는 도착적이고 허황되지만 방법에 맞게 생각하는 두뇌의 계획을 따라가면서 호르헤에 이르렀다. 어떤 확고한 계획은 없었다. 호르헤의 원래 계획은 독자적으로 형성되었지만 그 원인들을 연결지으려 시도했다. 즉 어떤 계획도 관여하지 않는 상호 관계를 경험함으로써 스스로 발전되는 주된 원인, 부차적인 원인 그리고 반대되는 원인들을 서로 연결지었다" (NR, 625).

다음에 "이성적" 해석의 경우가 있다 : 어떤 적당한 열쇠가 기호를 지속적인 모형으로 강요하여 기호들이 공식적인 일체성을 갖게 한다. 그래서 상상적인 질서만이 문제가 된다. 왜냐하면 어떤 보편적 열쇠가 있는 것이 아니고 아주 그럴 듯한 해석도 기껏해야 지적인 환상이기 때문이다. 그와 반대로 결정적인 해답은 바로 "스스로에서부터" 나온다 : 사건들은 원인과 결과의 엄격한 연결을 통해서 서로 연결되어져 있는 것이 아니고 일상적이지 않은 의외성의 느슨한 결과를 통해서 서로 연결되어져 있다. 그리고 단 하나의 숙명적인 "공시성"(칼 구스타프 융)만이 그 사건들의 연결을 명시한 그런 종말론적 구조를 그 사건들이 만들어냈음을 바라고 있었다. 또한 보르헤스는 자신의 소설 『죽음과 콤파스』에서 우연의 그런 환상을 극단으로 몰고 갔다. 일련의 살해가 "트리스테-레-로이"(Triste-le-Roy, 중세에 나온 책 이름 : 역자 주)라는 미로로 가득한 빌라에서 시간과 장소에 따라서, 즉 마름모꼴의 기하학적 인물과 히브리 사람들의 신의 이름인 야훼의 문자에 따라서 대칭적으로 시행되는데, 거기서 모든 희생자는 유대인이다. 그러나 실제로 모든 것은 다르다. 그리고 고안된 모형은 단지 속임수이다. 아무튼 그것이 그 전에 추구되지 않았다면 어떤 것도 발견되지 않을 것이다. 리히텐베르그에 따르면 야생동물은 이성적이고 계획적인 연구를 통해서보다 무계획적인 답사를 통해서 더 잘 발견된다.

이로써 결국은 기호학과 탐정학은 "명확하고" "분명한" 이성의—이것은 데카르트 이래로 신세기적 해명과 신세기적 학문을 주도해 왔지만—저편에 있다. 아리스토텔레스가 실천이성의 영역에서 기호학과 탐정학을 지시한 바 있는

데,[80] 이것들은 오히려 구체적인 것을 따르는 프로네시스(실천지혜, 이성)를, 즉 상황적인 지식을 따른다. 그래서 기호학과 탐정학에 완벽한 해석이 없는 것처럼 세상에는 절대적인 설명이 없다 ; 기껏해야 기호의 미로에서 항상 새롭고 잠정적이며 불확실한 아리아드네 실을 해석하게 하는 응집력을 가진 놀이가 있을 뿐이다.

이는 동시에 다음을 의미한다 ; 기호작용은 절대 종료될 수 없고 언제나 단지 "가능할" 뿐이다. 에코가 『소설 속의 독자』에서 말한 바대로 모든 사람은 언제나 유연하게 해석할 수 있는 무한한 텍스트를 공동으로 "창작하고", 문화란 원래 개방되어 있음을 공동으로 확인한다.

계몽주의의 좌절과 근대적인 것의 막다른 골목

"우리 울타리 안에서 일어난 것은 단지 우리가 살고 있는 세기의 운명일 뿐이다."

에코, 『장미의 이름』

에코는 자신의 소설에 나오는 사건을 후이징가(Huinzinga)가 중세의 "가을"이라고 명명한 14세기로 옮겨놓았다. 이 시기는 성숙과 몰락의 시간대이고, 완전한 긴장과 내적 자기 분열의 시간대이며, 의혹과 절망의 시간대이다.[81] "성스런" 로마로부터 교황권의 결별이 일어났고, 로마교회에 대한 불복종, 교황과 황제 사이의 마지막 다툼이―교회의 무력화가 이때부터 시작되는데―이때 일어났다. 더 나아가서 신비적인 내면화와 종교적인 개신화 사이의 해결할 수 없는 충돌, 이교도와 종교재판소, 데카당스와 청빈운동, 자연과학의 출발과 스콜라적 정교 사이의 해결될 수 없는 충돌이 이때 생겨났다. 더욱이 이때는 끔찍한 전염병의 세기이고, 바로 죽음을 동경하고 종말로 가고 있는 성서에 있는 천년설의 세기이며, 말세적 두려움의 세기이다. 물론 이는 혼란과 재앙소식, 널리 퍼진

절망, 미신적인 접신술과 함께 동시에 신세기로의 전이과정을 준비하는 것이었는데, 이 신세기의 초반에 데카르트는 개인주의의 주권과 이성의 계몽적인 힘에 대한 믿음과 문화에 대한 독자적이고 새로운 이해를 만들어 나가고 있었다.

이에 상응해서 『장미의 이름』에서는 호르헤와 윌리엄이 모형적으로 그 시대에 있어서 두 개의 용납할 수 없는 원리로 서로 대립해 있는데, 기독교적 세상의 질서(ordo universi)와 계몽주의 사이에, 독단론과 이성 사이에, 신앙과 학문 사이에, 간단히 말해서 중세와 신세기 사이에 대립이 형성되어 있다. 이것들은 역사의 숙명인데, 자가적으로 진행되고 거기에서 상징적 소우주로서의 수도원과 도서관을 재와 파편으로 만드는 그런 재앙을 일으킨다. 이로써 전체 기호적 우주는 몰락하고, 그와 함께 세계의 지식도 몰락한다. 이 둘 다 기호의 해체에 참여했다 : 그래서 세계종말론은 중세의 몰락에 대한 비유일 뿐만 아니라[82] 계몽주의와 근대성의 좌절에 대한, 즉 모든 문화의 파괴에 대한 비유이다.

우리는 거의 유사한 상황에 있다. 데카르트의 꿈과 계몽주의는 과학과 기술의 승리를 우리에게 선물했다. 물론 지구환경 파괴와 자멸의 가능성이 이에 대한 대가를 치르고 있다. 우리는 물론 세계와 사람에 대해 아직은 그렇게 많이 알지 못했다고 믿기는 하지만, 동시에 오늘날처럼 그렇게—즉 인류와 인류문명을 통째로 지옥에 빠뜨릴 수 있을 세계종말에— 세계종말 가까이에 있어본 적이 없었다. 우리는 근대성의 끝에 서 있으며, 유년기로서의 중세를 되돌아 본다. 병력(病歷)은 항상 놀랍게도 일련의 유사성을 나타낸다. 에코는 자신의 논문 「새로운 중세로 가는 길목」[83]에서 그런 것 중 몇 개를 발견했다. 로마의 평화(pax romana)와 미국의 평화(pax americana) 사이의 유사성, 국가들의 증대되는 통치 불능성, 작고 제한된 주권형상체로 제국들의 분할, 사회의 재봉건주의화, 사회비판적인 이교도 운동의 회귀 등이 그런 것들이다. 이는 특히 끝나가는 중세 천년설(千年說)의 흐름들에는 물론 우리 시대에 엄청난 재앙에 대한 인식에도 해당된다. 둘 다 위기의 신호이며, 전이과정의 필연성의 신호이다. 그래서 후기 중세는 근대성의 본보기이다 ; 이는 바바라 투흐만의 의미에서 『미래의 거울』[84]과 유사하다 : 즉 우리 스스로를 성찰하고 보여 지게 할 수 있는 매개체. 에코 소설의 성공은 특히 이러한 명확한 연결에 있다.

그래서 20세기는 오스왈드 스펭글러의 표현에 따라서 14세기처럼 "세기의 문턱"[85]으로 이해될 수 있다. 즉— 옛날과 마찬가지로 여파가 심각한 대개혁 앞에 있는— 불안하고, 고통에 차 있고, 격앙되어 있는 시대로서 이해될 수 있다. 옥타비오 파스가 쓴 것처럼 어떤 시대에서 다른 시대로의 비약이, 즉 "미지의 것으로의 추락"이 발생한다.[86] 아주 불완전한 이름으로— "근대성"의 특별한 상실에 대한 답변으로서의

"포스트 모데르네"(탈근대)의 이름으로, "신시대"[87]의 이름으로, 혹은 "뉴에이지"의 예언적 이름으로, 세계혁명에 대한 "미국의 꿈"으로—제시되는 어떤 새로운 것의 통용 기대감이 이로부터 발생한다. 그러는 한에는 이것은 "전환시대"[88]에 관한 언급이었다. 수사학이 합법적으로 인정한 어떤 다른 것의 윤곽이 어디에선가 드러났을 때만 그런 수사학은 의미 있게 될 것이다.

근대성은 계몽주의에서 부흥기를 맞이하는데 오늘날 자가당착에 빠져버렸다. 하지만 에코는 일관적으로 이 "근대성"을 충실히 따른다. 그의 테마는 이성의 좌절이고, 그것의 무조건적인—그래서 결국 파멸을 가져오는—"지식에의 의지"(푸코)에 대한 거부이며, 자기 자신만이 목적이 되는 진리 추구의 비극이다. 핵심장면은—사건의 6번째 날에(NR, 566 이하)—윌리엄과 수도원장 사이의 회담인데, 수도원장은 공동체의 평화와 유지를 위해서 모든 조사를 해줄 것을 부탁한다. 왜냐하면 사람들은 사물을 규명하지 않고 방치해 둘 것임에 틀림없기 때문이다. 그래서 윌리엄은 생지옥의 해방을 위해서 독자적으로 자신의 조사를 계속할 것을 결정한다. 그래서 탐구를 잘하는 이성이 승리하지 않고 반대로 "많은 미덕의 도움을 받는 지옥의 힘이 승리한다"(NR, 610). 탐정식의 조사는 음모를 밝히고 신비스런 사건의 배경들을 밝혀내는 데에 성공을 거두지만, 에코가 『후기』에서 스스로 언급한 바대로 "거의 해명될 수 없었다"(NRR, 63). 오히려 윌리엄은 불타고 있는 수도원 앞에서 그의 좌절을 인정해야 했다 :

> "나는 기호의 진실을 전혀 의심하지 않았다. 이 기호들은 세상을 제대로 파악하기 위해 사람들이 가지고 있는 유일한 것이다. 내가 이해하지 못했던 것은 기호들 사이의 상호 관계였다. (…) 나의 모든 지혜는 어디에 있단 말인가? 나는 질서의 겉모습 뒤에서 신들린 사람처럼 달려왔다. 하지만 나는 세상에는 어떤 질서도 존재하지 않고 있음을 알아야 했다"(NR, 625).

그래서 계몽주의자는 체계적으로 볼 때 상당히 느지막하게 나타난다 : 어떤 사망사건도 예방될 수 없고, 어떤 정치적 성공도 완성될 수 없고, 종교재판소까지도 유지될 수 없으며, 아리스토텔레스의 귀중한 필사본은 보존될 수 없게 되고 결국 재앙은 추방될 수 없는 것이 되어버렸다. 어떤 것도 실제로 행해지지 않았고, 모든 것은 파괴되어 버렸다. 윌리엄은 "애처롭게도 혼미한 상태"(NR, 612)로 되어버린다.

에코는 이런 식으로 이성을 비판하는 시간 토포스(기준점 : 역자 주)를 발전시킨다.[89] 스스로를 매장하는 근대화 과정의 딜레마는 허깨비와 같은 것이다. 사건의 운명 앞에서 이성은 무력하게 되기 때문이다. 또한 이성은 기껏해야 재구될 수만 있고 어떤 것도 그 근대화 과정에 대해 반박할 수 없기 때문이다. 그래서 이성은 구성적인 과오에 의해 나타나 있는 것일 뿐이다. 더욱이 이성은 이성을 방해하려하는 것을 촉진시키는 패러독스를 감추고 있다. 그래서 불행을 일으킨다는 것도 계몽주의 자체의 논리학 안에 문자적으로 놓여 있는 것처럼 보인다.

그리고 나서 이성의 낙원은, 즉 이성적인 것의 주권은 역으로 진행했다. 칸트의 "sapere aude"(호라츠의 격언으로부터 인용된 "과감하게 이성을 사용하라"라는 의미 : 역자 주)는, 즉 고유한 이성을 사용하는 용기는 "인간의 본유적인 미성년으로부터 인간을 탈출시켜 주지" 못했고[90] 반복되는 역사처럼 파멸로 이끌어 버렸다. 말하자면 "구조하는 행위"가 오히려 위험이 될 것이다. 즉 바로 티이트마 캄퍼가 인상 깊게 제기한 것처럼 좌절이 아니라 성공이[91] 더 위험하다. 그러므로 에코의 소설은 자기 발전에서 몰락하는 "현혹적인 계몽주의의 모형"이라고들 할 수 있다. 왜냐하면 이 발전이란 언제나 폭력의 발전으로서 그 정체를 드러내기 때문이다.

그러나 에코의 비평은—캄퍼의 급진적인 읽기방식과는 반대로—계몽주의에만 적용되지 않고 금지된 탈경계화에도 적용된다. 이성화는 모든 경우에서 폭력적이지 않다. 심지어 그것이 고유한 적용범위를 넘어서고 그럼으로써 그것의 자기 제한을 위한 의의를 넘어설 때에도 그렇다. 왜냐하면 월

리엄은 자신의 가치를 위한 모든 척도를 상실한 어떤 인식의 지로 넘어감으로써 이성의 요구를 허용하기 때문이다. 그래서 그가 실패하는 근본적인 이유는 그의 진정시킬 수 없는 호기심에 있고, 결과나 경계를 고려하지 않고 모든 것을 밝히고 폭로하려는 "오직 진리"(NR, 505 이하)를 향한 무조건적 욕망에 있다. 그래서 그는 스스로 호르헤를 비난하는— 호르헤도 역시 윌리엄을 역으로 비난한다[92]— 교만의 희생자가 되고, 그리고 "자기 자신을 위한 […] 지식의 흥미만을" 유일하게 자랑하는 허영의 희생양이, 즉 윌리엄이 그전에 자신의 조수에게 언급한 것처럼 순수한 철학적 인식욕과 아무 관계가 없는 그 허영의 희생양이 된다.

순수한 이론, 즉 자기 자신을 위한 지식에 대한 노력은 고대에는 가장 높은 열정으로서 간주되었다. 즉 대상을 남김없이 점유하는 것이 아니라, 가장 깊은 본질에서 현존하는 놀람과 관찰을 지혜의 출발점으로 삼는 그 열정으로 간주되었다. 사고는 이유도 목적도 필요로 하지 않았다 ; 그것은 "poiesis"(만들기)[93]와는 반대로 "praxis"(행하기)와 같이 스스로 안에 있는 목적이고, 그래서 어떤 의지로부터 자유롭다. 이것 대신에 에코가 자기 자신을 위해서 지식에 대한 욕망에 대해 말한다면, 그것은 욕망의 목적 자체에 있는 것이지 어떤 명상에 있는 것이 아니다. 그래서 철학과 과학적 오만은, 즉 고전시대의 척도와 신세기의 무(無)척도는 인식의 사랑과 인식의 욕심으로 나뉜다. 에코는 계몽의 거부에 대한 보다 근본적인 이유는 "권력에의 의지"(니체)와 지식추구를 연관짓는 정신의 숙명적인 충동구조라고 생각한다. 후기 철학에서 하이데거는 사물들로부터 비밀을 밝혀내고 그것을 "존재의 고독" 속으로 밀어넣는 허무주의적 특징이 서양 담론의 의지가 가는 방향임을 보여주었는 데 반해서,[94] 푸코는 담론으로 하여금 자신의 체계적인 폭력을 강요하고 그것을 길들이고 통제하려 시도하는 어떤 "열망"의 무의식적인 흐름을 다시금 추적하였다.[95] 그와 반대로 "지식욕"과 섹스적인 "육욕"이 동일한 낯설기 구조를 가지는 한에는 에코는 이 둘을 서로 비교한다(NR 505쪽 이하 ; 그리고 종교적인 황홀경과 관련지어서는 79쪽 이하 참조). 왜냐하면 이 둘은 그때마다 소유에 도달하는 것이 아니라, 끊임없이 다른 사람의 소유 안으로 자신을 가져가려는 "이상한 소유행동"에서 발현하기 때문이다. 이 둘은 다 오로지 다른 사람의 욕망의 대상만을 소유하고자 하는 학습에 대한 배고픔에서 실현된다. 그래서 소유의 순간에 이 소유는 다시금 김이 빠져버린다. 그러므로 욕망은 만족감 없이 어떤 것에서 다른 것으로 계속되어야 한다. 이것은 절대 끝나지 않는 소비욕에도 해당하고, 어디에서도 어떤 경계를 찾지 않는 전체를 엄습하는 주권에 대한 욕심에도 해당하며, 무한히 작은 것에서 무한히 큰 것까지 무차별하게 모든 것을 알고자 하는 인식에도 해당한다.

성욕과 마찬가지로 진리에 대한 욕망도 계속 있어야 할 자리에 있지 못하고 있다. 진리에 대한 욕망은 끊임없이 자기 주위를 맴돌 뿐 정신을 차리지 못하고 있다. 이 진리에 대한 욕망은 갖고 있지 않은 것을 원하고 가진 것을 원치 않는다. 이 진리에 대한 욕망은 이 욕망에게서 벗어나는 것을 원하고, 이 진리에 대한 욕망이 얻은 것은 이 욕망을 충족시키지 못한다. 그래서 지식욕은 체질적으로 공허를 겪으며, 또한 이러한 공허와는 반대되는 무절제성을 나타내기도 한다. 하지만 이 두 개는 서로 상응한다 : 이들의 불포만감과 만성적인 무관계성, 외적 인식의 부단한 축척과 결함의 표출. 그래서 "권력에의 의지"로서의 지식의 본질은 오류이다. 지식욕은 지식에 내재해 있는 패러독스의 다른 말이다. 또한 이 지식욕은 자기 고유한 대상을 결국에 가서는 파멸시키는 인식 환상으로의 진리추구를 지배와 점령을 위해서 막아버리는 독립의 종말에 서게 된다.

에코의 이성비판은 이러한 독립의 종말을 겨누고 있다. 이성이 모아지는 곳, 그리고 이성의 독단적인 힘의 요청이 드러나는 곳에서 이성은 스스로를 부정한다. 칸트의 『순수 이성비판』에 의지하여 이성이 자신의 가능성 영역을 초월했고 그로써 이성의 합법성 토대를 상실했기 때문이 아니라, 이성이 가능성 영역을 비인간적 방식으로 넘어갔기 때문에 이성은 스스로를 부정하였다.[96] 바로 이 때문에 이성은 비이성으로 실패하게 되고, 이성은 자신의 내적 폭력성을 폭로한다. 이성은 폭력이 된다. 이성이 단지 가능한 어떤 것을 필연적인 것으로 접근하기 때문이다 ; 이성은 다른 것을 더 이상 인정하지 않으려는 엄격한 가혹을 나타내기 때문에 폭력이 된다 ; 그리고 이성은 어떤 다른 것이 다를 수 있음을 고려하지 않고 제압하려고 하기 때문에 폭력이 된다. 이성은 질서를 광신하는 독단론처럼 전체적으로 되려고 하기 때문에 공포로 바뀐다. 신을 향한 절대적 진리에 대한 믿음과 이성의 절대성에 대한 믿음은 결국 동일한 것이 된다.

에코의 첫 번째 소설에서는 윌리엄과 호르헤의 잘못된 생각이 독특한 방식으로 중복된다. 이 두 사람의 행동에는 놀라운 유사성이 존재한다. 즉 그들이 사용하는 논리학에는 엄청난 상관성이 존재한다. 이성의 사물 합법성에 대한 믿음과 진리의 타협 없는 방어에 대한 믿음이 신뢰가 갈 뿐만 아니라 허무맹랑한 것만큼이나 이성은 더욱 스산하게 보인다.

그래서 "장미의 진정한 수수께끼"는 기호적 우주의 발견보다 더 깊은 곳에 놓여 있다 ; 호르헤의 절대적 전체주의와 윌리엄의 계몽적 이성 사이의 대립 혹은 닫힌 기호작용과 열린 기호작용 사이의 논쟁보다 더 깊이 놓여 있다. 그 소설의 원래적 심오함은 이성 자체의 사용에 대한 진술에 있다. 우리가 어떤 비유를 하려 한다면 칸트 대신에 몽테뉴, 라블레 혹은 볼테르를 기억해야 할 것이다. 그들의 의도처럼 에코의 의도는 계몽이다. 즉 이성 위기의 기호 안에서의 계몽이다. 그래서 그의 계몽은 계몽에 대한 계몽이다.

그는 이성의 전체성 요구와는 반대로 이성의 부분화와 진리의 상대화를 설정한다. 이성은 목적이 될 수 없고 수단이다 ; 그리고 사고는 이성을 사용하는 법을 안다. "어떤 것을 사용하는 유일한 진리는 "사람들이 사용 후에 이것을 던져버린다는 것이다"(NR, 626). 이는 윌리엄의 실패경험에서 나온 결론이다. 계몽은 직접적이고 실천적인 행위에서만 가능할 수 있다. 다시 말해서 계몽이란 "구체적인 것의 작업"을 의미하는 아리스토텔레스식의 프로네시스(실천지혜, 이성) 안에서 실현된다. 그러나 이것은 기호의 화용적 측면으로 오해되어서도 안 되고, 기호의 도구적인 측면으로 오해되어서도 안 된다 : 계몽의 의의는 계몽하는 행위가 본질적으로 타당한 어떤 근거가 없다는 것을 인정할 때만 의미가 있다.

그래서 『장미의 이름』은 비트겐슈타인의 『논고』에 나온 마지막 문장을 의역함으로써 끝을 맺는다 :

> "우리의 정신이 생각하는 질서는 어디에 도달하기 위해 조립하는 그물이나 사다리와 같다. 그러나 정신이 그곳에 도달하면 정신은 그것을 버려야 한다. 왜냐하면 그것은 유용하기는 하지만 의미 없는 것임을 보여주기 때문이다"(NR, 625).[97]

이렇게 된다면 모든 형이상학적 · 철학적 그리고 신학적 노력이 무의미하게 되지 않을 것인가, 그리고 일반적으로 전달가능한 지식도 다 사라지는 것이 아닌가에 대한 질문에 윌리엄은 이상하게도 더 이상 대답을 하지 않는다. 그는 필경 비트겐슈타인의 침묵으로 자신을 감추고 싶을 것이다. 왜냐하면 모든 대답은 명백한 사실의 내용을 반박하는 것도 아니면서 동어반복이나 자가당착에 빠져들기 때문이다. 결국은 행동으로서의 계몽은 이론적으로 설명될 수 없다 ; 계몽은 독자적 원칙으로부터 기원될 수 없고 기껏해야 수행될 수 있다 : 그러나 계몽이 수행되는 과정은 입증되어야 한다.

그래서 이 소설의 종말은 회의적이지도 않고 체념적이지도 않고 카타르시스적이다. 윌리엄에게서 환상은 점차로 빈약해져 갔으며, 반대로 이성의 필연적인 자가당착에 보다 깊이 빠져들어 갔다. 왜냐하면 학문은 "전체"를 더 이상 관철시킬 수 없고, 세계의 전체성과 세계의 역사를 해명할 수 없으며, 지역적으로 경계지워진 영역이나 어떤 좁은 공간들만으로 만족해야 하기 때문이다. 그래서 이성의 인식가능성은 최종적인 적용과 진리를 더 이상 요구하지 않는 일련의 작고 조망적인 영역으로 수렴된다. 방법으로서의 기호학이 이에 대한 명확한 예를 제시한다. 모든 지식은 여러 다른 방향으로 갈 수 있지만 어느 곳으로도 갈 수 없는 넓게 닦여진 길 위에 있는 하나의 단순한 일부분이다. 에코가 『기호학 - 기호이론의 구상』에서 말한 대로 "기호학이 이러한 고유한 경계를 의식한다면, 그리고 더 이상 지식의 절대적 형식을 추구하지 않는다면 이 기호학은 하나의 학문적 분과가 될 수 있을 것이다"(SZ, 183).

이로써 에코의 사고는 소위 "약한 사고"에—기안니 바티모(Gianni Vattimo)는 이를 "pensiero debole"(허약한 사고)라고 했는데, 이런 주장의 대표자이다—해당된다.[98] 이 "약한 사고"란 차이, 가능성 그리고 다양성이라는 사고를 말하는 것인데, "힘", 주권 그리고 필연성의 표현과는 다르며, 정체성, 진리 그리고 이성과는 다른 철학이다. 다시 말하자면 이는 반이성주의에 빠지지 않고 허무주의를 넘어서 이를 근거로 겸손을 배우는 태도이다.

에코의 기호철학의 기본원리

2

기초철학으로서의 기호학

"나는 어떤 것도 — 그것이 수학이건, 형이상학이건, 중력이건, 열역학이건, 광학이건, 화학이건, 비교해부학이건, 천문학이건, 심리학이건, 음성학이건, 경제학이건, 과학사이건, 휘스트 카드놀이이건, 남녀이건, 포도주이건, 기상학이건 — 기호학적 방식 이외에 다른 방법으로 연구할 수 없었다."

찰스 샌더스 퍼스, 『기호학과 징후학』

에코의 기호학적 철학은 기호의 기초이론으로 규정되고 있다. 이것은 "모든 것"을 기호의 개념 아래에 두는 한은 기초적인 이론이다.[1] 그래서 이 이론은—퍼스에 의하면—인식이론적 기초분과[2]라고 할 수 있거나—모리스에 의하면—"모든 미래 철학의 시작"이라고 할 수 있으며,[3] 모든 학문영역이 기호의 특징을 가지고 기호를 사용하는 한은 이 기호이론은 모든 학문영역을 다 포함하는 "보편학문"이라고 할 수 있다.

그래서 기호학은 세상을 보는 방법을 보여준다. 모든 패러다임에서처럼 기호학에서도 역시 취함과 버림이 존재한다. 세상에서 처음으로 의의를 구성하는 방법이 얻어지며 기호가 아닌 것이나 개념에 맞지 않는 것은 버려졌다.[4] 예를 들어서 통증은 의학 기호학의 영역에서 병의 징후로 이해될 수 있다 ; 그러나 이 통증들은 각 개인에게만 특수하게 접근될 수 있으므로 그 자체 이외에 어떤 다른 것을 지시하지 않으며, 마음대로 처리할 수 없는 어떤 것이고 항상 일회적인 것이다. 문화적 기호로 해석되고 특별한 미학적 코드의 영역에서만 특별한 것으로 이해되는 예술작품에도 역시 마찬가지이다. 그러나 그림이나 조각품은 일단은 감각적으로 주어져 있고, 그 자체를 통해서 모습을 나타낸다. 왜냐하면 모든 예술품이 다 의미를 갖지는 않기 때문이다 ; 오히려 모든 예술품은 어떤 다른 것을 지시하거나 그것을 가지고 어떤 다른 것을 "서술하는” 데서 생기는 것이 아니라, 그대로의 것인 고유한 현실을 나타낸다. 이와 반대로 예술작품을 기호로 보는 것은 예술작품의 직접적인 현존을 거부하는 것이고, “의의”표현이나 “서술”에 대하여 의무가 있음을 말한다. 수많은 다룰 수 없는 순간처럼 어떤 살아 있는 것 “자체”도 또한 기호는 아니다. 그리고 모든 사물은 원칙적으로 기호로 만들어질 수 있거나 기호로 이해될 수 있다. 왜냐하면 스스로 존재하는 자연은 자기 스스로 조화를 이루어 태양, 구름 혹은 나무들로 구성되어 있기 때문이다 ; 동시에 그것들은 미신으로, 존재의 암호나 사자(使者)로 설명될 수 있다.

그럼으로써 기호학이 기본적으로 하는 요구는 “기호적인 것”의 보편성이다.[5] 기호학은 존재하는 것의 규정이 아니고 존재하는 것 사이에 있는 어떤 관계의 가능성에 대한 규정이다. 왜냐하면 존 듀이가 표현한 대로 눈에 보이는 “사실들”의 세계가 있는데, 거기서는 돌은 사람이 발로 차는 물건이고, 불꽃은 따뜻하게 하거나 태워 손상을 입히는 것이고, 우리가 단지 이름만 붙이는 완전히 다른 세계도 존재하는데, 이 세계는 “죽은 조상들이 만들어놓은 기념비”이며, 사실의 세계는 지속되는 “삶, 가계, 음식물 그리고 보존의 상징”이기 때문이다.[6] 기호학의 “대상”은 “현실”이 아니라 관계들이다. 이 관계들이 의의를 생산해내거나 의의를 전달한다.

이런 사실은 우리에게 일반적인 고찰방식을 중단하도

록 요구하고 있으며, 의미와 구조로만 된 아직은 완전히 알려지지 않은 분야로 들어가도록 한다. 우리에게 직접 관계 있는 것이 무엇인가, 의미적으로 작용하는 것이 무엇인가, 우리는 무엇을 알고 있는가, 우리는 무엇을 "어렵다고" 생각하는가 등이 이런 식으로 추상적 관계의 체계 안에서 해결된다 :

> "기호학에서는 우리가 일반적인 형태로 인정하던 것이 일시적인 화학적 응집의 결과로 증명될 수 있고, 일반적인 '사물'은 기본적인 단위들만을 토대로 하는 네트워크의 표면적인 모습이나 일종의 분자운동의 결과로만 나타날 수 있다. 좀더 자세히 말하자면 기호학이란 우리가 그림이라고 생각하는 것은 검은 점과 하얀 점이 전략적으로 배열된 응집만이 있을 뿐이고, 현존과 부존(不存)의 이형교체가 있을 뿐이며, 형상이 붙여진 것이 아니라 형태, 위치 그리고 색의 농도에 따라서 다른 주사선의 기본요소가 있음을 밝히는 것이다. 그래서 기호학이란 기호작용을 사진처럼 설명하는 것이다. 음악이론과 마찬가지로 기호학은 우리가 알고 있는 멜로디를 인식하는 곳에는 단지 간격과 음표의 복잡한 조합만이 있고, 음표라고 인지하는 그곳에는 형성음역의 다발만이 있음을 확인시켜줄 뿐이다" (SZ, 77 이하).

높은 곳에서부터 인지된 것처럼 현실은 점, 선, 축 그리고 부호로 된 복잡한 그물로 바뀌고, 사람에 의해 경계지워지고 만들어지며 계획된 영역으로 바뀐다 ; 어떤 삶의 공간이 아니라 집, 교통도로, 에너지 보급망 혹은 의사소통 통로들로 이루어져 있는 도시들로 바뀐다. 사람들은 도로로 나가면 수많은 신호를 인식한다 : 형광등, 간판, 신호등, 전화박스, 자동차, 번호, 시계, 광고, 여러 가지 세일을 하는 진열상품, 술집광고, 상점광고, 은행광고, 승차권 자동판매기와 시간표를 보여주는 지하철 입구, 유행에 따라 눈에 띄는 옷을 입은 통행자들, 제스처, 내용 그리고 의사소통 양식의 뒤엉킴(Z, 9 이하). 신호들의 이러한 범람은 도회적 환경에만 해당하는 것이 아니다 : 에코는 고립된 시골 거주자들의 기호 전체를 보여주기도 한다(Z, 14 이하). 시골 거주자들에게 있어서는 날씨의 기호학, 식물성장의 기호학, 색의 기호학, 향기의 기호학, 냄새의 기호학 등이 열려 있다. 그리고 그는 토질상태와 암석종류에서 그냥 스쳐 지나가는 도회지 사람들이 전혀 예견할 수 없는 것들을 발견할 수 있다. 자연을 가공하고 현실을 판단하는 모든 곳에서, 그리고 서로 교제하고 기술을 발명하는 모든 곳에서 상호적으로 서로 관련을 맺고 교차하고 겹치고 배제하는 여러 가지 기호체계들의 망을 우리들은 만나게 된다. 간단히 말해서 기호로 된 미로, 안내가 필요한 여러 가지 복잡한 코드와 구조들을 우리는 만나게 된다.

그런 것 안에서 올바른 길을 찾는 것은 어떤 문화에 잘

정통해 있음을 의미하고, 나름대로 그 문화를 전제로 하는 기호를 사용하거나 해석할 수 있음을 의미한다. 모든 기호는 이미 문화적으로 중재된 것이다. 그렇지 않은 것은 절대 기호가 아니다. 그래서 "자연기호"[7]란 절대 존재하지 않는다 ; "자연현상 자체는 우리에게 어떤 것도 말하지 않는다"(Z, 15) ; 오히려 우리가 자연현상으로부터 유용한 "정보"를 읽어내는 것을 배운 한에서만 자연은 우리에게 어떤 것을 "말해준다." 그래서 바람은 우리에게 어떤 역사를 설명하지 않는다. 오히려 우리는 바람의 살랑거림을 들으면서 바람의 이야기들을 우리 자신에게 설명한다. 또한 영원한 바다라는 것도 우리에게는 비밀이 아니다. 우리가 우리의 비밀을 바다의 심연 안에 넣어 놓는 것이다. 삶이 재현하는 정보의 실타래를 해독해내었다고 믿는 곳에서조차 고유한 의사소통의 형식들만을 우리는 투영한다.[8] 그래서 우리는 자연이 그런 기호의 우주에 있는 것이 아니고 우리가 사회에 살면서 세상을 의미로 옷입히기 때문에 기호의 우주 안에 있다.

다른 측면에서 생각해 볼 때 기호가 있는 곳에 문화도 있다. 에코에게는 특히 앞에 나온 말의 역이 중요하다. 문화가 있는 곳에는 기호도 있다. 문화는 일반적으로 기호화의 기본토대 위에서만 존재한다. 어떤 문화도 기호 없이 표현될 수 없다. 왜냐하면 건축물, 음악작품 혹은 정치적 기관 등이 존재할 수 있음은 이것들이 의미의 표명이기 때문이다. 그런 것 안으로 들어가고, 인지하고, 그런 것에 지배된다는 것은 전통적으로 전수된 지시와 해석규칙의 전반적인 기호세계 속에 매여 있음을 의미한다. 모든 문화는 기호적인 연쇄체를 만들고, 그것의 경험은 역으로 문화의 경험과 일치한다. 그것의 공간은 마치 그것의 범주가 먼저 기호를 통해서 시작하는 것처럼 어디서나 기호로 역시 채워져 있다. 그래서 "기호학적 현상으로서의 그것의 전체 복합체"는 물론 "기호적 활동의 내용으로서의 문화의 모든 측면들"(SZ, 46)도 고찰되어야 한다 : "문화에서 모든 실존은 기호적 현상이 될 수 있다. 기호화의 법칙은 문화의 법칙이다. […] 문화는 완전히 기호적 관점에서 연구될 수 있다"(SZ, 54).

그러나 기호학은 기호우주의 발견과 함께 우주적 문화학으로도 이해될 수 있다(SZ, 26, 46 이하). 결국은 둘 다 같은 것으로 증명된다 : 기호를 분석하는 곳에서 우리는 문화를 연구한다. 그리고 문화를 연구하려는 곳에서 우리는 기호를 주목해야 한다. 여기서 에코는 퍼스의 "선험적 기호학"[9](아펠)을—이 이론에 따르면 "모든 사고는 기호 안에 있는 사고임에 틀림없다"[10]— 문화인류학으로 전환한다.[11] 그는 카시러의 의미에서 인간을 "상징의 동물"로, 즉 기호를 생산해서 사용하고 해석하는 동물로(SZ, 28 이하 ; Z, 108 이하) 규정한다 : "사회가 만들어질 때 인류가 만들어지고, 기호가 교환될 때 사회가 만들어진다"(Z, 108). 우리는 기호가 스스로 어떻게 살아가고 어떤 영향을 미치며 각인되고 변화하는지를 기호에서 배운다. 기호들은 인간이 기호를 통해서 세상을 배우고 가치평가하고 중재하고 이런 식으로 "자연을 지속적으로 문화로 전환하는"(E, 442) 한은 인간 본연의 모습으로 인간을 만든다.

결국 이런 사실들은 미학, 역사, 과학 혹은 사회와 일상생활과 같이 완전히 분리된 영역에 기호학의 응집적 응용을 정당화시켜 준다. 심지어 문화에 관련되는, 문화를 만들고 결정하고 파괴하는 그 모든 것에까지도 기호학을 응용하는 것을 정당화시켜 준다. 이것들을 근거로 기호학은 입증될 수 있어야 한다. 그래서 이론적인 근거설정과 구체적인 것의 연구가 무조건 함께 진행되어야 한다. 기호학은 담론으로서 철학적 지위를 요구한다 ; 그러나 철학으로서 기호학은 실천적 행위에서도 드러난다. 기호학이 아무리 추상적으로 처신하다 해도 이 기호학은 근대적 이념이 아니라 원래 "실천"이다(GI, 176 ; ES, 437 이하 그리고 Z, 189).

기호와 기호 삼각형

"만일 기호가 어떤 존재하는 것이 아니라면 기호는 사물이 아니므로 '그것이 무엇이지'라고 물어볼 수 없고, 실제로 주어진 상황에서 비로소 이런 질문은 던져질 수 있다."

자크 데리다, 『목소리와 현상』

기호학[12]의 주된 대상은 기호작용의 과정이다. 기호가 그것의 기원에 서 있다.[13] 물론 이 기호를 규정하는 것은 여러 가지 기초적인 어려움과 만나게 된다. 첫째로, 처음부터 어떤 것이 기호이고 어떤 것이 기호가 아닌가가 애매하다. "보이니크－필사본"(Voynich, 모든 발견된 필사본을 보이니크라는 사람의 이름을 따서 부른다 : 역자 주)이 예를 하나 제공하는데, 이 필사본은 당시까지 해석될 수 없었고, 어떤 언어로 쓰여 있는지, 저자가 누구이며 어떤 시간대에 관한 것인지, 혹은 어떤 의의를 만들어내는지조차도 불명확한 텍스트이고, 애매모호한 비밀문자로 작성되어 있으며 의문투성이의 그림으로 만들어진 텍스트이다. 이것은 잘 작성된 모형을(이것의 규칙성은 어떤 문서의 인상을 생각나게 한다) 서술하는 것이 아니고 미래 세대를 혼란시킬 비열한 목적으로만 고안된 텍스트이다.[14] 어떤 낯선 행성에 대한 지식의 환상적 우주인 "틀뢴"(Tlön)[15]에 대한 보르헤스의 상징적 백과사전과 학자들의 결탁에서 나온 무책임한 산물인 "작품"은 절대 이해될 수 없고 번역될 수 없다. 이것은 폭로될 수 없도록 시대의 신비 속으로 영원히 빠져들어간, 그리고 어떤 것도 확실하게 말해질 수 없는, 그것이 실제로 위장임이 한번도 말해지지 않는 완전한 위장의 패러독스이다. 거기서 사용된 21개의 구별가능한 필사본 문자의 통계학적 빈도는 어떤 종류의 언어가 다루어져 있는가를 명백하게 해주지만, 이 가정은 어떤 이성적인 기준에 근거하는 것이 아니라 애매한 개연성에 근거를 둔다. 그래서 "기호"에 관한 언급은 기껏해야 문화적 관습의 결과이고, 자체 이외의 어떤 것에서도 정당화될 수 없다.

둘째로, 기호는 우선 기호로서 드러날 수 있기 위해서 기호들의 맥락으로부터 고립되어 있어야 한다. 일련의 문자해독은 개별적인 말들을 서로 해체하고 어떤 것이 어디서 시작하고 또 다른 것은 어디서 끝나는지를 알려주는 편집과정을 전제로 한다. 텍스트나 코드의 개별적 요소로의 분할 가능성만이 그것을 읽힐 수 있게 보장해 준다. 그래서 기호학적 연구는 그곳에서부터 단계적으로 기호작용의 모든 범주를 발견하기 위해서 단일기호의 분석과 관계가 있다. 이것은 기호의 기본적 단위로서 개별 기호의 확인가능성을 요구한다. 이러한 요구는 절대 사소한 것이 아니고 문화적 상황에 기인하는 전제조건일 뿐이다. 왜냐하면 기호란 롤랑 바르트가 말한 대로 기호가 그런 것으로 "인정"될 수 있는 한에서만 존재하기 때문이다.[16] 일반성과 반복성이 이런 인정에 해당하는데, 비트겐슈타인에 의하면 기호들이 일회적이고 단지 "사적으로" 진행될 수 없다는 것은[17] 규칙에 해당하고, 이런 규칙은 반복이다. 그래서 기호의 개념은 처음부터 기호를 규정하고, 사용가능하게 만들며, 선발하고, 그런 것으로서 어떤 이론으로 이끌어가는 "반복성"을 함축한다.[18]

셋째로, 기호의 규정은 일반적으로 수많은 다양성을 가지고 있기 때문에 경험적 기호학을 매우 혼란스럽게 하는 낱말, 문자, 신호 혹은 도표, 그림, 제스처, 표식, 문장 혹은 표지, 휘장, 상징, 증명서, 기억을 일깨우는 표지, 문서, 명세서 등과 같은 수많은 기호종류가 동일한 개념으로 정리될 수 있는지 의심스럽다. 사람들은 너무 많은 것들이 기호라고 불릴 수 있기 때문에 기호이론이 몇 가지 추상적 기본원리와 표층적 유추에 호소하는 것 이외에 다른 것에는 호소할 수 없을 것이라고 생각했다.

물론 그런 의심은 기본적인 오해에서 생긴다. 왜냐하면 "어떤 것"은 얼굴 붉힘, 박수, 혼수상태, 천둥소리 혹은 나무십자가와 같이 그렇게 복합적인 것이 아니기 때문이다. 이는 기호를 고찰하는 것이 아니고 그런 것으로 사용되는 대상을 고찰하는 것이다 ; 지시하는 것이 존재하게 하는 능력이 오히려 그 기호들에 있는 공통점이다. 사실상 기호란 세상에 존재할 수 있는 실재로서 “존재하지” 않는다.[19] 이것은 예를 들면 그리스 조형물이나 에펠탑—이것들이 예술품으로서 혹은 상징으로서 수용될 때 다시금 기호로 기능할 수도 있기는 하지만—처럼 고찰될 수 있는 세상에 있는 “물건”이 아니다. 우리가 언제나 어떤 것을 “인지”하기는 하지만 우리는 기호를 알지 못하고 단순한 재료를, 즉 대리석 덩어리, 철 구조물 혹은 그와 유사한 것들을 알고 있다. 우리가 “볼” 수는 있지만 어떤 것을 지시하지는 않는 표지판에도 같은 것이 해당한다. 혹은 어떤 것을 말하기 위해 발설되기는 하지만 일단은 음성만을, 소리나 무형의 잡음만을 나타내는 문장에도 이것은 해당된다. 그리고 존 케이지의 텍스트 구성물에서처럼 “기호의 저편에 있는” 기호의 사용은 기호를 다시 기호로 축소하는 가능성을 보여준다.[20] 이것은 기호가 지시될 수 있는 것이 아니라 어떤 지시하는 존재로 되는 기호의 기능에 해당한다.

그래서 이 기호 자체에게는 어떤 실재도 해당되지 않는다 ; 모든 기호는 오히려 어떤 것을 어떻다고 선언하는 행위를 통해서 기호로 된다. 훗설에 의하면 모든 기호는 “어떤 것을 보증하는 기호”[21]로서만 기호이다. 기호는 어떤 다른 것을 지시하거나 그것과 관계가 있거나 그것을 지시함으로써 기능한다. “기호”란 개념은 원래 “일상 언어의 허구”[22](SZ, 211)를 형성한다. 왜냐하면 "정확히 말하자면 기호는 없고 기호기능만이 존재하기"(SZ, 76) 때문이다. 이 기능들은 다시금 "(이러한 상관의 외부에서는) 어떤 기호적인 현상도 아닌"(SZ, 44) 요소들 사이의 상관을 서술한다. 존재하는 것이 존재하지 않는다 하더라도, 존재하는 것 사이에 있는 상관들이 어떤 기호기능을 가지고 있지 않지만 이 기호기능을 사용함으로써 기호에 배열되게 된다.

그래서 기호의 기호성을 규정하는 기능이 바로 이 기호의 특징이다. 기능은 대상의 색깔, 크기, 무게와 같은 특징을 형성하지 않으며, 어떤 부수적인 것도 형성하지 않는다. "붉다"는 것은 방을 둘로 나누는 어떤 커튼의 색일 수 있다 : 이것을 근거로 어떤 것도 우연하게 도로 교통신호에서의 "멈춤"을 의미하지 않는다. 역시 이것은 기억을 일으키는 표지나 동물의 발자국인 흔적의 "특징"이다. 더 나아가서 기호들은 어떤 다른 목적을 위해 사용되지도 않는다 ; 하이데거와는 반대로 기호들은 어떤 것을 지시하기 위해서 사용되는 "도구"가 아니다.[23] 분명히 자전거의 안장과 핸들은 자전거와 관련해서 어떤 특정한 기능들을 갖는다 ; 파블로 피카소의 조각품에서처럼 이런 기능들로부터 나온 창조적 환상의 자유가 황소머리를 만들어낼 수 있다. 기호는 어떤 기능을 갖는 것이 아니라 — 기능을 갖는다는 것은 기호들을 하나의 기능으로 설정하는 것이고, 아직 발견되지 않은 새롭고 놀라운 사용방식들이 존재함을 거부하는 것이다—기호가 기능이다.

이미 앞에서 기호를 설정하는 구분을 설명한 바 있다. 기호학은 다시 말하자면 원초적인 구분으로 시작한다. 이 구분은 우선 기호기능을 구성하는 다양한 위치들 간의 관계를 가능하게 한다. 그래서 무리와 숫자 사이에, 가구와 얼굴 사이에 있는 임의적인 것들 간에 어떤 배치가 원칙적으로 실행될 수 있을 때, 위치로서의 그 다양한 자리들은 아주 임의적으로 규정될 수 있다. 이는 하이데거의 처리방식과 매우 유사하다. 하이데거는 존재하는 것을 존재하는 것으로서 고찰하지 않고 "존재(存在)의 의의(意義)"로 고찰했다.[24] 또한 의의는 존재하는 것이 아니고 세상을 발견하는 방식이다. 그래서 존재와 존재하고 있는 것 사이의 "존재론적" 차이는—이를 통해서 비로소 "현존재 해석학"이 열렸다—근본적 존재론의 설정을 위해 중요했다.[25] 이와 비슷한 것이 기호학에도 해당된다 : 기호들은 세상에서 사물로서 존재하지도 않고 특징이나 도구로서 존재하지도 않는다. 오히려 기호들은 언제나 문화적 "고안물"인 "기호학적인 구분"을 근거로 존재한다.[26]

그래서 기호학이란 스스로는 근거가 없는 구조를 바탕으로 존재한다.[27] 이 무근거적 구조가 그러한 담론의 맹점이기도 하다. 왜냐하면 이 구조는 모든 명칭을 붙일 수 있는 조건이기 때문이고, 그래서 이 구조는 기호 자체를 통해서 나타내질 수 없기 때문이다. 기호학은 진실로 기호가 무엇인가를 물어볼 수 없다. 그러나 기호 자체가 아닌 어떤 것에 기호가 관계되거나 나타내는 것이 어떻게 가능할 수 있는지, 그리고 이 관계는 무엇을 보증하는지를 물어볼 수는 있다. 이와 반대로 만일 훗설이 『논리적 탐구』에서 "기호의 본질적 본질"에 대해 물어보았다면 그는 데리다가 지적한 대로[28] "기호의 문제"를 무의식적으로 "존재론적 방식"에 예속시켰으므로 질문설정을 잘못한 것이다. 기호가 먼저 존재하고 있는 것에 대한 질문 및 기호는 실제로 무엇인가에 대한 질문을 가능하게 함으로써 기호의 고유한 "본질"이나 기호의 "진리"에 관해서 말하는 것은 더 이상 의미가 없는 일이다. 그러므로 기호학의 원래 수수께끼는 기호 자체의 특별한 "존재방식"이 아니라, 기호관계의 가능성 및 그런 관계의 설정이다.

이것의 가장 간단한 답변은 그럼에도 불구하고 "표상"이라고 하는 유명론적인 답변이다. 말하자면 이것은 프란시스 베이컨과 존 로크를 거쳐 칸트와 자연과학적 실증주의까지 기호의 모든 신세기 철학을 지배해 온 가장 명백하고 성과가 많은 답변의 시도이다. 이에 따라서 징후의 관계는 명칭에서만 드러난다. 그래서 기호 자체는 형식이고, 그 형식은 비어 있다. 기호는 현실이 그 안으로 부어지고 다시 현실이 얻어지는 어떤 그릇과 같다 그러나 기호는 현실의 우연한 보존과 재생산일 뿐이다. 그런 식으로 유명론은 이미 윌리엄 오캄[29]을 통해서 초반을 형성하고 있으며, 이것이 상징적인 것이 현실에 있다는 믿음과는 반대로 기호란 내용이 없음을 보여줌으로써 후기 계몽주의로의 출현과 함께 중세적 보편개념 실재론은 종말을 고했다. 기호는 자기 스스로에서부터는 어떤 언급도 하지 않고, 기호는 다른 것을 위한 단순한 대체물이다. 즉 기호는 사물의 어떤 본래적 본질을 밝히는 것이 아니라 그 사물의 단순한 대리체로만 머물러 있고, 그 사물의 외관으로 보면 임의적이고 단지 이름으로만 대체될 수 있다. 기호의 척도는 영혼 밖에서—아무 것도 대체할 수 없는—단독적으로 존재하는 것으로서의 개인 안에만 있다. 그래서 기호의 기능은 간단한 일치에서 생긴다 : *Aliquid stat pro aliquo*(어떤 것은 다른 어떤 것을 보증한다). 즉 기호는 일반적으로 이중적 지위를 갖는다 : 여기서는 지시하는 것으로, 저기서는 지시된 것으로 등장한다. 기호의 구조는 이중적인 관계로 수렴된다.

이러한 규정은 당연히 문제가 매우 많다. 왜냐하면 그런 규정에는 두 개의 관계가 서로 외적으로 대립되어 있고, 그래서 개념적으로 분리되어 있기 때문이다. 대표로서의 기호과정은 기호와 현실은 물론 기호를 통해서 연결되어 있을 수 있지만 이것들은 서로 다른 것이라고 가정한다. 그러나 이것은 그 과정이 그때마다 고유한 존재론적 지위인 두 개의 상이한 소여성에 참여함을 의미한다. 그래서 그런 과정 안에서는 이중적으로 모든 것이 파악된다. 마치 세상이 이중적으로 존재하는 것처럼 한번은 이름, 개념 그리고 모사로서, 또 한번은 실제 대상으로서, 사실이나 원형으로서 존재한다. 유명론적 기호개념은 기호과정에는 알려져 있지 않은 존재론적 이원성에서 나온 것이다. 이 존재론적 이원성은 기호학의 기본원리를 주체와 객체, 주권과 노예상태, 권력과 의존성과 같은 신세기적 사고를 위해 결정적인 일련의 형이상학적 이분법으로 이어준다.

이러한 이분법은 결국 진리에 대한 문제제기의 실패에도 책임이 있다. 말하자면 대표성의 적용은 기호와 현실 사이의 상응으로서 유명론적이라고 할 수 있다. 아무튼 이 적용이란 기호의 측면에서 정당성을 찾거나—이 경우 그 적용은 관념적으로 오류에 빠질 것이다—현실의 측면에서 정당성을 찾는다. 이 경우는 순수한 존재론이나 순수한 유물론을 수용할 수 없는 대안이 될 것이다. 아무튼 모든 종류의 논증은 언제나 기호와 현실 사이의 관계의 정확성을 나타내고, 그럼으로써 대표를 대표하는 또 다른 기호를 요구했다. 이 기호는 당연히 적법성 질문을 다음으로 연기할 것이다. 왜냐하면 그 기호는 나름대로 기호를 필요로 하는 증명을 요구했기 때문이다. 그래서 적용문제의 유명론적 처리는 어쩔 수 없이 원상 복귀되는 것처럼 보인다.

일차적 술어와 관계된 어려움은 보통은 직시적으로 해결된다. 이차적 술어와 추상적 일반개념과 관계된 어려움은 그것들의 명명의 습관의 지시에서 해결된다. 물론 비트겐슈타인은 직시론(Deiktik)의 일반적인 명확성에 대하여 단순한 지시는 어떤 정해진 것을 지시하지 않는다고 이의를 제기했다.[30] 지시하기란 지시하는 바를 같이 지시하지 않으므로 어떤 "지시하기"도 무엇을 지시하는지를 증명하지 않기 때문이다. 가령 "붉은"(rot)이라는 낱말의 발음과 빨간 병을 동시에 보여주는 것은 아직 명백한 연결을 가능하게 해주지 못한다. 왜냐하면 제시함에 있어서 무엇이 중요한지가 불명확하기 때문이다. 그 대신에 직시적 지시 자체는 지시를 확실하게 하기 위해서 지시하기에 대한 지시를 수행해야 할 것이다. 그래서 계속해서 동일한 반복적 행위를 하게 될 것이다.[31] 하버마스는 그러한 관습을 위해서 "계약적" 규정들의 표상이 그 전에—기호와 기호체계에 근거하는—일치의 절차와 의사소통의 규칙을 전제해야 함을 지적했다.[32] 설명은 피하고 싶지만 피할 수 없는 그런 동일한 반복적 행위로 끝난다.

말하자면 기호들은 명백하게 재현되지 않는다. 르네 마그리테(Rene Magritte)가 자신의 그림 "빈 마스크"(*Die leere Maske*) 혹은 "*Ceci n'est pas une pipe*"(이것은 파이프가 아니다, 1928–29)[33]에서 이를 단호하게 보여주었다. 두 번째 작품은 파이프 하나를 보여주는데, 이 그림은 역으로 제목의 코멘트를 통해서 파이프를 다시 없애고 있다. "이것은 파이프가 아닙니다." 이것은 파이프의 그림이기 때문이고, 또한 이것은—이는 추상적인 도상학 영역에 있을 수도 있고 은유로 사용될 수도 있다 — 다른 것으로 사용될 수 있기 때문이다. 즉 기호는 그것이 지시하는 것을 나타내지 않는다 : 오히려 그것은 많은 가능성을 표현할 수 있다. 그래서 그것은 인식의 문제가 아니라 이해의 문제이다. 그리고 어떤 대상으로의 그것의 단순한 연결이 중요한 것이 아니라 그것의 의미가 중요하다. 그것이 있는 그대로가 되기 위해서 그것은 우선 해석되어야 한다. 그렇기 때문에 에코에 있어서 기호학으로 가는 원래 문턱은 "의의"의 "아직 불확실한 크기"가 드러나는 곳에서 시작된다(ES, 31).

그래서 현대 기호이론의 특징은 명칭과 의미의 구분이다. 이런 식으로 기호이론은 유명론의 혼란을 극복하고 진리문제를 의미문제로 끌고 들어옴으로써—이로써 동시에 존재론과 인식이론이 해석학으로 바뀌게 된다—유명론 안에 무책임하게 남아 있는 타당성 문제를 새롭게 제기한다. 이로써 표상의 근거에 대해서 더 이상 질문되지 않고 표상의 의의에 대해서 질문된다. 그리고 증명의 기준은 해석의 기준에 따른다. 이에 따라서 기호에서부터 상징화의 복잡한 과정이—이 상징화의 과정은 통신의 이원성에게 세 번째 구성적 요소를 부가한다 — 생겨난다. 기호의 이원성 대신에 20세기의 기호학은 근본적으로 기호의 삼원성을 주장한다.

이는 기호가 현실과 확고하게 연결되어 있음으로부터의 해방과 관계가 있고, 기호가 고대와 중세에 가졌던, 그리고 이미 내부에 가지고 있었던 독립성을 다시 얻는 것과 관계가 있다. 스토아학파의 세메이온(semeîon, 지시하기) 이론은 물론 스콜라주의에게도 이 삼차원적 기호모형은 친숙한 모형이다 : 퍼스와 모리스가 자신들의 기호학을 만들어 갈 때 명백하게 이 이론들에 다시 접목하였다.[34] 그 이후로 어떤 기호의 철학도 더 이상 이원적 모형으로 되돌아갈 수 없게 되었고, 언어철학 중 어떤 것도 다시 이원모형으로 되돌아갈 수 없게 되었다.

구조와 무한한 과정으로서의 기호작용

"언어는 절대 새장이 아니다."

비트겐슈타인, 『비엔나 모임에서의 대화』

현대적 기호사상에 "기호학적 삼각형"이 출현하기까지는 수많은 퇴보와 용어적 약점, 그리고 개념의 혼동과 관련 있는 명확성의 지루하고 힘든 연구를 거쳐서 여러 가지 모양의 성숙과정을 거친다. 그러한 과정에서 세 번째 요소의 필연성을 증명하는 일련의 구별들이 기호기능으로 산입된다. 어떤 표현이 어디에 관련이 있고 그것이 무엇을 의미하는지를 구별하기 위해서 고전적이지만 잘못된 "Sinn"(의의)과 "Bedeutung"(의미)[35] 사이의 구별을 프레게가 행하였다. 이것은 존 스튜어트 밀의 "Dennotation"(외연)과 "Konnotation"(함축) 사이의 구별과 함께 또 다른 대립의 수많은 범람을 가져왔다. 러셀의 "Denotation"(외연)과 "Meaning"(의미), 모리스의 "denatatum"(외시)과 "desigantum"(의미) 혹은 "significatum"(의미),[36] 카르납에서 "nominatum"(주격)과 "sense"(의미) 및 "Extension"(외연)과 "Intention"(내연)[37] 사이의 구별이 전체 분석철학에서 결국 관철되었다. 이와는 반대로 훗설[38]과 뷜러[39]는 이런 용어의 사용은 물론 기능 자체에서도 구별을 그렇게 하지 않았다. 그에 상응해서 의미 없는 "Anzeige"(지시)와 "Ausdruck"(표현) 사이를, 그리고 "Ausdruck "(표현), "Darstellung"(서술)과 "Apell"(호소) 사이를 구별했다. "sign"(기호), "object"(대상) 그리고 "interpretant "(해석체)로 구성되어 있는 퍼스의 삼원적 기호모형[40]과 소쉬르[41]의 시니피에와 시니피앙으로 된 알고리즘, 옥덴과 리챠드의 유명한 삼각형[42]—이에 따르면 "references"(지시)와 "referent "(지시대상)는 모든 상징에 해당한다—은 언어학과 기호학의 발전에 지대한 영향을 끼쳤다. 이런 식으로 비슷한 구조의 목록들이 나타난다. 이런 것들의 입장은 동의어로 사용되면 안 되지만 상호적으로 서로 교환될 수는 있다. "Bedeutung"(프레게), "Denotation"(밀, 러셀, 모리스), "Extention" (카르납), "referent"(옥덴과 리챠드), "Darstellung"(뷜러), "Objekt" (퍼스)의 개념들은 체계에서 그때 그들의 기능 위치를 볼 때 매우 간단하게 서로 연관될 수 있다. "Sinn", "Konnotation", "meaning", "Intention", "reference", "Ausdruck", "Signifikat", "Interpretant"[43]도 역시 그렇다.

물론 이 개념들은 그때마다 상이한 담론에 속하고 다른 의미를 나타낸다. "Extention"과 "Intension"은 분석적 진리치 이론에서 유래하고, "Denotation"과 "Konnotation"은 해석이론에서 유래하며, "Ausdruck"과 "Darstellung"은 언어심리학에서 유래하고, "Signifikant"와 "Signifikat" 모형은 구조언어학에서 유래하며, "Interpretant"(해석체)의 개념은 실용적 학문론의 설정에서 유래한다. 그러나 이들은 전체적으로 이들의 담론 내에서 비교 가능한 의의를 나타낸다. 개념들의 모든 것은 체계 간에 설정됨으로써 다른 체계와 구별되고, 그러므로 그 체계 의도에서 그것들과 일치하는 체계를 생산한다고 말할 수 있다. 이러한 규정들은 단계적으로 명칭의 우세에서 의미로의 전이과정을 수행한다. 동시에 이것들은 기호를 대상성의 본질로부터 분리해내고 자유로운 해석가능성으로 인도한다.

분명히 프레게, 러셀, 카르납 그리고 옥덴과 리챠드는 "Bedeutung", "denotation", "nominatum", "Referent" 등의 개념을 가지고서 실제로 어떤 기호가 관계하는 것에 아직은 집착하고 있다 ; 그래서 그들이 이 표상들을 비판했지만 그것을 극복하지 못하고, 그러는 한에는 그들 자신의 요구에만 계속 머물러 있다. 오히려 그런 적용문제는 현실적인 것의 현존을 통해서 새로워지고, 그래서 입증의 장소로서 "현실의 원칙"은 유지된다. 이런 사실은 위에 나온 용어 대신에 "Intension"과 "Extension"이라는 용어가 나오는 곳에서도 바뀌지 않는다. 왜냐하면 적어도 초기 카르납에서는 "Intension"을 "Extension"으로 대치하고 이론을 단지 "외연적으로"만 설정하는 것이 아직은 중요하기 때문이다.[44] 이러한 분석철학의 분과는 계속해서 은유적인 다의성의 제거를 주장했고, "확실한" 배열만으로 구성되어 있는 "이상적" 언어의 구조를 고수했다. 물론 이로 인해 이것은 다시금 기호작용의 이상적 모형인 표상의 모형으로까지 소급되고, 이런 식으로 명칭과 의미를 나누는 업적을 손상시켰다.

에코는 "지시의 오류"(SZ, 88 이하)에 관해 언급하는데, 이 오류란 "기호표시부 'signifikant'의 기호의미부 'signifikat'가 해당 대상과 관계가 있을 것이라고"(SZ, 93) 잘못 가정하는 것이다. 기호가 아닌 것에 기호를 고착시키므로 에코는 이것을 오류라고 한다. 다시 말해서 이는 사물이 문제가 되건 사태가 문제가 되건 이념이 문제가 되건 관계없이 보고자의 개념이 기호적 고찰에서부터 체계적으로 제거되어야 함을 말한다. 기호화의 기준점을 제한하는 것은 원칙적으로 불가능하다. 왜냐하면 기호의 기저에는 현실이 있는 것이 아니고 기껏해야 새로운 기호들이 있기 때문이다. 그래서 기호의 의미를 증명하려는 것은 의미가 없다 : 기호들은 보장될 수 없고, 기호들 자신이 그들의 토대이다. 즉 기호란 어떤 바닥에 고정되는 것이 아니고 예술적으로 적용된 "받침대"처럼 자기 자신을 통해서 유지되는 것이다. 그래서 기호는 "어떤 것"을 지시하는 것이 아니고 다른 기호를 다시 지시하는 지시이다. 그러므로 그런 식으로 지시된 것이 "불러낼" 수 있는 것이 가장 먼저 등장한다.[45] 그래서 하이데거는 그리스 말 "semeion"을 일차적으로 표시하는(bezeichnen) 것이 아니라 어떤 것을 "가리키는"(bedeutet), "지시하는 것"(Zeigendes)으로 번역한다.[46] 여기서 지시하기는 "직접 가리킴"의 의미에서 지시가 아니고 어떤 것으로서의 어떤 것을 드러내는 "지시"와 비슷한 것이다. 기호를 통해서 비로소 세계가 드러나는 것이지 세계를 통해서 기호가 드러나는 것이 아니다.

그래서 당연히 명칭과 의미의 관계도 바뀌게 된다. 의미가 명칭을 규정하는 것이 아니고 의의에 귀결되는 의의, 의의를 생산하는 의의, 어떤 역사에 속하고 새로운 역사를 발견하는 의의, 그런 의의가 기호에 의해 지시된 것을 드러나게 한다. 그래서 "본질적"인 지위가, 즉 기호과정에서 구성적인 지위가 의미과정에 부여된다. 이것의 기저에는 이것의 기본적 개방성과 무한성으로부터 나오는 애매성, 불안정성 그리고 불명확성이 드러난다. 만일 비트겐슈타인이 자신의 『철학적 탐구』[47]에서 의미의 증명의 모든 가능성을 부인하고 문장과 명제 안의 기호를 명확한 "언어놀이"의 맥락에서만 이해한다면 이런 기호의 의미의 불명확성을 강력하게 지지하는 것이다. 놀이개념은 놀이규칙의 다양성과 우연성 때문에 근거의 부재와 의의의 탈경계를 이미 암시한다. 의미는 삶 형식과 문화의 상대성과 창조성에서 나오는 가능한 문맥의 무한한 다양성으로 해체된다. 여기서 바로 현대 기호학의 본질적 급진성이 출발하게 된다 : 존재하는 것이 "현존"한다는 — 또한 존재, 진리 그리고 기원이라는 그런 것들의 개념을 가진 (하이데거의) “존재–신학”의—생각이 동요를 보이며 “기호의 절대적 제국”(바르트)이 만들어지게 되었다.

결정적인 전환은 이미 퍼스에서 나타난다. 그는 아직은 기호를 전통적으로 어떤 것을, 즉 기호의 “대상”을 보증하는 “표상체”로서 규정한다. 이 표상체는 물론 “이러한 견지에서 어떤 사람을 위해서” 그런 대상으로서 해석된다는 의미를 가지고 있다. 퍼스에 따르면 기호기능은 삼원적 관계[48]를 형성하는데, “기호”, “지시된 것” 그리고 “해석체”가 그에 속한다. 여기에서 이 세 가지 요소들의 지위는 기원에서 동일하다 ; 이는 개별적 것들이 절대 독립적이지 않고 기호가 사물과 연결될 때에도 이원적 관계로 해체될 수 없음을 말한다. 이 세 요소의 각각은 오히려 그들 기능에서 이미 다른 두 개를 전제로 한다. 즉 실재하는 것 자체가 기호를 수단으로 그것의 해석가능성 없이 생각될 수 없고, 그것의 해석체가 기호 없이 생각될 수 없고, 그것을 통해 나타내진 실재하는 것에게 소개될 수 없는 것처럼 어떤 기호도 그 기호를 통해 지시된 것 없이, 그리고 기호해석에 대한 지시 없이 이해될 수 없다. 간단히 말하면 기호화가 수행되기 위해서 기호화의 현실관계는 기호화의 의미와 마찬가지로 구성적이다. 기호는 실재를 표현하려는 해석들을 “환기시킨다.”

그러므로 퍼스는 아직 전이단계에 있다. 그에게 현실

적인 것의 현존은 상징적인 것의 지배처럼 당연하게 보인다. 그래서 그는 두 가지 모순을 중재하면서 정당화시키려 시도한다 : 한편으로 기호 없는[49] 사고능력은 없다. 그래서 모든 사물은 언제나 이미 "명명되어져" 있고, 세상은 상징적인 것과 다르게 주어져 있지 않다. 기호의 "대상"은 "해석체의 연구를 통해서"만 접근이 가능하다.[50] 그래서 현실은 해석의 방법으로만 추론되고, 기호작용은 해석의 과정을 통해서 완전하게 결정된다. 그리고 다른 한편으로 퍼스는 "독립적 존재"로 인정되는 기호들 "이외의" 객체들을 인정한다.[51] 기호의 전체 우주는 비상징적인 것 안에 있는 기호의 본질적 뿌리를 거부할 수 없다. 왜냐하면 모든 기호에 있어서 어떤 신기루가 중요한 것이 아니고, 기호가 밝힐 수는 없으나 끊임없이 지시하는 상태로 머무르는 그 존재하는 것이 문제가 되기 때문이다.

다시 말해서 퍼스가 상징적인 것의 자율을—이런 자율에서 의미사건은 어떤 근거도 없고 연결하는 진리도 없기 때문에 그냥 "놀이"일 뿐이다[52]—옹호하는 것으로 본다면 이는 그런 생각을 과대평가한 것이다. 에코가 기호화 이론에서 모든 "지시자의 형이상학"으로부터 이탈하는 것으로서 해석체의 개념을 나타내는 한은 이것은 에코에게도 해당된다(SZ, 103). "기호작용"이 지속적인 운동으로 서술되는 것은 아주 중요하다. 이러한 이유에서 기호작용 또한 절대로 최종적으로 증명될 수 없다. 다음이 아마도 가장 중요한 점일 것이다 : "어떤 해석체도 어떤 기호를 결정적으로 해석하지 않는다. 오히려 모든 해석체는 스스로 기호이고 […] 그런 동일한 대상의 기호를 계속 규정해 나간다."[53] 모든 해석은 무한하게 해석되는 것을 다시 나름대로 기대하는 또 다른 기호의 홍수를 만들어낸다 :

> "표상의 의미는 표상 이외에 아무 것도 아닐 수 있다 […] 물론 사람들은 그것을 완전히 벗겨낼 수 없다 ; 그 대신에 사람들은 보다 투명한 어떤 것만을 설정할 수 있다. 그래서 이것은 끝없이 꼬리에 꼬리를 물고 나간다. 결국 해석체란 진리의 횃불이 전해주는 또 다른 표상일 뿐이다 ; 그리고 이것도 역시 표상으로서 다시금 어떤 다른 해석체를 가진다. 그래서 우리는 끝없는 연속선 상에 서 있게 된다."[54]

이로써 퍼스는 기호작용을 원칙적으로 열린 과정으로 이해한다. 기호의 "수용"은 기호의 적용을 무한 작용으로 보는 일련의 전이, 재해석 그리고 코멘트의 출발점이 된다 : "모든 상징은 살아 있는 사물이다. […] 상징체는 천천히 바뀌지만 그 내용은 끝없이 성장하고 새로운 요소를 합병하고 다른 것을 제거하기도 한다."[55] 여기서도 물론 이러한 운동은 임의적인 것 속으로 "표류하지" 않는다. 의의 형성과정이 일시적으로 완성되지 않는 것은 "기호 의미부의 정체성"이 계속 옮겨지는 것[56]만을 의미하는 것이 아니라, 끊임없는 반론을 토대로 지속적으로 개정되어 가는 것을 의미한다. 퍼스는 해석에서 발전을, 즉 "이성화되어 가는 것의 성장"[57]을 확실히 신봉한다. 모든 새로운 해석은 딜타이의 해석학적 순환—이 이론에 따르면 이해하기는 항상 "보다 더 잘 이해하기"[58]이다—과 유사하게 정보와 복잡성이 증대할 수 있는 가능성을 함축하고 있다. 이 해석은 잠재적인—"조정하는 원리"로서 그것의 과정을 계속적으로 교정하고 운행해 가는—"마지막 해석체"와 연결되어져 있다.[59] 의미는 기호와 유사한 어떤 것으로 되어지는 것이 아니고 그것을 목적으로 한다. 그래서 포퍼의 예에 따르면, 안개 속에 가려진 산꼭대기에 다다를 수 없는 것처럼 보이지만 모든 노력들의 일치된 목적이 추구하는 진리의 근사치에 대한 믿음은 존재한다. 이런 식으로 퍼스의 실용적인 기호학은 결국—19세기의 전형적인 낙천주의와 함께—목적론적인 믿음과 합류한다. 그는 기호들이 자유로운 순간에 무근거성으로 추락하는 것으로부터 기호의 이론을 보호한다.

그것으로부터 가장 가까운 단계는 소쉬르에서부터 시작한다. 그의 연구대상은 단수적 기호의 사용이나 기능방식이 아니라 기호의 체계들이다. 정확히 말하자면 언어의 체계들이다.[60] 그에게도 일반적 "기호론"이 언어학에 앞서 가야 할 필요한 것으로 적용되기는 하지만,[61] 언어는 어디서나 표준이다.

그래서 언어는 기호론의 "주빈"으로 부상할 수 있을 뿐만 아니라, 그로 인해 다시금 언어학의 한 부분영역으로 축소된다. 그때 언어(*langue*)는 발화(*parole*)가 언어법칙을 준수하도록 하는 질서로서 파악된다.[62] 그래서 언어는 아직 결정되지 않은 표상들의 밭에서 분류를 결정하고, 이런 식으로 분절되는 "단면들"의 형성을 확정함으로써 언어적 현실을 모든 말하기 내에서 구조화한다.[63] 모든 기호는—그리고 소쉬르에 있어서 특히 "공시"의 "소리"가 중요하다—체계 안에서 어떤 "임의적인" 자리를 나타내는데, 그 자리는 시니피앙과 시니피에로 된 이원적 모습으로 기능한다 : "그래서 나는 낱말 '기호'는 전체를 나타내는 것으로 남겨두고 표상 및 음성영상을 기의(Signifikat)와 기표(Signifiant)로 대체할 것을 제안한다."[64] 모든 지시하기는 언제나 두 개가 다 필수적이라는 사실이 중요하다 : 표현과 내용, "음성과 사고." 그리고 "임의성"이라는 개념의 핵심은 그것의 단면이 "[…] 개인의 자유선택"에 의존됨을 의미하는 것이 아니고, 기표와 기의 사이에 "어떤 자연적인 공속성"이 있는 것을 의미하는 것이 아니다. 즉 의의라는 것이 기호작용의 과정에서 이미 자기 자신에서부터 생겨나는 것이 아님을 의미한다. 오히려 기호가 된다는 것은 그 기호작용을 규정하는 어떤 위치체계가 존재하는 곳에서만 생겨남을 의미한다. 상징이 되는 모든 것은 상징화가 나타나는 전체적인 조직에 수렴된다 ; 이 조직 외부에서는 기호도 없고 의미도 없다.

그래서 어떤 것을 이해하기 위해서는 이미 언어의 전체 질서가 사용되어야 한다. 퍼스에서와 유사하게 기호는 다른 기호와의 조화에서만 존재한다. 이것은 무한한 연쇄체의 분지들처럼 연달아서 이루어져 있는 것이 아니라, 상호적으로 대등하게 연결되어 있다. 즉 기호는 모든 다른 기호들과 "함께 텍스트를 이루고 있다." 그래서 어떤 기호도 어떤 그물코를 풀지 않고서는, 그것의 기능을 파괴하지 않고서는 그 연합에서 풀려나올 수 없다. 기호가 체계를 만드는 것이 아니라, 체계가 기호들을 어떤 구조의 요소로서 만들어냄으로써 비로소 그(기호) 가능성을 구성한다. 이로써 이들의 개념은 사라지고 추상적인 대수의 변수나 분자 크리스탈의 격자점과 유사하게 "가치들"로 된 상황만 남게 된다.

그래서 소쉬르는 다음과 같이 유명한 말을 했다 : "언어는 형식이고 실체가 아니다."[65] 언어는 항상 그 지시체와 닮은 "대상들"을 알려주는 "긍정적인" 의미를 가지는 것이 아니고, 위치들이 단지 그 자체를 지시하는 대립의 체계다. 소쉬르가 말한 대로 기표는 "기표의 음성영상을 다른 여타의 것으로부터 구분하여 주는 상이성을 통해서만 구성되어져" 있다. 그래서 구별은 "언어적 가치의 근원"[66]이 된다. 해석은 내적 경계화의 생산물이고, 어떤 외부에 대한 관계의 산물은 아니다. 그래서 언어 자체는 그 언어가 관계하는 어떤 다른 것을 특별히 필요로 하지 않고 스스로 충분하다. 비로소 소쉬르는 기호가 공표했던 "독립적 현실"의 환상을 완전히 버린다. 그 대신에 그는 언어학과 기호학이 다루어야 할 "구조"를 아주 정당한 실체로 주장한다.

당연히 이로 인해 언어는 로만 야곱슨의 표현처럼 거의 "스콜라적 허구"가 된다. 사실상 이것은 구조주의적인 것의 우위를 의미한다. 이 구조주의는 소쉬르가 발견한 것이 아니라, 오히려 그의 계승자들이 발견해낸 것이다. 소쉬르에서 "구조"라는 개념은 방법적 가정의 상태로 어디에나 있으며, 명확한 분절로 증명된 것은 아니기 때문이다. 오히려 이 구조는 소쉬르 시대에 아직 존재하고 있는 "의미하기"의 주체관계를 과감하게 없애버리는 특정한 해석방식에서 나온다.[67] 그때 구조는 초월적인 원리[68]의 기능을 넘겨받는 선험적 형식으로 승격된다. 그리고 사람들은 이 구조에 상응하려 시도하는 복종적 목소리로 수렴되게 된다. 『일반언어학 강의』가 지시하는 것을 한번 더 살펴보면 다음과 같이 강조되어 있다 : "구조주의"란 이름에 상응하는 그런 철학적 프로그램을 설정하기 위해 몇 가지 가설의 개조와 처리방식의 실천이 필요할 것이다.

이때 가장 중요한 점은 아마도 기표와 기의의 분리이고, 기표의 독점적이고 무조건적 우위일 것이다. "기호론"을 위해서 특히 롤랑 바르트는 이러한 기표의 우위를 호소한다.[69] 기호들이란 체계 내에서의 임의적인 구두점이다. 임의적으로 대체될 수 있는 관계들과 빈 자리들의 네트워크는 그 기호들의 구조로부터 생겨난다. 그런 상징적인 것들의 질서는 형식적 일람표와 비슷한데, 이런 일람표에서는 그 위치들이 자유롭고, 일람표는 모든 기의들로 채워질 수 있다. 그러므로 의미란 여러 가지 관계들 자체로는 무의미한 어떤 놀이가 만들어내는 이차적 "결과"라고 할 수 있다. 의의는 문자 그대로 기표 사이에 입을 벌리고 있는 "틈"에서부터 나온다. 즉 의의란 "임의적인 병합"의 결과인데, 여기서부터 의의가 "안개"(바르트)처럼 피어오른다. 또한 기표의 "놀이"는 기의의 심연에서 어떤 것을 낚아 올리는 대신에 놀이만을 서술하기에 적합한 비실용적인 즐거움을 제공한다. 왜냐하면 "기의는 껍질과 껍질의 연속이기 때문이다. 만일 사람들이 결국 그것에 도달했다 하더라도 그것은 의미 없고, 조롱적이며, 경멸적으로 나타난다 : 그러나 사람들은—기표들의 밭을—만족감을 가졌다."[70] 여기에서 장기의 은유가 자주 인용되었다. 그리고 소쉬르도 이미 모든 것이 인물의 배열과 그들의 특징에 달려 있음을 명백히 하기 위해서 이 은유를 사용한다 : 보다 더 적합한 예는 라캉의 낱말 맞추기 놀이인데, 그는 자신의 학생들에게 이 놀이의 해결을 다음과 같이 하도록 충고했다 : 이 놀이는 "빈 자리 체계"의 모습과 매우 유사한 것처럼 보인다. 문자들로 무엇을 기재함을 통해서 기표들의 도식이 생성되기 때문이다. 이 기표의 도식 안에서 기의들은 "자유롭다."

당연히 현실관계를 거부함으로써 기호학 일반의 기본 질문으로서 의미문제도 역시 사라지는 것처럼 보이게 된다. 해석의 자유 뒤에는 기호의 무질서가 나타난다. 이것은 세상을 기본적으로 의미 없는 놀이 속으로 방면한다. 그래서 데리다는 "선험적 기의의 부재"[71]에 대해 언급하고, 의의의 "분산"에 대해 언급한다.[72] 현존 형이상학의 "해체"는 근거와 진리의 저편으로만 이끄는 것이 아니라 말하기의 해체로도 이어진다. 그러므로 철학은 자기 고유의 낭떠러지 앞에 서 있게 된다.

이러한 낭떠러지는 에코가 말한 바대로 구조주의 자체의 내재적인 결론이다. 결국 급진적으로 생각하면 구조주의는 스스로 모순적이 된다. 왜냐하면 이것은 자기 자신의 토대를 파괴하도록 강요받았기 때문이고, 구조를 우주적 원리로 들어올림으로써 이 구조가—구조적 범주 안에서 이것은 더 이상 파악될 수 없기 때문에—스스로 파악이 불가하게 되기 때문이다.

> "만일 최후의 구조가 존재한다면 이 구조는 규정될 수 없을 것이다 ; 이것을 포착할 수 있을 어떤 메타 언어도 존재하지 않는다. 사람들이 이것을 확인하게 된다면 이것은 더 이상 최후의 것이 아닐 것이다. 최후의 것은—숨겨져 있고, 파악 불가능하며, 구조화되어 있지 않은—새로운 현상을 만들어내는 그런 것이다"(ES, 411).

말하자면 원초적 질서의 존재론이 "부재의 존재론"으로 바뀐다.[73] 데리다는 이것을 하이데거와 관련지어 단순한 "차이성"으로 축소했다. 이것은 다시 무(無)로까지 축소될 수 있다.[74] 오히려 이것은 우선 가능한 구조화를 만들어내고 그래서 구조의 개념을 넘어가는, 즉 구조주의의 영역을 이미 떠나버린 설정 혹은 "근거 없는 흔적"이다.

그러나 만일 구조주의의 내적 결과가 구조주의의 자기해체라면, 에코는 기호학을 구조주의 범주의 저편으로 옮기려고 시도했을 것이다. 이 대신에 그는 구조주의적 "기호론"과 실용주의적 기호학의, 즉 소쉬르와 퍼스의 통합을 시도하는 보다 신중한 방법을 제안한다. 그래서 두 학자의 연결은 구조와 과정의 "변증법"으로부터 기인한다(ES, 417 이하). 이때 기호학은 코드에 관한 질서이론을 의미하기도 하며, 코드를 수행하는 이론을 의미하기도 한다. 코드는 "조망적이고, 부분적이며, 상황에 종속적인, 한 마디로 '역사적'"(ES, 418)으로 생각되는 가설적 모형으로 행동한다. 기호작용은 이 기호작용을 가능하게 하는 규칙의 토대 위에 있는 실천이다 ; 기호작용은 언제나 새로이 설정될 수 있는 형식이다. 체계, 폐쇄성, 안전공학은 물론 운동, 개방성 그리고 동력학의 범주들도 역시 이 개념에 속한다. 거기서 구조는 구체적인 기초과정을 통해서 비로소 스스로 충족되는 "가설적 도구"로서만 기능한다.

이로써 에코는 소쉬르의 저편에서 특히 불변적인 질서

의 재구를 포기하고 있을 법한 형식들의 다양함을 주장한다 ; 그리고 에코는 퍼스의 저편에서 "최종적 해석체"의 규정적인 생각을 그만두고 기호작용의 우연성을 주장한다. "랑그"의 "객체적" 구조의 의미에서 최종적인 코드는 "존재하지" 않고, 진리가 성사되는 식의 기호작용의 발전도 존재하지 않는다. 실용주의나 구조주의 둘 다 오히려 키메라(그리스 전설에서 나오는 괴물. 머리는 사자, 몸은 산양, 꼬리는 뱀 모양을 하고 있음 : 역자 주)의 희생양으로 전락한다 : 실용주의는 "더 나은 것"과 "더 많은 것"의 상승의 원리를—니체는 이것을 "권력에의 의지"[75]의 무절제와 밀접한 관련이 있는 것으로 본다—포함하는 발전의 표상에 빠지고, 구조주의는 역사가 어떤 변화를 허락하지 않고 기껏해야 내적 변형을 허락하는 한은 그 역사에서 도출되는 지나간 질서의 이념에 빠진다. 그 대신에 실용주의가 지속적인 성장을 유지하는 곳에는 아무튼 상이성의 발견이 있고, 구조주의가 "코드"를 인식하는 곳에는 미로가 있다. 역으로 과정의 동력학은 언제나 체계의 정력학(靜力學)을 드러낼 수 있고, 에코가 말한 대로 "법칙과 창조성의 영원한 변증법"(SS, 276)을 기호의 구조에 등록할 수 있다. 그래서 구조는 롤랑 바르트의 유명한 이론에 따르면 말하는 사람을 "불가피한 낯설게 하기" 속으로 폐쇄하는[76] "감옥"을 만드는 것이 아니라, 무한한 수의 새로운 것 그리고 지금까지 알려지지 않은 것의 발견의 기회를 동시에 포함하고 있다 :

> "코드는 닫는 규칙일 뿐만 아니라 여는 규칙이기도 하다. 코드는 '너는 해야 한다' 라고 말할 뿐만 아니라, '너는 할 수 있다' 혹은 '어떤 것을 하는 것도 역시 가능할거야' 라고 말하기도 한다. 만일 그것이 하나의 자질표라면 무한한(이것에 대해서 몇몇 사람이 아직 한번도 예견할 수 없는) 어떤 열린 자질표를 생각하는 것을 가능하게 하고, 무제한적 규칙을 생각할 수 있게 한다" (SS, 275f.).

이 안에는 퍼스와 모리스로부터 소쉬르와 바르트까지의 기호학에 대한 에코 기호학의 근본적인 차이가 들어 있다 : 구조와 과정의 변증법으로 이 기호학은 자유의 중요성을 지시한다. 즉 상상력의 메마르지 않는 놀이에 기인하고 동시에 코드를 구성하는 조건에 힘입어 그것에 열려 있는 그런 가능성과 연결된 자유(SZ, 185 이하)를 이 에코 기호학은 지시한다. 이 기호학은 기호의 기본적 철학으로서 어떤 보편적 이론을 기안하는 것이 아니고, 일련의 발전적인 모형을 통해서 기호작용의 개방성과 해석의 무한성을 충족시키려 시도한다. 그에 적합하게 그것은 어떤 결정적인 "체계"를 완성하는 것이 아니고, 지속적으로 발전하고 계속 진보하는 "연구"로 통한다. 그런 것으로서 이 에코 기호학은 "객관적" 학문으로서가 아니라, 에코가 전에 『기호학 입문』에서 말한 대로 근본적으로 "치료적 기능"을 넘겨받는 역사적이고 조망적인 실천으로 이해된다(ES, 439 이하).

백과사전과 미로 : 해석의 무한성

"세상이 무한한 해석들을 포함하고 있는 가능성을 우리가 거절할 수 없는 한은 세상은 우리에게 더없이 '무한하게' 된다."

니체, 『즐거운 지식』

기호는 문화적 발명이다 ; 기호는 어떤 것을 의미함으로써 "어떤 것"을 보증한다. 그리고 그 기호가 그렇게 이해되기 때문에 그런 의미를 갖는다. 즉 모든 이해하기는 세상이 "있는" 그대로 세상을 "접촉"하는 행위가 아니라, 해석을 "창조"하는 어떤 행위에서 비롯된다. 의의는 언제나 새로운 해석을 통해서 만들어지고, 확대되고, 번역되고, 변이된다. 기호작용의 과정은 절대 끝나지 않으며 무한히 만들어지는 사건임에 틀림없다. 기호들은 멈춤이 없고 근거도 없다.

이처럼 기호가 계속되는 것은 "원칙적으로 근거가 없고", 그에 대한 진리도 없으며 근원도 없는 특징을 보인다. 기호에 있어서 기호를 "어떤 것에" 고정시킬 수 있는 논증은 없다 : 진리가 없다는 말은 기호를 해석할 때 그것의 "진"(眞)이나 "위"(僞)를 증명할 수 있는 기준이 없음을 의미한다 : 근거가 없다는 말은 또한 기호를 순수하게 창작하고 그것들에게—절대권을 가지고—의의를 부여할 원저자가 없다는 것을 의미한다. 해석은 어떤 "관련성"을 인정할 만한 일반적인 "이성원리"로부터 기인하지 않고, 해석의 "순수성"을 보증한 "주관적인 원리"에도 기인하지 않는다. "텍스트의 순수한 의미는 없다"(발레리) : 에코가 『열린 작품』과 『소설 속의 독자』에서 유사하게 언급한 바대로 모든 텍스트는 정확히 말해서 열린 구조이다. 저자가 한번도 생각하지 않은 다른 어떤 매우 비개연적인 것을 독자가 이 텍스트들에게 첨가함으로써 무한한 수의 가능한 해석이 공동으로 작업되고, 그럼으로써 이 열린 구조는 무한하게 많은 해석을 가능하게 해준다. 그래서 어떤 상징의 의미가 무엇인지, 그것이 환기하는 것이 "적당한지", 단지 "허무맹랑한지", 그것이 저자의 의도에 상응하는지 어긋나는지 등을 처음부터 결정하는 길은 전혀 없다.

예를 들어 니체의 차라투스트라는 누구란 말인가? : 기독교가 종말로 간 후에 나온 무신론적 종교의 창시자인가, 니체 자기 자신의 변용인가, 디오니소스적 예술가 혹은 철학자인가, 연극과 같은 철학인가, "초인"의 형상화인가, 급진적 계몽비판의 원리인가—혹은 모든 것이 아닌 아무 것도 아닌 것인가, 혹은 어떤 완전히 다른 어떤 것인가? 또한 폐허 위에 놓여 있는 정방형 돌은 무엇을 의미하는가? : 지질을 보여주는 표석인가, 비석인가, 쓰러진 기둥인가, 담의 잔재인가? 이것은 어느 시대에서 나왔는가? : 가장 최근 과거로부터 나온 것인가, 고대로부터 나온 것인가, 측정 불가능한 과거로부터 나온 것인가?

그래서 아주 명백한 도상을 사용할 때에도 적용할 수 있는 정확한 규정이 없다. 가령 해골의 상징은 꼭 "독"(毒)을 의미하지는 않는다 : 이것이 송전함에 있을 경우 이것은 "고압선"을 지시하고, 문에 있으면 위험을 나타내고, 깃발에 박혀 있으면 "해적"을 나타내고, 잠바에 무늬로 박혀 있으면 파시스트의 한 집단에 속함을 나타낸다(SZ, 165). 어떤 병과 관련지어져 있으면 이것은 전혀 해석의 적합성을 보장할 수 없다 : 오히려 독성의 용량에 따라 이것은 약국에서는 치료제로, 알코올을 저장하는 지하실에서는 비웃는 농담으로, 안전작업복을 파는 가게의 쇼 윈도우에서는 주목하도록 요구하는 번득이는 장식으로 해석된다. 또한 다음 같은 것들도 생각될 수 있을 것이다 : 해골 표시를 한 초록색 액체로 채워진 어떤 병이 가짜 금장식으로 만들어졌으며 몇 개의 모조 콧수염과 가발이 담겨 있는 무거운 보석함 뒤의 작은 서가에 있다. 그 앞에는 원통형으로 만들어진 의자가 있고, 그 옆에 잘 치장된 몇 개의 비로드 원피스와 마스크 몇 개가 놓여 있다. 사람들은 연극 소도구가 있는 방으로 생각할 수 있을 것이다. 그려면 그 병들은 수집품에 속하게 될 것이고, 그렇게 되면 그 병 안에는 전혀 독약이 없을 것이다. 범죄 수사물 영화에서는 카메라를 설정하는 것에 따라서 이러한 명확한 의미는 다시 바뀔 수 있을 것이다 : 어떤 질투심 많은 살인자는 연극 배우가 어떤 병을 볼 때 그 병을 단지 물감을 탄 물로만 병의 내용물을 생각할 것이라는 교활한 가정에서 그 병을 독으로 채울 수도 있을 것이다. 아니면 관객이 잘못 생각하도록 하여서 긴장순간을 체계적으로 상승시킴으로 인해 비열한 살해계획이 숨어 있음을 관객들이 알아차리도록 하려는 감독의 세밀한 기교일 수도 있다.

우리가 멀리 가면 갈수록 우리는 불확실한 모래사막에 더 깊이 빠질 것이다. 기호들이란 "다의성"을 함축한다 ; 기호들은 어떤 정해진 코멘트를 제공하지 않고 열어놓는다. 그래서 기호들은 무한히 많은 논의에 대해 "매우 유연"하다. 물론 "옳다" 혹은 "그르다"의 저편에는 언제나 "가능하다"라는 말이 존재한다. 모든 해석은 미확정의 산물이다. 의의는 구체적으로 어디에 속하게 함으로써 생기는 것이 아니라, 몇 가지의 감행된 가정의 결과로서 생겨난다.

그러나 보통의 경우에는 이해가 "성사된다" ; 여기서 "성사된다"라는 의미는 "최종적" 이해의 의미의 "충족"을 의미하지 않고 순환성을 의미한다. 왜냐하면 어떤 것을 이해할 수 있다는 것은 그 전에 나오는 문맥의 추론을 요구하기 때문이다. 어떤 기호도 단독적으로 나오지 않는다 ; 언제나 모든 기호들은 이 기호와 연결되어 있는 다른 기호들의 전체 앙상

블에 속해 있다. 모든 기호가 어떤 것을 일반적으로 의미하기 위해서는 그 나머지 기호를 필요로 한다. 이 기호들은 기호들이 "독해될 수 있도록" 해주는 맥락을 공동으로 형성한다(LF, 108 이하). 어떤 기호의 해석은 다른 것의 동시적 해석 없이는 불가능하다. 그래서 사람들은 다음과 같이 말할 수 있다 ; 해석하기란 텍스트를 "창작하는 것"이다. 텍스트가 기호 사이에 관계를 맺도록 하고 상호 작용을 하도록 함으로써 이 텍스트들은 기호들을 체계적으로 하나의 구조 안으로 모은다. 모든 기호작용은 이 기호작용이 드물게 일어나고 아주 작은 사안에만 해당된다고 할지라도 중요한 상징들과 "텍스트 요소들"을 서로 일치시키는 "재료"를 필요로 한다. 이해하기는 하나의 전체적인 질서의 기능이다. 이 체계 내에서의 모든 기호는 모든 다른 것의 의의를 위해 함께 작용한다. 의미들은 서로를 상호적으로 설명해 준다. 그러므로 의미는 말 그대로 공중에 붕 떠 있게 된다.

즉 어떤 것도 기호의 연결 또는 기호의 전략—기호들을 조직하는 그런 전략—이 어떻게 선택되었는가를 설명하지 못한다. 해석은 단지 있는 그대로만 가능하다. 언제나 다른 구성도 생각될 수 있다. 그리고 창조적 환상은 이런 전략에서 볼 때 망상이 될 수도 있고 우수한 걸작이 될 수도 있다. 여기서 어떤 방향이나 우선권도 정해진 것이 없고, 정신착란적 무의미의 단순한 환각의 거절도 정해질 수 없다. 특이체질에 따라서 모든 몽롱한 꿈들이 변태적인 열광의 증상으로 수용될 수도 있고, 미래적 불행의 징후로 수용될 수도 있다. 문맥들이 이해를 결정한다 ; 그러나 사람들이 다른 문맥을 만드는 것이 아니라면 이 문맥들의 형성이나 혼란을 치료하는 어떤 방식이 있는 것은 아니다. 에코는 그의 소설 『장미의 이름』에서 일련의 살인사건들이 극악한 모형을—이 사건들의 열쇠는 『요한계시록』에 예언되어 있는 것처럼 보인다—시사하고 있음을 통해서 이를 자주 언급했다. 이 소설에서 모든 것은 우연의 놀이만을 따른다 ; 그리고 『푸코의 진자』에서는 육군대령 아르덴티의 의해 쓰여졌지만 무명으로 발표된 작품이 하는 해석방식에 따라서 수천 년 전부터 계획된 기사단의 음모를 알리거나 우스운 일상생활의 진부함을 알림으로써 우연을 따른다. 물론 에코의 두 번째 소설 전체는 어떤 화석화된 모형의 이성적 애매함을 가르쳐 주는 작품이다.

그러나 사람들이 어떤 "소설"을 가치가 있는 것으로 생각하고 어떤 소설을 잘못된 것으로 생각하는가는 사람들이 세상을 전체적으로 어떻게 해석하는가에 달려 있다. 강력한 힘을 약속하는 어떤 비밀의 가능성을 믿고 세상의 밀약을 찾는 그런 자만이 템플 기사단에서 행하는 밀약의 맥락으로서 신세기 역사가 이해되는 것을 그로테스크한 것으로 생각하지 않는다. 그러나 그런 사람에게 있어 모든 기호는 어떤 다른 의미를 가질 것이고, 서구적 학문의 "거대한 흐름"을 쫓는 그런 자들과는 다른 결과를 야기할 것이다. 기호가 작용하는 근거는 언제나 하나의 복잡한 담론이다. 이것은 일반적으로 생각되고 믿어지고 혹은 알려지는 그런 것 안에 들어 있다. 그래서 해골이 "독"을 나타내는 근거는 여러 종류의 독과 그것의 작용을 구별하도록 해주는 초보적 (흔적만 남아 있는) 독성학은 물론 죽음과 있을 법한 죽음의 종류에 대한 지식까지도 전제로 한다. 이와 유사하게 고고학적 발굴영역에서 미지의 발굴물을 배치하는 것은 시간규정의 방법에 대한 지식, 작업기술의 지식, 묘지상태와 매장문화에 대한 지식, 어느 민족의 확산에 대한 지식, 그 민족의 지배영역과 다른 민족과의 교류에 대한 지식 등을 요구한다. 한 마디로 말해서 어떤 학문의 모든 전통과 그것의 해석학 및 역사 자체의 경험, 거리, 도로 표지판까지도 도로 교통에서 행동방식과 규칙을 위해 습득된 능력 내에서만 이해가 가능하다. 사람들은 하나의 기호로부터 출발하여 복잡한 한 묶음의—또 다른 암시들과 연관된 미궁이 마지막까지 이해되어야 하는 일련의 복잡한—지시들을 만나게 된다.

그래서 근거 아닌 근거는 아무 것도 없는 무(無) 안에 있는 근거인 "일반적인 세상 지식"만을 보장한다. 이해하기는 문화적인 "전체"와 관련이 있는데, 이 문화적인 전체란 문화 자체만큼 그렇게 상대적이고 문화를 일으키는 시간만큼 다양하다.[77] 모든 기호는 기호를 생산하고 사용하고 계속 중재하는 그런 문화의 전체에 종속되어 있다. 그리고 그것의 해석은 이미 해석된 바 있고 이해된 바 있는, 토론된 바 있고 비평된 바 있는 모든 것으로 되돌아간다. 그래서 하이데거는 기호학을 "이해하기의 선(先)구조"라고 불렀으며, 비트겐슈타인은 우리 "삶 형식"의 "좌표계"라고 불렀다. 분명히 이들의 연관성은 확실하다 : 하이데거가 말한 바처럼 해석이란 현존의 역사성 안에서 그것의 조건을 찾는 것이다.[78] 하지만 이것은 가다머가 구체화한 것처럼 전통들에 대한 소속성에서[79] 생긴다. 모든 이해과정은 원전, 텍스트 그리고 해석의 형식으로부터 수용되는데, 이런 전승이 이해의 긍정적인 권위를 형성한다. 이런 이해과정이 그것의 전승들을 검열하려고 하는 곳에서 해석(*Auslegung*)이 생긴다. 그래서 전승의 맥락은 해석을 가능하게 해주는 지평을 구성한다 ; 역으로 이 지평에 근거하지 않는 해석들은 그들의 목표를 잃게 된다. 이는 비트겐슈타인의 "우리의 지식은 커다란 체계를 형성한다"[80]와 일맥상통하는데, 일종의 "건물"이다. 이 건물 안에서는 가정과 결론이 동시에 "상호보완을 한다." 판단으로서 정당화되지 않을 뿐만 아니라 반박되지도 않고 옳고 그른 것으로 증명될 수도 없는 판단은 물론 모든 주장, 사고 그리고 생각의 토대로서 "현존하는" "판단의 전체를 우리는 납득할 수 있게 된다." 이를 통해서 비로소 의심과 증명(Begründung)도 생긴다 : "나의 세계상이 정확하다고 확신했기 때문에 나는 나의 세계상을 갖고 있지 않고, 또 나의 세계상을 나는 정확하다고 확신해 왔기에 나의 세계상을 나는 가지고 있지 않다. 세계상이란 내가 진과 위 사이를 구별하는 전통적 배경이다."[81]

이 대신에 에코는 "기호적 백과사전"에 대해 언급할 것이다(SZ, 143 이하, 162 이하, LF 15 이하, 94 이하 그리고 SS, 107 이하).[82] 이 기호적 백과사전이란 문화 안에 널리 퍼져 있는 인식, 이념, 믿음내용, 환상, 무지 그리고 거짓 등을 전체적으로 다 포함한다. 그래서 이것은 어떤 이성적인 것을 형성하는 것이 아니고, "문화가 세계를 보는 방식"(SZ, 365)인 문화적 "의미부여"의 거울이다. 또한 에코는 "광범위한 의미론적 우주"(SZ, 179 이하)의 "조절가설"에 대해 언급하는데, 이것은 중세기적 "세상의 거울"과 유사한데, 어디에도 나타나지 않고, "관념적"으로 구성되어 있으며, "완전히 의미론적인 스펙트럼"[83] 이다. 이 의미론적인 스펙트럼은 선입관, 도그마, 민족적 전설, 픽션, 유토피아적 꿈과 평범한 고찰 등은 물론 지혜와 학문적 오류 등의 모든 것을 함유한다. 예술, 학문, 종교와 같은 숭고한 문화적 능력들이 우리의 세계상을 확정지을 뿐만 아니라, 조사되지 않은 호기심과 학술적인 잘못됨, 비밀스런 환상 그리고 설명할 수 없는 일상적 신화들도 우리의 세계상을 결정한다. 결정적인 것은 기호가 있는 곳에, 즉 의미가 유통되는 그곳에 언어, 문화 그리고 사회가 있다는 것이다 ; 의의(Sinn, 의미보다 넓은 상황적 의미의 의미 : 역자 주)라고 하는 것은 모든 역사의 우주가 참여한 사건이다.

기호작용의 이론은 세상의 기호사용자나 화자가 갖고 있는 “모든 지식”의 가설적 고찰을 많이 요구한다. 물론 개별적인 내용들이 단순히 하나씩 소개되어져 있는 사전의 의미에서 백과사전은 어떤 쓸모도 없다. 문화적 의미의 우주는 그 자체만을 위해서 예견된 사전에서는 체계화될 수도 없고, 참고도서 안에 목록화될 수도 없다. 왜냐하면 이것은 지식을 분석된 요소로 나누는 것이며, 시간을 초월한 이념적 기록의 형식으로 체계화시키는 것이기 때문이다. 그러나 항상 그러한 시도는 합리적이지 못하다. 모든 사전은 다시금 어떤 설명을 요구하는 다른 표제어를 통해서만 어떤 표제어를 설명하기 때문이다. 그래서 체계는 결국 자기 자신을 함유할 수 있어야 한다 ; 에코가 말한 바대로 어휘적 의미론의 계획은 예를 들어 카츠와 포더가 언어학적 요소분석의 영역에서 제안했던 것처럼,[84] 그리고 예름슬레우, 크립케 그리고 퍼트남에 의해 대표되었던 것처럼 무조건 순환논리의 경우에 빠진다(SZ, 149 이하). 왜냐하면 그 체계는 동의어나 바꿔쓰기(이것은 역시 분절되어야 하는 다른 의미에 토대를 두는 어휘적 분석을 스스로 필요로 한다)를 통해서 의미들을 대체하기 때문이다. 그래서 어떤 복잡한 표현도 어휘 대 어휘로 해석되어질 수 없다. 왜냐하면 세상을 단순히 의미론적 원소로 나누어 놓은 최종적인 단위 혹은 “어간어”에 고정된 어떤 목록도 존재하지 않기 때문이다.

오히려 그 모습은 일련의 수많은 분자(이것으로부터 우주의 다양성과 여러 가지 색채가 생겨났다)로 설명하는 것이 더 적합하다.

에코가 "포르피리우스의 나무"의 예에서 비판하는 완전한 개념의 구상에도 이와 동일한 것이 적용된다(SS, 92 이하, 107 이하). 왜냐하면 규정을 하는 모든 기호가 어떻게 새롭게 규정되어야 하는가를 어떤 개념도 해낼 수 없을 뿐만 아니라, 이 기호는 개관할 수 없이 복잡하게 발전되고 잠재적인 무한한 여러 가지로 퍼져나가기 때문이다. 그래서 사전 이념은 자기 자신을 비추는 거울이 상상 속으로 빠져드는 것처럼 사전이 동시에 자기를 설명하는 자로서 설명되어져야 하므로 자기 설명의 모순에 빠진다.

그와 반대로 백과사전은 하나의 표제어로 이루어져 있지 않고 이미 모든 종류의 문서이고 서류들의 다양하고 복잡한 모음집이다. 이것은 어떤 중심부가 있거나 목록을 갖는 것이 아니고, 여러 가지 수많은 문맥과 코드로 이루어져 있다. 이것들은 단지 유한하고 단편적인 지시일 뿐이다. 의미들은 서로 번역될 수 있거나 어디에서 추론될 수 있는 불변화사가 아니고, 다른 것과 중복되고 섞이며 다음 것의 메타 담론으로 상승할 수 있는 담론적 체계의 부분들이다. 이 의미들은 에코의 말처럼 "문화적 단위들"(SZ, 97, 98 이하 ; Z, 176 이하)을 만든다 : 그 안에서는 어떤 분리된 것이 이해되는 것이 아니라,

"역사적인 재료"를 전제로 하는 "해석적-화용적인" 복합체(이것으로부터 의의가 만들어졌다)가 이해된다. 그래서 예를 들어서 "장미"의 복합체는 "꽃이 핌", 체질 그리고 "생명"으로부터 창조의 불가사의한 "현상"이기도 하며, "향기", "매력"으로부터 "성적인 것"과 "욕구"로까지 이어진다. 문맥에 따라서 "사자"라는 기호는 동물학에서는 고양이과 동물을 우리의 지식으로부터 일어나게 할 수 있고, 중세기의 동물우화에서는 세속적이며 인간적인 특징을 나타내는 상징물이다. 백과사전은 상이한 구조의 선택과 더불어 상이한 의미론적 보편성 사이의 선택을 가능하게 한다. 이런 식으로 백과사전은 목록 없는 책의 포괄적인 레파토리에 비유되는데, 이 백과사전이라는 책은 어떤 고정된 표제에 속하지 않고, 언제나 새로운 체계화를 허락하고 완전히 다른 방향에 따라서 판단되거나 상이한 방향으로 해석될 수 있는 임의의 순서에서 해석되거나 사용될 수 있다. 푸코가 자신의 『지식의 고고학』에서 "다양한 실존에 있는 문화적 담론을 구별하고 이 담론을 정확히 유지시키면서 특수화하는" 진술의 형성과 변형의 체계를 "기록보관소"[85]로 나타냈다면, "백과사전"은 『장미의 이름』[86]의 중앙에 있는, 그리고 보르헤스의 『바벨의 도서관』에서 서술된 그러한 "거대한 도서관"에 해당할 것이다. 이를 좀더 발전시켜 볼 때, 언급된 것을 분류하거나 등재하는 (어떤 캐논의 형식으로 말해진 것의 대상들을 표제화하거나 규범에 따라서 나누는) 장소가 존재한다고 생각하지 않는다면, 백과사전은 어떤 시간대의 일반적 지식의 보존이 아직 구조화되지 않은 곳처럼 보인다. 이것은 서로 상호적으로 보증하며, 모순적이 되기도 하며, 서로 보완하기도 하고 서로 싸우기도 하고, 릴케의 말대로 이것은 우리 자체이므로 그런 거대한 "대화"에 계속 동참하는—여러 가지 유래, 장르, 문체 그리고 테마를 가진—텍스트로 된 거대하고 무질서한 혼합체이다.

여기서도 에코는 세상의 책을 보편적으로 "세상을 이해하는 가능성"[87]의 은유로 보는데, 이것의 모티브를 다양하게 설명한다. 예를 들어 이것은 그 무한한 창조의 비밀이 읽힐 수 없는 필사본으로 쓰여진 "신의 책"일 수도 있고, 수학적 기호로 서술된 우주의 간단한 법칙을 나타내는 "자연의 책"일 수도 있으며, 사람이 자신의 행위를 통해 자기 스스로를 기록한 "역사의 책"일 수도 있다. 그러나 이 모든 경우는 추론하기 힘든 단 하나의 텍스트를 통해서 재현되는 진리의 이념일 것이다. 볼차노도 "진리 자체"는 그때마다의 지식을 서술하고 종국에는 유일한 "세상 책"으로 요약될 수 있는 책 안에서만 그려질 수 있을 것이라고 믿었다. 그와 반대로 "진" 혹은 "위"를 따지는 것이 아니고 진과 위의 측면에서 다 동일한 책들의 오류를 갖고 있는 에코의 백과사전에 대한 생각은 통합 이상의 해체와 지식의 다양화를 의미한다. 에코의 생각은 일반적인 책의 이념의 전환과 함께 회의(懷疑)의 승리를 의미한다. 이것을 경험하는 것이 20세기 철학의 기본조건이다. 세계가 다양하게 분열되는 것이 이에 해당한다.[88] 어떤 방향설정이나 보다 높은 심급도 그런 세계에서 방향을 잡는 것에 도움이 되지 않고, 반계몽적인 것과 확실한 근거가 있는 것을 구별하는 데 도움이 안 된다. 에코의 기호학은 이러한 경험의 덕택이다. 물론 에코 기호학은 이런 경험을 허무주의적 의심으로 계속 몰아붙이지 않고, 무한하고 거대하며 모든 사람에게 열려 있으며 길을 찾는 사고라고 하는(SS, 127) 도서관의 형식으로 다양성과 상대성을 소개하려고 시도한다. 진리와 "책의 세상" 저편에는 임의성이 있는 것도 아니고, 의의의 정신질환이 있는 것도 아니며, 단지—손에 쥘 수 없는 것으로 곧 바로 사라질 수 있는—자유의 가능성만이 있다.

분명한 것은 그러한 백과사전이나 도서관은 절대 전체적 서술을 할 수 없고 기껏해야 "국소적인 서술을 잠재적으로 총합"(SS, 127)할 뿐이다. 우리는 언제나 이런 것들의 커다란 내부공간 안에 있기 때문에 이것들의 역사성, 규모, 국소적 체계성 혹은 여러 가지 코드와 대상들에 대한 어떤 것도 언급할 수 없다. 우리는 기껏해야 지식과 교육 정도에 따라서 어떤 단면이나—일단 응집적이거나 지속적이면 안 되고 고르게 분산, 선택적인 영역 혹은 비교 불가능성만을 허용하는—부분적인 영역들을 사용할 수 있다. "포괄적인 의미론적 우주"는 기본적으로 모순적인 형태에서 비롯된다 ; 이것은 어떤 이성적인 모형이나 질서를 나타내지 않고 다양한 세분화, 교차, 막다른 길 그리고 연결점으로 된—지속적으로 변형과 보완을 요하는—가능성의 공간을 나타낸다. 그리고 에코가 새롭게 보편성을 단지 은유처럼, 즉 화가가 조망들을 구성하기 위해 소실점을 가지고 작업하는 것과 같이 기호학이 사용해야 하는 방법적 허구인 은유처럼 처리한다면, "보편성이 더 이상 허락할 수 없는 어떤 것이 의미작용의 우주에서 일어나기 때문에" (SZ, 183) 그 보편성은 언제나 고정되어야만 할 때 사라져 버리게 된다. 다른 모습을 가지고 설명해 보자면, 우리는 언제나 반복적으로 다르게 조립되는 층층이 쌓아놓은 모형들로 된 재록(再錄) 양피지를 이 경우에 생각할 수 있을 것이다. 즉 지속적으로 새로운 사항들이나 놀라운 자질들이 등장하고, 어떤 종주를 해도 목적지에 도달할 수 없고 처음과 끝이 없으며, 기껏해야 상대적 시각과 상대적 결론을 가진 상대적 방법만이 존재하는 그런 재록 양피지를 이 경우에 생각할 수 있을 것이다. 기호작용은 기표의 역할을 규정하기도 하고 금지하는 구조에 의해 지배되는 것이 아니고, 즉 고정된 모습을 띠는 것이 아니라, 끊임없이 움직이며 통합적으로 연결된 관계들로 이루어진 무한한 차원의 위상 기하학에 의해 지배된다. 간단히 말해서 기본이 되는 모형은—구조주의의 "형이상학"과는 반대로—정적이고 폐쇄된 체계의 모형이 아니라, 열려 있고 동적인 "미로"[89]이다. 그래서 노인 알리나르두스 폰 그로타페

라타(Alinardus von Grottaferrata)는 『장미의 이름』에서 다음 같이 낭송한다 : "도서관은 거대한 미로이고, 도서관은 세상이라는 미로의 기호다. 일단 안으로 들어가면 당신은 어떻게 다시 나오는지 알지 못한다"(NR, 201).

에코는 자신의 『장미의 이름에 대한 후기』에서 세 종류의 미로를 구분했다[90] : 미노타우르스의 고전적 미로, 신세기적 미로 그리고 근대적인 미로. 미노타우루스의 미로는—모든 고전적인 미로처럼—미로의 형태로 되어 있다.[91] 그리고 그것을 밟는다는 것은 이전에 지시된 유일한 어떤 길을 쫓아감을 말한다. "구조적으로 […] 그것은 실타래이다. 그리고 만일 우리가 그 실타래를 풀게 되면 우리는 끝없는 선을 갖는다"(SS, 125). 사람들은 그 안에서 길을 잃지도 않고 길을 벗어나지도 않는다 : "고전적인 미로는 자기 자신의 아리아드네 실이다"(NNR, 65). 그것은 그런 식으로 구성되어 있으므로 그것의 중심을 찾기 위해서 우리는 접근과 거리두기의 엄격한 리듬으로 전체 공간을 측정해야 한다. 가장 오래된 미로의 설계도는 적어도 달팽이 모양이다. 그래서 그 길은 잘못된 길로 이끌지 않고 방향의 지속적인 교체를 통해서 방향 설정을 방해한다. 이것의 목적은 방향 없이 노출된 의식(儀式)적인 연습이다. 이것은 인식처럼 "안쪽으로 굽어진 길"과 같은 자기의 연구이다. 성찰은 고독하고, 노력이 많이 들며, 돌아가는 길과 같은 것이다. 그리고 두려움 없이 계속 중심으로 전진하는 자만이 목표에 도달한다. 그 목표에 도달해서 그는 악령이나, 섬뜩한 것이나, 신비스러운 것을 알게 된다. 이러한 모험에 의해서 테세우스와 아리아드네의 신화가 설명된다 : 그가 악령을 만난다는 것은 설정된 과제를 통과하는 것을 의미한다 ; 그것을 위해서는 결정적인 순간에 기지(奇智)가, 즉 실천이성에 그 기원을 가지며 수수께끼를 해결하는 영특한 그런 특별한 형식이 필요하다. 그래서 아리아드네의 실은 또한 이런 식으로 숨겨진 운명을 정복하기 위해서 미로를 방법적으로 통행할 수 있게 하는 보조수단을, 즉 기술을 사용하는 이성적 행동의 상징이기도 하다. 아리아드네는 전체적 구조에 대한 지식과 숙련을 통해서 그것을 극복한다. 물론 그의 방법은 아직 학문을 의미하지는 않는다.

이 방법은 필연적으로 신세기적 미궁을 극복할 수 있게 한다. 미궁의 구조원칙은 가능한 길들을 확대하고 모든 종류의 짧은 길들과 나뉘는 길, 그리고 속임수들을 통하도록 바꾸어 놓는 데서 생긴다. 거기에서는 어떤 엄청난 것을 발견하지도 못할 뿐만 아니라 중심으로 가는 직접적인 길도 없다. 그것의 목적은 혼란 그 자체일 뿐인데, 이 혼란의 해결점이 우선은 찾아지고 조사되어야 하지만 거의 찾아질 수 없을 것이다.[92] 즉 시도와 오류를 통한 체계적 행동이 요청된다 ; 영민함이 아니고, 경험적 학문과 이중 가치적 논리학이 그것의 비밀을 연다. 왜냐하면 수많은 막다른 길과 나뉘어지는 길을 가진 꼬아진 협곡애로(峽谷隘路) 이외에 아무 것도 없기 때문이다. 어떤 길을 간다는 것은 다른 어떤 길을 반대로 결정함을 의미하고, 특히 그것을 시야에서 제외시킴을 말한다. 미궁은 엄격히 말해 이원적 구조에서 나온다 ; 미로의 내부 모습은 단지 대안적인 것으로부터 하나의 밭을 만들어낸다. 그래서 선택결정을 통한 방향설정은 언제나 새로이 얻어져야 하고, 우선 아리아드네 실에 연결되어서 발전되어야 한다.

결국 근대적인 그물은 "접점과 결절로 된 다차원적인 뭉치"를(SS, 126) 나타낸다. 그것의 생각은 들뢰즈와 가타리의 『반외디푸스』[93]로 회귀한다. 그것은 곧바로 에코에게 가장 빨리 영감을 주고 또한 그런 기호학, 미학 그리고 문화비평 및 그의 문학[94]의 토대가 되는 그런 유형의 미로를 표시한다. 그 안에는 중심과 변방이 있는 것도 아니고, 처음과 끝이 있는 것도 아니다 ; 오히려 그것은 "무제한적 영역"(SS, 126) 혹은 "사유영역"을 형성하는데, 이것은 이리 저리 탐방될 수 있고, 이 안에서 전체로부터 통로들이 나오며 모든 방향으로 퍼진다. 사람들은 그런 것의 가운데에서 모험을 해보거나 혹은 모험의 입구에서 그때 그때 이 방향 혹은 저 방향에 따라서마다 모험의 입구를 결정하기 위해서 존재하는 것이 아니고, 언제나 그 안에 사로 잡혀져 있다. 그리고 목표나 열쇠를 찾는 것은 의미 없는 일이다. 그래서 들뢰즈와 가타리는 "연결과 이중성"의, "다양성"의, "비기표적인 단절"의, 그리고 "지도제작술과 전사기술"의 원칙들을 자질로 사용한다. 이는 "모든 점은 다른 점과 연결되어질 수 있음을 의미한다." 그래서 외적 측면과 내적 측면이 없는 탈중심적 다양성이 생겨난다. 이것은 지속적인 변동과 운동을 하며 계속 바뀌고, 반영되고, 변형되고, 새로워질 수 있고, 더 나아가서 "어떤 구조적 혹은 생성적 모형"에 묶여 있지 않고 더 이상 그것을 결정하는 정체성과 어떤 관계를 유지하지 않고 있으며, "모든 임의적인 자리에서" 중단되고 파괴될 수 있으며, 그럼에도 이것은 그 단면들을 따라 계속 발전함으로써 계속 번성한다."[95]

> "이것들을 요약하면 다음과 같다 : 구조는 점과 위치의 조화를 통해 규정되어 있고, 이 점들 사이의 이원적 관계와 이 위치들 사이의 공명적인 관계들을 통해서 규정된다 : 분할선과 계층선의 차원들. […] 그래픽, 그림 그리고 사진, 복사물들과는 반대로 소실점을 갖고 있는 그물은 많은 입구와 출구를 갖는 카드와 관련이 있다. […] 중앙집권적 (혹은 다중심적인) 체계 안에서는 계층적인 의사소통과 이미 고정된 연결들이 지배한다 ; 그와 반대로 그물은 중심화되지 않은, 비계층적인 그리고 비기표적인—일반적으로 조직된 기억력과 중앙자동안전장치가 없는—체계이다 ; 이것은 상태들의 순환을 통해서만 규정되어져 있다."[96]

그물들은 얽힌 수상돌기를 가진 신경섬유와 횡적 관계와 유사한 네트워크를 만드는데, 거기에서는 계속해서 새로운 선과 다른 차원들이 나타나고, 그것의 길을 원과 고리 매듭들이 만든다. 이것에 대해서 에코는 『소설 속의 독자』에서 이 네트워크는 "해석학적 원"(LF, 85)과 거의 유사한 것을 갖는다고 언급했다. 그러한 그물이론(어원론)은 더 이상 혼동의 장소가 아니다 : 에코가 말한 바대로 이것은 아리아드네 실이 계속해서 엉클어지고 결국 푸코에서처럼 완전히 찢어지는 "놀이의 원천"(SS, 275)이다 :

> "아리아드네는 미로에서부터 테세우스가 돌아오는 것을 기다리는 것에 대해, 그의 단조로운 걸음을 단조로이 기다리는 것에 대해, 그의 얼굴을 모든 덧없는 그림자 아래서 다시 인식하는 것에 대해 피곤해했다. 아리아드네는 목매서 죽었다. […] 그리고 테세우스는 더 이상 오지 않았다. 그는 길, 터널, 지하실, 동굴, 교차로, 절벽, 번개 그리고 천둥을 향해 달렸고, 비틀거리며 걸었고 춤추었다. 그는 완전하게 중앙집중적 미로의 학술적인 기하학 안에서 움직이지 않고, 가파른 급경사면을 따라서 나간다. 그는 그에게 승리가 돌아올 것이라는 약속을 하는 정복의 장소로 마중 나가는 것이 아니고, 정체성 없는 귀신에게, 즉 어떤 종에도 속하지 않고 사람과 동물이 하나로 되어 있는 괴물에게로 기뻐하며 다가간다. […] 그리고 그는 땅

> 에 있는 기형적인 것을 제거하기 위해 그 괴물에게 다가가는 것이 아니고, 지구의 혼동 속으로 빠져들기 위해 간다."[97]

그러므로 에코에 있어서 그물의 모습은 기호작용의 무근거성, 무진리성, 무근원성의 다른 유사물이다. 유일한 상징적 아리아드네 실을 의미사건이 더 이상 만족해하지 않고 가능한 다양성들로 폭발하는 곳에서는 기호들 사이에서 우연성이 지배한다. 그러면 테세우스와 아리아드네는 기호의 미로에서 그들의 고유한 창조적인, 환상적인, 우연한 혹은 비정상적인 길을, 방법을, 숲속 길을 찾고 "발견하고" "동굴"(플라톤) 혹은 "숲속의 빈터"(하이데거)를 만들기 위해서 서로 융합한다. 그래서 기호학은 논리적 이성의 영역으로 옮겨진다 ; 이것은 일반적인 이성형식을 만들지도 않고, 폐쇄된 그리고 포괄적인 설명모형을 사용하지도 않는다. 의의는 어떤 이성적인 크기가 아니고, 그때마다의 통로에 따르는 불완전한 과정이다. 어떤 무질서한 세계 안에서 맥락을 찾고, 동일시하고, 다시 해체하는 것은 우리의 자유에게만 맡겨져 있다.

해석의 모험 : 기호학적 영민함

"모든 해명은 목적이 아니고 언제나 수단이다 ; 만일 해명이 목적이 되면 그것은 해명이 수단이 되기를 그만둔 기호일 것이다."

헤르더, 『1769년도의 나의 여행보고서』

의미가 없이 존재하는 암호가 있고, 해독할 수 없는 의미들이 있다. 한 장의 종이 위에 임의적으로 끄적거려 놓은 것이나 비문 위의 장식들은 어떤 것도 말해주지 않고, 더욱이 장식적인 역할이나 습관의 부분 이외에 어떤 의미도 없다. 역으로 비밀문서는 자신이 가지고 있는 정보를 폭로하는데, 열쇠를 가진 자가 이것을 읽을 수는 있지만 그것이 없는 자는 체계적으로 그 정보로부터 소외되어 있게 된다. 해석의 세심한 기술이 존재하지만 풀릴 수 없는 코드들은 또한 의외로 쉬울 수 있다. 물론 논리정연한 암호문이 문제가 되는지 단지 도형적 장식물이 문제가 되는지를 어디에서도 인식할 수 없는 글자도 있다. 해결이 어려운 것은 나오는 배열이 기본적으로 끝없이 등장하는 데 있다. 왜냐하면 개별적인 문자들이 보통 알파벳과 관련되어 있을 뿐만 아니라, 이것들이 무작위로 연결되어 있거나 모든 문자집단에 관계되어서 조합의 숫자가 무한대로 성장하기 때문이다. 암호문의 작업은 기호학의 작업과 유사하다[98] ; 연관지을 수 있는 파생이 가능할 때만 확실한 것으로 적용되는 의미를 성공적으로 만들어내어 작동하게 하기 위해서 이 암호문 작업은 두세 개의 기호에게 이미 단편적인 의의를 부여해야 한다. 그래서 이집트 상형문자는 내적 관계들만을 통해서는 절대 해독되지 않았다. 그 의미들을 밝혀낸 것은 이미 내부에 의미들을 내포하고 있는 "로제타석(石)"의 우연한 상황 덕택이었다 ; 그리고 역으로 셰익스피어 작품에 나오는 공식적인 비밀 보고에 대한—열악한 세기에 극도로 정밀하게 수행된—연구들(이들의 유일한 근거는 특별한 인쇄유형의 불규칙성이었다[99])이나, 언제나 보이니크(모든 발견된 필사본을 보이니크라는 사람의 이름을 따서 부른다 : 역자 주)-필사본과 관련되어 제시된 이상하고 혼란스런 제안들[100]은 해독작업이 우연한 추정에만 근거한다면 그것이 얼마나 신비스럽고 추정적일 수 있는가를 보여주고 있다.

그래서 코드해석의 가정적 구조는 미로를 통한 과정이다 ; 이 두 개의 과제는 논리적으로 동일하다.[101] 너무나 복잡해서 이것들을 실제로 해결한다는 것은 불가하다 ; 특히 그물과 이와 유사한 거대한 미궁들이 그렇다. 이것들은 어떤 대수로도 불가능하고, 어떤 다른 "이성적인" 방식으로도 효과적으로 풀 수 없는 수수께끼와 유사하다. 왜냐하면 두 개의 장소를 연결하는 모든 것은 일련의 상이한 관계들을 서로 허용하고 체계적인 성취는 전체 방법의 조사를 필수적으로 만들기 때문이다. 물론 결정적인 것은 미로가 어떤 외부도 허락하지 않는 부분적인 내부영역을 형성하는 것이다. 그래서 이것을 다 종합할 수는 없다. 즉 이것의 구조를 객관화시킨 계획이 전혀 존재할 수 없다. 그래서 이것을 설명하기 위해서는 논리학이나 엄격하게 방법적인 행동과는 다른 어떤 "이성적 원형"이 요구된다 ; 특별히 내부에 관해 연구된 것 없이 단지 돌발적이고, 단편적이거나 부수적일 때만 해답들이 나올 수 있다. 오류능력도 여기서는 그런 과정에 속하는데, 방향설정이 점차로 정확해지는 "기억 카드" 자체의 완성을 통해서 단계적으로 성사되는—항상 새로이 접근하는—탐색의 감행과 같다. 물론 본질적인 어려움은 목표도 방향도 주어져 있지 않은 데 있다. 오히려 관점과 가능성들이 먼저 발견되고 "추론"되어야 한다. 이는 수많은 아리아드네의 실을 뽑아내고 계속 여러 방향들로 전진함을 의미한다. 이는 사고의 과제인데, 이 사고 과제는 의심받을 수도 있고 계속 진행해 갈 수도 있다. 물론 우리는 길을 잃어버릴 수도 있다. 하이데거는 "길은 언제나 미로가 될 위험에 처해 있다"고 말한다. "그런 길을 가는 것은 진행과정에서의 연습을 요한다. 연습은 손으로 하는 일을 필요로 한다."[102] 손으로 하는 일이란—그리스 말로 "*techné*"—수수께끼를 "책략적으로" 정복하는 숙달과 능력을 전제로 한다. 미로를 통해서 도달하는 것은 발전의 "기교", 예견 불가능함과 열린 출구를 가진 놀이와 실험을 요구한다. 다르게 보자면 이는 증명된 처리방법이나 이성과 관계없고 이것을 앞서 나가는 발견적 방법론과 영리한 "민첩성"이 필요하다.

발견의 기술은 특히 가정을 하도록 하고 추정을 설정하는 능력으로 이어진다. 그래서 이 기술은 특수한 추론작업에 토대를 둔다. 이때 "수수께끼를 해결하는" 것이 문제가 되기 때문에 가장 중요한 것은 "가추법"이다. 이것은 심리분석가와 의사의 예리한 진단술이나 탐정의 직관적인 "알아맞추기 기술"과 같이 오딧세이의 상상력이 풍부한 "기지"와 유사하다. 에코에 의하면 그것은 해석의 표현 가능한 "논리학"을 형성하기도 한다(SZ, 186 이하 ; SS, 66 이하). 기호의 미로에는 "임의"의 기호작용이나 이성적으로 발전된 결과물이 아니라, 일련의 모험적이고 엄청난 판독결과가 놓여져 있다. 이 기호작용과 함께 기호를 해석하는 과정은 비연역법적이고 비이성적이기도 한 "영민함"에 관여를 한다.

그래서 "가추법"의 개념은 퍼스의 과학이론에 새롭게 연관된다.[103] 퍼스는 두 가지 이론적 "논증형식"인 귀납법과 연역법에다가 세 번째 방식인 가추법을 추가하는데, 이 가추법은 원래 보조수단이지만 이제는 과학적 과정을 구성한다. 이 가추법은 알려진 추론방식 중에서 논리적으로는 가장 약한 것이지만,[104] 철학적으로는 가장 생산적인 것이다. 왜냐하면 이 가추법은 방법을 강요하지 않고 새로운 테마를 도입하곤 하기 때문이다.[105] 퍼스는 "이것은 우리에게 매우 결함이 있는 직관이지만 직관의 한 방식으로서 번개와 같이 온다"[106] 라고 쓴다. 그리고 이것은 자유의 규칙 이외에는 다른 규칙을 알지 못한다. 또한 이것은 퍼스가 유명한 콩주머니 예에서 언급하는 대로 논리적인 배경 없이는 있을 수 없다 :

> "내가 어떤 방에 들어가서 여러 가지 종류의 콩을 담은 일련의 주머니를 발견했다고 생각하자. 책상 위에 한 줌의 하얀 콩이 놓여 있다 ; 그리고 한두 번의 시도 후에 나는 그 주머니들 중 하나만이 하얀 콩을 가지고 있음을 알게 된다. 나는 바로 이 콩은 그 주머니에서 나온 것임을 개연적인 것으로, 즉 정당한 것으로 추정한다. 이런 식의 결론을 우리는 '가설' 이라고 부른다."[107]

에코는 이것에 대해 다음 같이 언급한다 :

> "논리적 연역법의 경우에 규칙이 존재하는데, 어떤 경우가 주어져 있으면 나는 이 규칙으로부터 어떤 결과를 도출해낸다 : 이 주머니에서 나온 모든 콩은 하얗다—이 콩은 이 주머니에서 나왔다—이 콩은 하얗다.
>
> 귀납법의 경우에 경우와 결과가 주어져 있다면 나는 규칙을 도출한다 : 이 콩은 이 주머니에서 나왔다—이 콩

> 은 하얗다—이 주머니에서 나온 모든 콩은 (아마도) 하얗다.
>
> 가정이나 가추법의 경우에서는 규칙과 결과에서부터 경우가 추론된다 : 이 주머니로부터 나온 콩은 하얗다—이 콩은 하얗다—이 콩은 (아마도) 이 주머니에서 나왔다" (SZ, 186).

연역법이 일반적인 공식의 힘으로 필히 개별 경우를 추론하고, 귀납법이 개별적인 것으로부터 가정된, 그러나 개연적인 법칙으로 넘어가는 반면에 가추법은 "짐작한다." 첫 번째 것은 "어떤 것이 경우임에 틀림없음을 **증명한다**." 귀납법은 "어떤 것이 실제로 **작용함**을 보여준다 ; 마지막 것은 어떤 것이 경우일 것이라고 단순히 **추정한다**."[108] 가추법은 다시 말하면 단순히 가능성을 추론한다. 이것의 논리적인 것이라고 하는 것은 단지 우연성이다. 아무 것도 가정과 결론 사이의 연결을 받쳐주지 않는다. 그리고 모든 논증은 잘못된 것이다 : 오히려 이것은 "시도적으로" 결론을 도출해낸다. 그래서 이것은 계속 수정 가능한 상태로 남아 있고, 직접적인 증명 없이 존재한다. 그것의 토대는 관찰[109]도 아니고, 진리의 확신도 아니며, 믿음의 단계들을 불확실함 속에서, 그리고 단지 시도적으로만 행하는 용감하고 과감한 믿음이다." 이 믿음이 왜 항상 그렇게 보이는지에 대한 어떤 근거도 우리 이성의 일반적

능력을 훨씬 상회하고, 마치 우리가 완전히 우리 육감의 사정거리 밖에 놓여 있는 사실을 간직한 것처럼 우리를 인도하는 특별한 "본능" 이외에 이 가추법을 설명해낼 수 없다.[110] 그래서 가추법은 그 결과를 일반적 규칙을 근거로 찾는 것이 아니고, 사건이나 불확실한 상황을 설명할 수 있게 하기 위해서 어떤 규칙을 발견하거나 다른 규칙을 파괴하는 "상상력의 창조적 비행"[111]으로서 무의식 속으로[112] 들어간다. 이것은 "구체적인 환상"을 쫓으며, 서술할 수 없는 미학적 의의처럼 "세계 경험"이나 "삶의 지혜"에 속한다라고 말할 수 있다. 듀이도 역시 이와 유사하게 "행위로서 발견과 연구는 동의어이다"라고 말했다.[113] 에코에서도 용감한 사변적 지성과 예술가의 직관 사이에는 어떤 차이가 없다. 과학적 발견에는 어떤 예술적인 것이 있고, 일반 사람들이 "예술가의 탁월한 직관력"이라고 부르는 것에는 어떤 과학적인 것이 있다. 예술과 과학에게 공통적인 것은 결국 가추법이다(ÜS, 210).

더 나아가서 퍼스는 기호 삼원성을 세 가지 추론방식과 비교했는데, 연역법을 지표에, 귀납법을 도상에, 가추법을 상징에 대비시켰다 ; 그래서 이것은 기호학적으로 해석체의 기능에 해당한다. 연역법과 귀납법은 고정된 코드와 명확한 해독으로부터 나오는 반면에 가추법은 어떤 정해진 코드가 없는 곳에서 이루어지고, 문맥의 화용론으로부터 그 해석이 가능한 곳에서만 성공적이다. 이 가추법은 순간적인 것과 실용적인 것에만 해당한다. 그렇기 때문에 퍼스는 실용주의 전반적인 것을 가추법 견지에서 일종의 "논리학의 이론"으로 나타낸다.[114] 그러므로 가추법이란 모든 인식과정의 기본원리는 물론 심지어 인지의 기본원리까지도 관여하고 있음을 알 수 있다.[115] 에코에 따르면 이 가추법이 모든 기호과정을 좌우한다. 왜냐하면 "가추법은 [···] 기호가 의미에 도달하도록 하는 기호화 규칙으로부터 어떤 체계의 시험적이고 모험적인 탐색이기 때문이다"(SS, 68). 가추법은 기호가 읽혀질 수 있고 해석이 창조적일 때에는 중요한 역할을 한다. 이는 원래 문맥이 열려 있기 때문에 그렇다. 에코에 의하면 이 가추법은 기호를 "장면 속으로 삽입하는"—여기서 가추법은 이 기호들을 간단한 테마 안에다가 설정하고 잠재적인 텍스트로 압축한다—주제인 "간텍스트적 영화미술"에 관한 주제를 다룰 수도 있다(LF, 108 이하). 그러므로 이 가추법은 가추법을 통해서 가능한 해석으로 기호작용을 우선 이끌어 가기 위해서 수많은 대안들로부터 의미 있는 "문맥을 선정하고" "기호작용의 경계를 정하는" 데에 기여한다(FL, 118). 이를 위해 에코는 세 가지 유형을 구별한다 ; "과잉코드화"(*Überkodierung*)—여기서는 관습적인 코드가 새로운 요소들의 보충을 통해서 생산적으로 확대되거나 발전될 수 있다 : 이것은 "적어도 자동적으로" 조달되는 모든 해석작업의 일반기능(SZ, 188 이하)이다 ; "과소코드화"(*Unterkodierung*)—흩어져 있는 기호와 외관상 연관이 없는 기호라 해도 서로 관련이 있을 수 있으므로 이것들이 구조화되어 있으면 잠정적이고 거친 해독(解讀)이 가능하다 : 이것은 판독(判讀)의 "발견"(SZ, 191 이하)이다 ; 끝으로 "생산적인 가추법"—어떤 설명이나 해석이 우선 "새로운 것에서부터" 생각되어진다 : 이것은 자유로운 상상력의 결과(SS, 71 이하 ; GI, 326 이하)이다. 첫 번째 경우에서는 주어진 기의에 대해 다른 것이 첨가되므로 체계가 그것의 의미를 바꾼다. 두 번째 경우에서는 기호화가 환원과 연접을 통해서 비로소 가능하다. 세 번째 경우에서는 혁명적인 개신화나 갑작스런 범례 교체가 도입된다. 그래서 과잉코드 현상은 "분석적 하위 코드"이고, 과소코드 현상은 "잠재적 코드"(SZ, 192)이며, "창조적 가추법"은 완전히 알려지지 않은 코드이다. 이는 어떤 경계상황이 이를 통해 서술되는 것이 아니고, 해석 자체의 가능성의 조건과 기호학적 "해석학"의 토대가 서술되고 있음을 알려준다. 달리 말하자면 에코는 이해의 논리학을 가능성의 논리학으로 이해한다.

물론 퍼스에 있어서 이러한 가능성이 절대적인 자유를 가지는 것은 아니다. 왜냐하면 가추법들은 심사될 수 있기 때문이다. 어디서나 가추법의 적용은 귀납법의 과정과—더 나아가서 연역법과도—연결되어져 있다 : "모든 가설은 […] 그것이 시험적으로 증명되는 것이 가능하다는 조건에서는, 그리고 그것이 그러한 입증에 접근 가능한 한에서만 허용될 수 있다."[116] 그래서 가추법의 모호함은 진리발견의 방법을 통해서 다시 사라진다. 퍼스의 철학은 오류와 개선을 통해서 지식의 지속적인 성장을 신뢰하는 과학이론이다 ; 이것은 환원 불가할 정도의 다양한 해석을 수용할 일반적인 해석이론은 아니다. 그러나 에코는 형이상학적으로 발전한다는 생각을 퍼스 철학으로부터 제거함으로써 이것의 내적 결론을 보다 확실하게 한다. 그는 기호작용을 진리의 강요로부터 자유롭게 하고, 이런 식으로 가추법의 논리학을 또 다른 근거 없는 가추법에 맡긴다. 왜냐하면 확신은 단지 "메타 가추법"(GI, 323 이하 ; SS, 71)—이 메타 가추법은 "추정에 대한 추정"인데 선정된 해석이 불확실한 개연성을 통해 자신의 해석을 얻게 해준다—의 결과이기 때문이다. 에코는 이 가추법을 공포감을 조성하는 상황이라고 부르는데, 이 가추법이 "어떤 다른 검증 없이 기초적인 오류를 일으키는 용기를 요구하기 때문이다"(GI, 335). 이것의 결정적인 단계는 "몰락"(GI, 334)으로, 즉 "텅 빔"으로 추락한다는 의미에서의 몰락이 아니고, 무한한 의미의 표시로서의 몰락으로 이어진다.

그러나 여기서 다음이 생겨난다 : 가능성의 개방성은 매우 급진적이다. 여기에는 보증도 없고, 필연성도 없으며, 단지 구상(構想)만 있다. 구상들은 다시금 발견의, 즉 "찾기"와 "발견하기" 기술인 발명의 창조성과 관련이 있고, 이로 인하여 모든 판단근거가 있는—하이데거의 의미에서 "밝혀내기"

의 개방으로서의—판단하는 이성(*ratio iudicandi*)보다 앞에 나오는 가시적인 발견기술(*ars inveniendi*)과 관련이 있다.[117] 이 가능성으로 인해 기호학은 어떤 정해진, 그리고 연결 가능한 이성형식에서 생겨나는 것이 아니고, 아리스토텔레스가 "*phronesis*"(실천 지혜, 이성, 영리함)로 나타냈으며 "영민함"(Klugheit)으로 번역될 수 있는, 애매하게 생각을 이어가는 그런 종류의 사고로부터 나온다.[118] 아리스토텔레스는 이 사고의 기술을 "정확하게 보기"의, 그리고 "측정하기"의 "확실한 태도"라고 말한다.[119] 그러므로 이 사고의 기술은 지식이나 증명보다는 오히려 "심사숙고"와 "협상"으로부터 나온다. 이 둘은 다 "탐색하기"와 "추론하기"의 방식이지 "확증하기"의 방식은 아니다. 그래서 아리스토텔레스는 자주 영민함과 인식은 다른 것이라고 강조했다. 물론 『니코마코스 윤리학』에서 모든 측정 가능한 차이들이란 일차적으로 진리에 목적을 두지 않고 가능한 것을 "만나"도록 하는 고유한 사고형식을 이론적인 이성과 함께 증명하는 데에 그 목적이 있다.[120]

그러므로 영민함은 이성적으로 파악이 불가하다. 이 영민함은 기술로도 불가능하고 일반적으로 적용되는 원리의 적용으로도 취득할 수 없다. 이것은 학문처럼 가르쳐지거나 습득될 수 없다.[121] 왜냐하면 이것을 갖고 있지 않은 자는 아무도 이것을 얻지 못하기 때문이다 ; 오히려 영민함이란 원래 추론하는 의의를 말한다. 그래서 이것은 "진"과 "위"를, 혹은

"옳음"과 "그름"을 구별하는 것이 아니고, "가능한"과 "불가능한" 및 "제 정신이 아닌" 사이만을 구분한다. 그리고 이 영민함의 반대는 오류나 허위가 아니고 현혹이나 광기이다. 이 영민함은 진리의 저편에서 그 의미를 발견한다 : 그래서 영민함은 가능성의 판단이라기보다 가능성의 증명이고, 결국은 선택하는 것이지 어떤 근거를 따르는 것이 아니다. 이것의 근거는 자유다. 그래서 이것은 비판에 사용되는 것이 아니고 기껏해야 비난에 사용된다. 왜냐하면 모든 비판은 비판된 것이 가져야 하는 독자적인 심급을, 그리고 이러한 심급이 인정한 척도들을 이미 전제로 하기 때문이다. 이와는 반대로 영민함은 기본적으로 그러한 분석적이거나 담론적인 도구를 필요로 하는 것이 아니고, 제공된 것처럼 보이는 곳에서 영민함은 그런 도구를 사용한다. 일반적으로 영민함은 언제나 수단이고 절대 목적이 아니다. 그래서 이 영민함은 목적 합리성과 다른 것처럼 신학적 이성과도 다르다. 영민함이 이성이라면 전술로 타락할 것이고, 그 영민함이 목적 합리성이라면 그것은 단순한 교활함으로 타락할 것이기 때문이다. 따라서 그것이 따를 어떤 과거 규정도 존재하지 않는다. 단지 경우마다의 결정들만 존재한다.[122] 영민함은 순간의 요구에 대답한다. 즉 영민함은 일반성에 지향되어 있지 않고 개별적인 것과 특별한 것에 지향되어 있다. 그러는 한에서 이것은 어디서나 우연과 즉흥성에 관련되어져 있다. 그래서 사람들은 이 영민함은 유한의 사고를 나타낸다고 말할 수 있을 것이다. 왜냐하면 아리스토텔레스에 의하면 이것은 주로 세상적이고 인간적인 사물과 관련을 가지고, "다르게 행동할 수 있는"[123] 그런 것과 관계가 있기 때문이다. 즉 간단히 말해서 이것은 확실하지 않은, 그리고 고정된 기본원리에 기인할 수 없는 변화 가능한 것, 그리고 다의적인 것과 관련이 있기 때문이다. 이런 식으로 이 영민함은 우연함에 대한 특별한 주목을 필요로 하며, 직관, 선견지명, 예견과 같은 상황들의 조건 파악을 필요로 한다.[124]

그런 관계로 인해 에머슨은 영민함을 "의의의 미덕"이라고 부르고 "현상들의 학문"[125]이라고 부른다. 이 영민함은 "현재"와 "존재하는 형식"과 관계한다. 그래서 이것의 사상은 상황과 시간에 동시에 연결되어져 있다. 그러면 이것은 절대적인 의미에서가 아니라 기껏해야 임의적인 의미에서 설명될 수 있다. 이것은 가능한 것의 이중성을 알고, 그래서 단순히 말을 많이 하게 하는 이성과 다른 세계로 가는 입구를 보여준다. 말하자면 영민함은 전체 속으로 묶어지지도 않는다 : 이것은 헤겔이 말한 "절대 지식"의 의미에서 "전체적인 것"에 대해 폐쇄되어 있고 그것 대신에 개별적인 능력의 정확한 윤곽으로 그려진 사정거리로, 그리고 "그때마다 주어진 지식"으로 만족한다(가다머). 이것은 또한 도그마로 되지도 않는다 : 이것은 스스로의 목적으로서 존재하지 않는다. 오히려 이 영민함은 이들 두 가지를 다 배제한다. 그래서 이것은 비이성으로서 이성을 야기시키거나 폭력적인 권력요구로서 해명을 야기시키는 그런 위험스런 "앎에의 의지"로 변경하는 위험을 감행하지 않는다.

이러한 견지에서 가다머는 이것을 해석학적 과정의 구조로서 서술했다.[126] 가다머의 해석학적 과정과 같은 것이 기호학적 해석이론에 대해서도 언급될 수 있다 : 영민함은 다양하고 비이성적인 아리아드네의 실을 묶어감으로써 언제나 구체적인 것과 실질적인 것에 지향되어진 작업을 한다. 그리고 해석학이 엄격한 학문으로서가 아니라 예술이론으로서 이해되는 것처럼, 기호학도 역시 "그 자신을 위한" 이론이 아니라 기본적으로 연구에 적용되는 기법이론이다. 이것은 대상을 나누거나 관통하지도 않고, 정복하거나 소유권을 선점하려 하지도 않고 미지의 것과 놀라운 것의 경험에 의해 자극될 수 있고, 아리스토텔레스가 모든 철학하기의 처음에 설정한 그러한 감수성에 열려 있는 지속적인 실천으로서 나타난다. 기호학은 스스로 충족되는 모험이고, 입구의 발견하기와 형성하기이고, 차이들의 생산과 탐색이고, 연결들의 깊이 재기이고 구조화이다. 이런 일들을 결정하는 것은 일어나는 장소를 넓히고 새로운 방향으로 발전시키기 위해서 "기호의 미로"에서만 경계지워진 풍경과 우연스러운 영역을 조망하고 다시 다른 단면들을 선취하는 것으로 항상 진행한다.

에코 기호학의 중요한 결과는 연구의 원칙적인 "불규

정성"이다. 어떤 기호작용도 완전히 발견될 수 있는 것이 아니고, 다양한 배역교체에 따르며 지속적으로 복합적인 정보, 의미 그리고 내용을 통해 보완되고 풍부해지다가 전복되는 부분적 해석의 미완성품일 뿐이다. 그래서 에코가 물리학에 대한 유추해석에서 말한 대로 원칙적인 불명확성과 "보완"(SZ, 183)이 기호학 내부에 존재한다. 기호학의 노력들은 건너편 해안가로 가려 할 때 길 잃음과 방향설정이 교차로 일어나는 오딧세이의 미지로의 여행과 유사하다. 이는 에코의 철학을 다시 비트겐슈타인과 하이데거의 철학과 연결시키는 견해이기도 하다 : 의미는 파악 불가한 것으로 이끌어지는 수수께끼이다. 세상이 기호를 통해서 우리와 만나는 한은 우리는 세상의 이해 불가한 것들과 불가피하게 만나게 된다. 우리는 세상 해석의 모험을 감행함으로써만 이러한 불이해성으로부터 이해를 뽑아낼 수 있다. 기호학은 분명히 대가 없이 감행으로만 머물고, 오히려 우리는 그것의 실현 불가능성을 우리 자유의 특징으로서 간직해야 한다. 물론 결정적인 것은 에코가 그것을 결함으로도, "불운"으로도 파악하지 않고 우리에게 문화의 개방성을 부여하는 기회로 파악한다는 것이다. 기호학은 의미의 무근거성 대신에 언제나 새로운 변종놀이를 만들고 그로써 아직 발견되지 않은, 심지어 개연적인 풍부한 가능성을 나타내기까지 한다.

그래서 일반적으로 "기호학적 해명"에 관해 말한다는

것은 “누구에 의해 자극받은”, “조망적인” 그리고 “비객관적인” 프로젝트라는 의미에서 말하는 것이다(ES, 440). 이것은 지역적이고 일시적으로 연결된, 그리고 언제나 새로이 접근해야 하는 다차원적인 동시에 부분적인 시도이다. 이것은 그렇게 직접 기호에 영향을 미치고, 기호의 질서를 방해하며, 기호의 균형을 혼란스럽게 하거나 기호를 변형시킨다. 그래서 기호학의 두 번째 본질적인 결과는 영민함을 토대로 하는 기호학 작업이 그 내부에서 감지할 수 없는 이동과 중단을 가져오고, 이를 통해서 그것들이 변함으로써 코드 자체의 기능방식에 관여한다. 이미 알려진 학문적 사실의 놀라운 해석이 그냥 소외될 수 있는 것처럼 언젠가 해독된 비밀문서는 더 이상 “비밀스러울” 수 없다. 탐정방식으로 보아 간접적인 사실과 관련된 범죄의 암시들은 그것이 속임수라고 할지라도 그 범죄의 베일을 벗길 수 있고, 모든 다른 조사들을 위해 익숙해져 있는 논리학을 그 범죄에 응용할 수 있다. 그리고 광고의 특별한 유인기술 해체와 유행 상징의 해체는 모든 미래적 고찰에 영향을 줌으로써 단순히 소박하게 접근하는 것은 더 이상 존재할 수 없다. 이는 마치 궁핍한 신비화의 구성원리가 이곳에서 단 하나의 확신에서 다른 확신으로 대체된다 할지라도, 일단 파악되어진 것이라면 또 다른 비정상적이고 신비로운 어떤 망령을 믿는 것은 불가능하게 드러나는 것과 똑같다. 에코의 에세이 모음집 『종말론자와 통합론자』와 『신과 세상』, 그리고 두 권의 소설들은 그러한 파악을 직접적인 예로 전해준다. 그래서 이 작품의 예들이 보여주는 극단성을 기호학적 노력은 "혁명적인" 결과에서 얻어낸다 : 그러므로 이 기호학적 노력은 기호의 체계를 넘지 못하고 물론 기호의 규칙을 해체하지도 않으면서 두루 돌아다니며 간섭한다. 또한 이 기호학적 노력은 기호체계에 대하여 타격을 가하고 미립자 가속기 안에 있는 원자처럼 새로운 상태로 자극함으로써 체계가 다르게 방향을 정하고 그 체계의 메커니즘을 바꾸도록 강요한다. 더 나아가서 기호학적 노력은 이념비평과는 다르게 기호들의 분석이 기호의 질서를 순간적으로 바꾸도록 강요하기는 하지만 즉각적으로 붕괴시키지는 않는다. 그리고 이 기호학적 노력은 해석학과는 다르게 시간을 통해서 기호들의 변화를 냉정하게 봄으로써 의미를 단지 명상적으로 보는 역사에도 만족하지 않는다. 기호학적 노력에 있어서 "관계들의 비평"은 중요하지 않고, 전통들이 "작용하여 일어난 일"도 중요하지 않다. 이런 것들은 기호 "밖에서의" 어떤 입장이라는 환상에 영향받았음을 말하고, "관계들의 비평"은 "구상"과 "몰두"[127] 사이에, 그리고 전승의 "권위"와 선입관의 검열 사이에 있는 "이해하기의 단순한 순환"으로 들어감[128]을 말한다. 이 모든 것은 역사적 과정과 "혁명적" 가능성으로의 모든 실질적인 참여에 속한다. 오히려 기호학에 있어서 먼저 중요한 것은 중재의 가장 직접적 형식이다. 이러한 중재는 어떤 믿음에 의해 혼이 불어넣어진 것이 아니고, 그것의 전체 모형을 부수고 그것의 경직화(硬直化)들을 저지하기 위해서 기호들을 끊임없이 움직이게 하려 시도한다. 그 중재의 관심사는 한 마디로 말하면 기호의 구조를 "춤추도록 함"으로써 자유의 가장 상이한 형식들을 위해서 기호작용을 개방한 것이다.

"기호학적 해명"의 생산성은 "열린" 기호작용과 "닫힌" 기호작용의 대립에서 입증된다. 닫힌 기호작용은 "응고의 해석학"과 같은 의미이다. 즉 닫힌 기호작용이란 임의적으로 조종할 수 있는 껍질—이 안에서는 판독이 통제될 수 있고 대안적 지식형식이 배제될 수 있다—로 기호들을 격하하는 기호의 정지와 비슷한 의미이다. 같은 것을 재생산하도록 코드를 설정하는 것과 경직화시키는 것이 바로 이것에 해당하는데, 이는 담론을 필요없게 만들고 발전과 변화를 불가능하게 만듦으로써 힘을 복구하는 반복의 기계와 같은 것이다. 에코의 모든 이론은 이러한 메커니즘을 기호학적으로 기능하게 하는 그런 힘을 확인하는 데에 적용된다. 보다 깊이 살펴보면 이 에코 이론은 밀폐된 체계들 속에서 전체적인 것을 표시하는 데에 적용된다. 그래서 열린 기호작용과 닫힌 기호작용의 대립과 함께 지배와 해방—어떤 규정이나 목적이 없는 해방, 당연히 어떤 프로그램을 옹호하지도 않고 어떤 유토피아를 표방하지도 않고 질서의 중심에서 지속적인 웃음거리를 만들어 가는 해방—의 지속적인 대립도 중요한 주제이다.

니체의 웃음

"사람들은 웃기와 철학하기를 동시에 해야 한다."

에피큐로스, 『격언 41』

우리는 계몽비평을 이성의 옷만을 입고서 진행할 수 없다. 칸트에 의하면 이성의 요구는—이성의 요구로 인해 인식의 빛이 선입견과 이성의 부당한 권위에 대항한다—계몽이다. 인간의 자기 해방은 완전하게 증명되는 자신의 합리성을 위한 용기를 요구한다. 이성은 어떤 다른 이유를 필요로 하지 않는다 : 그것은 스스로 안에 충분한 이유를 갖는다. 역으로 스스로 이성적으로 잘못 인도되거나 새로이 이성에 호소되는 이성의 비판은 필연적으로 역설적일 것이다. 이성은 이성으로 극복될 수 없다 : 이성은 어떤 다른 이성형식을 통해서 비판될 수 있다. 왜냐하면 이성 밖에서는 이성의 비판을 "이성적인 것"으로 정당화한 것은 어떤 것도 없기 때문이다.

"이성의 어떤 다른 것"에 대한 요청이 이 딜레마에서 벗어나는 탈출구를 제공하는데, 이 다른 이성의 이름으로 엄격한 이성화의 범주가 극복되고 제한될 것이다. 낭만주의는 그런 식으로 미학을 신비화했다. 계몽주의와는 반대로 이 낭만주의는 "이성의 어두운 면"(슈바르트)의 하부 흐름을 유지했다 : 꿈과 동화, 마술적인 것과 환상적인 것, 사랑의 혼란과 종교적 경험의 특이성. 이것은 물론 이분법적으로 한편으로는 학문과 이성을 만들어냈고, 다른 한편으로는 예술과 신화를 (이 둘 사이에는 어떤 중재도 존재하지 않는다) 만들었다. 이러한 대립에서부터 근대성의 여러 아방가르드들이 자신들이 강조할 것을 추출하였다. 그 강조할 것이란 이성적으로 탈마법화되고 삭막하게 되어버린 세상과 반대로 아직 거짓이 없는 창조적인 것의 잔재와 같은 낯선 것의 유혹, 욕망의 무절제 혹은 무의식의 기적이다. 이를 통해서 그 대립은 더욱 커져버렸다. 결국 아방가르드주의는 생활로 옮겨지려 했던 예술을 완전히 이해할 수 없는 변두리로 추방함으로써 일반적인 이성주의의 극복에 대한 모든 희망을 스스로 좌절시켜 버렸다. 이로써 이 아방가르드주의는 그들의 의지와는 반대로 모든 반이성주의—이것으로부터 반근대주의의 여러 가지 계획이 제공되었고 근대주의가 나누어졌다—의 위험을 후원하게 되었다.

그와 반대로 "포스트모던적" 해결은 이성과 아이러니와 같은 반이성 사이의 숙명적인 대안의 저편에서 이루어진다.[129] 아이러니는 "메타 언어적인" 놀이이다 : 이것은 자기 자신과 반대로 회의적으로 행동하는 회의(懷疑)를 자아내고, 곧바로 다시 자기를 포기하는 회의를 자아낸다 ; 이 회의는 어떤

"새로운 절대적인 것"의 자기 모순에 빠지는 원칙적인 회의론의 의미에서의 회의가 아니고, 실망에서부터 아무 것도 더 이상 믿지 않고, 동시에 믿음에 고정되어 있고 그래서 진리도 아직 포기하지 않은 냉소주의의 의미에서의 회의가 아니고, 모든 형태의 독단론과 반대로 철저하게 상대적이고 "인간적인" 의구심으로서의 회의이다.[130] 리챠드 로티는 그러는 한에서 아이러니를 우리의 "중요한 신념과 필요"의 "몰입과 우연의 인식"으로 부른다.[131] 아이러니는 모든 입장의 "무관심성"을 인정하고 개방성의 입장을 추구하는 것 이외에 어떤 다른 특별한 입장을 추구하지 않는다. 그러는 한에서 아이러니는 어떤 대답도 더 이상 구속력 있는 것으로 허용하지 않음으로써 이성은 물론 비이성으로부터 도출된 계몽에 대한 계몽을 구성한다. 다른 말로 하면 아이러니는 니체의 웃음으로부터, 즉 허무주의의 견지에서 세상의 무근거성을 더 이상 한탄하지 않고 아이러니의 우화적 놀이의 "영원한 회귀"를 비웃는 『즐거운 지식』에 있는 요란한 웃음으로부터 나온 것이다.[132] 니체의 다른 장소에는 "그 사이에 우리는 보다 더 잘 인식하게 되어서 오늘날에는 더 이상 모든 것에 관한 어떤 말도 믿지 않는다"[133]라고 쓰여져 있다.

에코가 『장미의 이름』의 끝부분에서 좌절한 "계몽주의자" 윌리엄이 다음과 같이 언급하도록 한다면 이는 니체를 생각한 것일 것이다 :

> "우리가 인간들을 사랑한다면 아마도 단 한 가지 해야 할 것이 있을 것이다 : 그들이 진리에 대해 비웃도록 하는 것, 진리가 웃도록 하는 것이다. 왜냐하면 유일한 진리란 진리를 위한 병적인 열정으로부터 자유롭게 되는 것을 배우는 것이기 때문이다" (NR, 624).

이 말은 이러한 병적인 열정을 결정하는 "권력에의 의지"와 같이 무조건적인 "지식에의 의지"이다. 스스로 절대적으로 설정되어져 있고 무절제하게 사고를 강요하는 이성의 불만스런 상황도 역시 이러한 병리적 열정에 해당한다. 칸트가 이성의 원래적 가능성을 우선 분출할 수 있기 위해서 자기의 "비판"들을 통해서 이성의 범위까지도 제한하려 했으므로, 그 이성은 진지하면서도 유일한 종교를 위해 표명하는 자신의 경계를 새로이 넘어가기 시작한다. 칸트에 대한 헤겔의 어떤 기록에는 "칸트는 이성의 비판 대신에 오성의 비판만을, 이 오성의 비판 안에는 또한 오성-이성의 비판만을 전해주었다"[134]라고 써 있다 ; 지금 그 비판은 새로운 세계사의—이것의 믿음은 철학이고, 이것의 신조는 광범위하고 포괄적인 계몽이다—원칙으로 인정되어야 한다고 한다. 헤겔은 이성으로부터만 세계의 모든 것과 역사를 인식하고, 그것들을 다시금 이성의 자기 의식 발달로 파악하는 시도를 함으로써 이성을 완성시키고 이성을 최고 위치에 올려놓는다. 이것은 사람들이 일반적으로 전체주의라고 비난한 내재(內在) 신학과 같은 이성적인 것의 목적과 수단을 가진 전체적인 것의 지식이다. 그래서 종전에 형이상학에서 근거를 찾으려 했던 계몽은 스스로 형이상학으로 상승되며, 이미 이성의 몰락을 준비하는 마지막 국면으로 순차적으로 옮겨진다. 그 이후로 계몽은 분해작업을 획책했는데, 아무도 이런 현상을 니체보다 날카롭게 진단하지 못했다. 결국 니체는 이성을 종말로 인도하였다. 계몽은 절대적인 것을 포기하였고 진리를 "우화"로서 간파하였다. 계몽은 "이념"을 파괴했고, 모든 가치의 평가절하를 단행했다. 계몽은 전체 형이상학적 환상에 대한 베일을 벗겼고, 서양 사고의 초기 이후로 완강하고 "엄청난" 소동을 일으킨 허무주의를 비로소 인식하게 했다.[135] 하이데거의 어떤 언급에 의하면, 그 계몽은 그런 식으로 지구를 "방황하는 별"이 되도록 하였고, 인간을 "황량한 존재"의 "실향"으로 완전히 쫓아내는 "황폐"를 초래했다.[136] 옛날에 세상으로부터 전제정치와 압제 그리고 비참과 고난을 만들어내고 보다 좋은 어떤 것을 만들려 했던 계몽은 이 황폐화로 인해 최종적인 몰락 앞에 있다. 왜냐하면 "완전히 계몽된 지구는 승리라는 재앙의 기호 속에서 빛나고 있기 때문이다."[137]

그래서 계몽 역사의 구조는 자기 해체의 구조로 나타난다. 이것은 분명히 계몽에만 해당되는데, 이 계몽의 이성은 무조건 "권력에의 의지"의 일에 몰두하며 자유를 주권의—

자연, 인간, 시간에 대한 이념의 주권—토대 위에서 실현할 수 있다고 믿는다. 그런 계몽은 마지막 단계에서 자기 자신과는 반대되는 폭력을 갖게 된다. 그러면 물론 그것은 항상 어떤 장소에서도 어떤 비판도 하지 않게 된다. 비판이라고 해야 자기 자신의 비판이다. 오히려 파국이나 치료받아야 할 비판적인 모든 국면의 의미에서의 "파국"의 상황들을 예견했던 해체의 계보학이 위기에 처할 것이다. 그것은 또한 "다른 사상"을 위한 기회를 발굴할 수도 있을 것이다. 20세기 문화의 대부분이 얻으려고 노력했으며 하이데거가 언급한 그런 "구출하는 것"[138] : "만용"과 "침착"[139]의 사상, "비정체성",[140] 타자[141] "언급"의 사상, 의사소통[142]과 "당황"[143]의 사상 ; 간단히 말해서 자기의 척도를 다시 찾고 자기 겸손을 배운 사상. "나는 영원히 많은 것을 알려고 하지 않는다. 지혜는 경계의 인식에서도 나온다"라고 『우상의 황혼』에 있는 니체의 격언에 써 있다.[144] "사람들이 언제나 나에게 말하고자 하는 것을 나는 거부할 것이다. 그 설명이 틀렸기 때문이 아니라 그 설명이 또 다른 설명이기 때문이다"라고 비트겐슈타인은 유사하게 언급한 바 있다 : "사람들이 나에게 이론이라고 하는 어떤 것을 말한다면 나는 '아니오' 라고 말할 것이다. 그것은 나에게 흥미없는 일이다. 이론이 진이라 할지라도 […] 그것은 내가 찾고 있는 것이 절대 아닐 것이다."[145]

에코는 이미 수행된 이러한 변형작업의 배경에 앞서서

추론한다. 그는 통합된 원칙이나 조건 없이 철학을 서술한다. 철학의 대상은 기호의 무근거성, 무진리성 그리고 무기원성과 해석의 비이성성이다. 폐쇄성과 필연성으로부터 개방성과 가능성—이성이 아니라 영민함이 이 개방성과 가능성의 "근거"이다 —으로의 전이과정이 철학의 대상이다. 그러나 사고란 영민함을 통해서 접근되는데, 이 사고는 "권력에의 의지"에 더 이상 의무가 있는 것이 아니고, 영민함의 계몽과정을 현실로 가져오는 실천으로 실현된다. 웃음의 지혜가 이 영민함에 해당되는데, 이 지혜는 웃음이 범람하는 현상을 지속적으로 지지한다. 왜냐하면 어떤 순간에 진리를 보았기 때문에 우리는 웃는다라고 에코가 쓰고 있기 때문이다. 하지만 그 순간에 우리는 진리를 믿을 만큼 충분히 현명하게 되어 버렸다.[146]

그래서 에코는 바보와 마술사의 어릿광대 같은 행위에서, 사육제의 트라베스티와 희극의 매서운 풍자에서—이런 희극은 "코마이"(*komai*)라는 시골마을에, 특히 보통사람들의 집에 있는 것이라 한다[147]—다른 모든 종류 비판의(이런 비판의 전복은 포기하고 싶은 마음과 개선에서부터 나온다) 상징을 발견한다. 왜냐하면 "사람들은 내부의 질서를 비웃거나 외부의 질서를 비방하기 때문이다. 사람들은 그것을 없애버리기 위해서 그것을 수용하거나 그것을 다른 형식으로 부활시키기 위해서 그것을 거부한다 ; 이는 라블레이거나 데카르트이다."[148] 그러므로 웃음은 음성적으로 발전한다 : 웃음은 페이지를 바꾸고, 가장 높은 것을 가장 낮게 바꾸고, 주권과 노예상태, 권력과 무력을 서로 "왜곡"함으로써 혼란을 야기시키고, 소여성을 묻어버리고 반란을 연습한다. 문자 그대로 웃음은 사물의 "성스런" 진지함을 진동시키고 사물의 허위적인 필연성을 교란시킨다 ; 웃음은 신뢰의 엄격한 위엄을 손상시키고, 규칙에 머물지 않고 터부를 신성모독한다 ; 웃음은 "존재"의 필수불가결성을 인식하지도 않고 어떤 포괄적이거나 표현 불가한 원리를 수용한다. 특히 웃음은 모든 담론적 수단을 거부한다. 왜냐하면 그 수단의 사용은 이미 그것의 인성을 내포하고 있기 때문이다 ; 이와 반대로 웃음은 투입되기 위해서 근거나 기준이 필요없는 것처럼 논거를 전혀 돌보지 않는다. 왜냐하면 웃음의 무기는 약점을 노출시키는 것이기 때문이다. 물론 어떤 견지에서 웃음은 말이나 분석이 할 수 있는 것보다 훨씬 더 예리하게 어떤 것을 할 수 있다. 왜냐하면 웃음이 평준화하거나 상대화하는 대화에 관심을 갖지 않고 직접 어리석음을 보여주기 때문이다. 역시 웃음은 자가당착에 빠질 수 없다 : 진술들은 배척될 수 있고, 의견들은 비판될 수 있다 : 하지만 이와 반대로 웃음은 판단하지 않고, 아무 것도 대표하지 않으며, 간접적으로 조준한다. 웃음은 생산적이지 않다 ; 웃음은 순수한 부정이다. 그리고 웃음은 어떤 "보다 높은" 목적에 사용되지 않고 모든 구상들과 일반적 이념, 특히 세계를 개선시키는 이념을 불신하는 파괴성을 증명한다. 그러는 한에는 웃음은 모든 이상에 모순되고 자기 자신에게도 모순된다 : "웃음은 [···] 법칙을 서서히 손상시킨다"라고 에코는 자신의 에세이 『코믹작품 '자유'의 구조들』에서 언급한다. "웃음은 일종의 자유의 순수한 운동이다." 물론 웃음은 자유를 약속하지 않는다 : "반대로 웃음은 광범위한 해방의 불가능성을 우리에게 경고한다."[149]

『장미의 이름』에서 독(毒)과 살해행위들도 웃음의 방어를 위해서만 집중되고 있다. 수도원의 비밀은 아리스토텔레스의 실제로 잃어버린 『두 번째 시학』의 억압에 해당한다. 이 『두 번째 시학』은 공식적으로 희극을 해방시키는 지혜를 즐겼고, 이 『두 번째 시학』에서부터 언젠가—윌리엄의 상대자 호르헤가 맹세하면서 생생하게 묘사하는 것처럼—무법적 무도회의(두려움을 극복하고 그로써 현존하는 관계들을 허물어 뜨리는) "사악한 섬광"이 나올 수 있을 것이다(NR, 602 이하).그와 반대로 호르헤는 성채로 개조된 믿음의 광신 안에 둘러싸여 있다. 그 안에서는 무조건적인 순종과 운명으로의 접합이 알맞게 작용하며, 그에 따라서 웃음은 경건치 못한 일그러짐으로서 금지되어야 한다. 이 두 개의 태도에서 열린 기호작용과 닫힌 기호작용의 대립이 새롭게 상징화된다 : "웃음의 칭찬"은 자유의 철학에 속하고, 진지함의 방어는 주권의 허락에 속한다. 그러나 소설은 또한 아이러니한 방식으로 진행되고, 전체 설명에서는 그 책의 상실을 설화적으로 대체함으로써 없어진 아리스토텔레스가 쓴 책의 재구성이 중요하다.[150] 독자가 이런 식으로 손에 가지고 있는 책은 그렇게 다시금—이탈로 칼비노에 해당되었던, 그리고 아이러니가 이중적으로 수행된 그로테스크한 책의 의인화 행위와 유사한—그 책이 알려주는 범죄의 잠재적 셔터가 될 수 있을 것이다.

물론 사람들은 속지 않을 것이다 : "웃음의 철학"은 없다. 웃음은 당연히 사고의 무기이다. 그리고 스콜라주의도 웃음을 이성적 존재인 인간의 특징으로 간주했다. 이것은 라블레에서 니체에까지 이르는 규정이다. 그러나 웃음 자체는 이미 사고가 아니다. 오히려 즉흥적인 표현인데, 이것의 생산성은 다시금 성찰의 창조성에서 근거를 갖는 "스스로 거리두기"의 가능성에서 나온다. 프로이드에 따르면[151] 사고는 확실히 즉흥성으로서 "욕구발산"을 야기시키는데, 사고는 회화의 수단이거나 취약함이나 속수무책으로의 후퇴이다. 웃음은 완전히 이중적 얼굴을 가지고 있다 : 웃음은 반대되는 의미를 가정할 수 있고, 그래서 질서들의 비판과 자유의 방어를 위해서 조건적으로만 사용될 수 있다. 그에 따라서 많은 종류의 웃음이 구별될 수 있다 : 귀싸대기처럼 작용하는 경멸하는 웃음, 악의적인 즐거움의 나쁜 웃음, 나쁜 조롱의 야비한 웃음, 야유의 어리석은 웃음, 무기력하고 체념한 웃음, 불쾌하고 위험한 웃음. 이는 아이러니가 "수백 개 형식"(괴테)이 존재하는 것과 같다 : 과장, 전환, 이중부정, 패러독스 등. 이것들은 상황에 따라서마다 적합할 수도 부적합할 수도 있다. 그리고 때때로 그것이 원래 나타내고자 하는 것과 다른 것을 야기시키기도 한다. 이 안에는 전복의 요소와 해부하는 “기술”의 요소들이 있다 ; 물론 비열함의 요소와 우매함의 요소, 이중의미 요소 그리고 파괴에 대한 순수한 욕구의 요소들도 있다. 그러나 특히 웃음은 로티가 지적한 대로[152] 언제나 반사적으로만 작용한다. 웃음은 절대 어떤 독자적인 것을 내포하고 있지 않고, 비판이 비판된 것에 대해 해결책이 없는 그곳에 투입된다. 아이러니의 가면은 진리의 우연성을 폭로하고 동시에 이것을 다시 덮는다. 그래서 웃음은 계속 허무주의에, 즉 그 시대의 특징 속에 연루되어져 있다. 기껏해야 웃음은 과도기를 나타내고, 문화에서의 당혹—이를 통해서 후기 20세기는 불확실성으로 옷을 입는다—을 나타낸다. 그렇게 볼 때 웃음은 시간에 대한 무반응의 표현일 것이다. 이 시간에 대한 무반응은 결국 웃음으로 자신을 비웃는 것이다.

푸코의 "진자"

3

담론의 번창과 비이성적인 것의 등장

"[…] 우리가 어떤 것도 알 수 없다는 것, 이것이 나의 심장을 거의 태우려 한다. […] 그래서 나는 마술에 몰두했다. 과연 수많은 비밀이 정신의 힘과 입을 통해서 나에게 밝혀질 것인가?"

괴테, 『파우스트 1』

미셸 푸코는 60년대와 70년대에 니체, 바타이유 그리고 하이데거로부터 이성비판의 일반적 전환을 유도했던 사람이었다. 그는 자신의 『사물의 질서』[1]와 『권력의 성향』[2]에서 지식의 역사적 구성의 다양한 하부 흐름을 추적했으며, 어떻게 이 지식이 일차적으로 근거와 논거들을 통해서 집약되지 않으며 함유와 배타의 체계로서 기능하는가를 보여 주었다. 그 체계는 담론을 규정할 뿐만 아니라 이와 함께 직접 폭력도 행사한다. 학문은 영원히 권력과 연결되어져 있다. 학문이 권력에 대항해서 설명하면서 행동하는 곳에서도 그렇다. 왜냐하면 학문의 제도들이 학문의 대상을 선택하고, 묶고, 정리하고, 속박하는 통제, 파기, 분리의 절차와 연관되어져 있기 때문이다.[3] 이런 식으로 푸코는 언어와 통치권의 흐름이—비록 이들의 담론적 활동이 자유라는 이름으로 나타난다 할지라도—같이 진행하고 그것들의 영향들이 발전되어가는 여러 측면들을 밝혀냈다. 그는 획일적인 구조들이 가장 잘 보존되어 있고 가장 저항력 있는 근거들을 지니고 있는 곳—실질적인 말을 만들어내고 일반적인 코드를 인정하는 사고와 범주 자체의 중심인 그곳—에다가 비판의 쐐기를 설정하였다. 그와 반대로 그는 "타자의 소리"라고 부른 것을 그것들의 억압에서 구해내려 시도했고, 담론의—광기의 "무질서한 바스락거리는 소리", 범죄의 "무법칙성", "욕망들의 무질서" 혹은 시적 말하기와 예술의 "정신착란"[4]과 같은—"무한한 확산"을 주장했다.[5]

"이성의 타자"를 위한 푸코의 노력들은 비담론적인 것과 이질적인 것으로의 예기하지 못한 상황으로 발전되어 나갔다. 그것들은 신화의 현상,[6] 이국적인 것의 수수께끼 같은 이질성의 현상, 여성적인 것의 다면적인 차이의 현상, 대안적 사고의 보존을 추구할 때 바로 가장 희귀한 야생화를 추구한 마술적인 것과 신비한 것의 설명할 수 없는 "지혜"나 여성적인 것의 다양한 차이의 현상 등일 것이다. 푸코가 이런 것들로부터 덕을 본 것은 아니다. 오히려 그의 작품은 포스트모더니즘에 의해 각인된 채 일련의 철학적 독립을—이것은 특히 문학이론의 영역에서 "의의의 분산", 그리고 "자유롭게 움직이는 기표"의 표제어를 통하여 여러 가지로 잘못 사용되었다—유발시킨 문화적 전이과정을 위해 모범적인 예이기도 하다.[7] 특히 이는 데리다의 후속물인 "해체주의"에 해당하는데, 에코는 의의로부터 어떤 숨겨진 비밀을 만들지는 못하지만, 비판을 결국 임의적인 것으로 표류시키는 텅 빈 부재를 만들기 때문에 데리다를 "우리 시대의 위험한 이단"으로, 그리고 "인식론적 광신주의"라고 강하게 비난한다(GI, 170, 425). 에코에 의하면 "선험적인 기의"가 없으므로 해체주의는 일종의 "다의적인 신비주의"로 나간다고 했으며, 이 다의적 신비주의는 기호에게 모든 가능한 의미를—일반적으로 허용되지 않은 것들도—부여하는 놀이에서 단순히 "기분"에 따라서 기능한다고 했다.

물론 모든 것이 가능한 곳에서는 판단의 기준들을 통하여 비이성적인 것에 대한 반대도 나타난다. 하지만 권력의 유혹을 이기지 못하거나 말할 수 없는 것의 신비스런 것을 긍정하는 등의 생각을 보호하는 것은 원칙적으로 불가능할 것이다. 그런 것 안에서 원래 스캔들은 생겨난다 : 만일 임의성이 비판을 대체한다면 사색은 구속력이 없게 된다 ; 그러면 폭력과 도그마는 임의성과 함께 다시 허용된다. 모든 것은 단순히 즐기기의 범주 안에 허용되어져 있다. 강제적인 것을 거부하고 파쇼적인 것에 대항하는 자유를 방어할 이유가 더 이상 없다. 담론을 벗어나서 그것의 경계 없는 놀이를 받아들이는 창조적인 무질서만 이성의 저편에서 기다리는 것이 아니라, 현혹의 몰락과 잔인함의 흉칙한 얼굴들도 숨어서 기다린다. 이것들에게는 주권의 관철을 위해 모든 수단이 정당하게 된다.[8]

여기서 이성처럼 이성비판도 역시 자신의 야누스 얼굴을 드러낸다. 계몽에 대한 계몽이 무르익어 갈 뿐만 아니라, "이성의 새로운 파괴"(루카치)의 위험도—이 위험의 배후에 괴팍한 미신적인 것의 낱말 전체의 운무가 다시 속살을 드러난다—존재한다. 만일 인간이 신을 믿지 않는다면 인간은 더 이상 아무 것도 믿지 않을 것이다 : "인간이 아무 것도 믿지 않는 것은 신을 믿지 않는 것이다. 인간은 문자적으로 된 모든 것을 믿는다."[9] 그래서 에코는 이것에 대해 그의 두 번째 소설인 『푸코의 진자』를 가지고 이성(理性) 비판의 이상적인 발육에—이것은 "뉴에이지"라는 이름으로, 그리고 유사한 미래 복음이라는 이름으로 "시대정신"의 진자를 멀리 비이성적인 것으로 진화케 했다—확실하게 반응했다. 동시에 에코는 문학적 형식 속에서 프랑스 후기 구조주의와 토론을 다시 수용했다. 이 토론을 그는 처음에는 『소설 속의 독자』로 시작했고, 나중에 『해석의 한계』로 발전시켰다. 이 두 개는 서로 풍자적으로 연관되어져 있다 : 해석적인 비밀 가르침의 상징적인 신들린 상태와 기표 하에서 기의의 끊임없는 "교류"는 동일한 것이다. 왜냐하면 이 둘 다 기호의 "이상 행동"을 믿고 그것들을 임의로 사용할 수 있기 때문이다. 결국 "거대한 계획"이, 즉 해체적 방식을 토대로 하여 신세기 역사의 종합적이고 컴퓨터에 근거한 새로운 발명이 과거 400년의 전체 비이성적인 환상체계들을 점차 현실 자체이며 유일하고 거대한 초(超)텍스트로 섞어버린다.

그래서 제목이 "진자"로 되어 있는 것은 그럴 만한 이유가 있다. 우선 물리학자 레옹 푸코의 역사적인 진자는 표면적인 것을 의미하지만 깊은 의미에서 보면 그것은 시간 척도의 은유인데, 이것은 진자 움직임의 리듬을 통해서 지적인 모드의 변화를 나타내고, 그 진자가 움직이는 양극의 사이(여기서는 80년대의 이성주의와 반이성주의 사이[10])의 그런 지평선을 측량한다. 이로써 에코는 절대로 이성비판의 괄목할 만한 업적이 효력 없음을 암시하려는 것이 아니다 : 또한 『장미의 이름』의 결론이 시사한 것과 같이 자기 자신의 입장의 잠재적인 교정이 그에게 중요한 것은 아니고 단지 사소한 오해를 제거하는 것이 중요하다. 즉 이성비판의 기본적인 합법성이나 비합법성에 대한 질문이 아니라, 이성비판의 타당성 범위의 한계에 대한 질문만이 설정된다. 왜냐하면 계몽비판은 이성의 비합법적 요구들을 삭제하고 이성의 배제된 다른 것을 보충하는 경계설정의 형식 안에서만 의미가 있기 때문이다.[11] 그와 반대로 이성비판은 그 순간에 무조건 비이성주의로 바뀐다. 왜냐하면 이성은 반대자를 위해서만 설명되고, 이성의 경계의 저편에서 해결이 추구되기 때문이다. 비판적 질문이란 이성이 주도하는 것을 부정함으로써만 존속하지, 매우 밀교적인 새로운 사고의 확정으로는 존재하지 않는다.

이성처럼 이성비판이 스스로를 경계짓고 겸손을 배울 준비가 되어 있다면 이 이성비판은 인정을 받는다 : 그렇지 않으면 이 이성비판은 또 다른 편파적 이성비판처럼 무너진다. 그래서 비이성주의의 위협이 이성주의의 액운과 같이 동일한 침전물로부터 나온다. 그러므로 사람들은 푸코식의 진자를 『장미의 이름』을 위한 필수적인 진자로서도 읽을 수 있다. 왜냐하면 에코의 첫 번째 소설이 계몽비판의 언어를 말하고 몰락의 위험을 확인하는 동안에 두 번째 소설은 그 반대를 —계몽비판의 비판, 그리고 망가진 모습으로 계몽비판의 추락을 — 시도하기 때문이다. 이 두 소설이 양식, 내용 그리고 구조들이 너무나 달라서 이들이 거의 서로 관계없는 것처럼 보이지만, 이 둘은 각각 그들의 방식으로 현재 철학의 기본 문제를 언급하고 있다. 둘 다 이성과 비이성의 관계를 토론한다 : 『장미의 이름』은 파국으로 이어지는 어쩔 수 없는 진리에의 의지의 형상으로, 『푸코의 진자』는 『장미의 이름』과 대위법적으로 신비주의의 섬뜩한 키메라의 형상으로. 그래서 이 두 개의 소설은 같은 맥락이고 동일한 프로젝트의 두 개의 다른 측면으로 이해되어야 한다 : 한 측면은 진리를 광신하는 이성의 거부이고, 또 다른 측면은 진리를 광신하는 비이성의 거부이다.

또한 『푸코의 진자』는 이미 이전에 『장미의 이름』이 한 것처럼 거리를 두고 시야를 예리하게 하기 위해서 역사의 넓은 우회로를 거쳐서가 아니라, 이번에는 모든 "애매모호성"(하버마스)과 갈등을 지닌 지난 20년간의 문화적이고 정치적인 긴밀한 현상과 직접 관련지어 애매모호한 시간 만화경을 제시한다. 나 -설명자 까조봉은 학생운동 당시의 좌경화 범주에 속하는데, 10년 연상의 중심 가담자 벨보와 디오탈레비와 함께 모든 것을 단념함으로 인해 냉소주의로 칩거했다. 그래서 그는 담론비판의 "진자"가 서술한 것과 같은 그런 과정을 밟아나갔다. 결국 그는 반계몽주의 방향으로 미끄러져 들어가기 위해서 이성의 절망감과 이성의 단념 사이의 좁은 골짜기로 빠져버렸다. 이 세 명 모두는 명성이 높은 학술출판사 '가라몬드'의 편집인으로 일한다. 이들은 이 출판사를 위해 "베일을 벗은 이시스"라는 함축적인 제목으로 밀교집 "시리즈"를 작업한다. 처음에는 회의적이었는데 그들이 자신들의 덫에 연루되고 오랫동안 그 덫의 매력에서 벗어날 수 없을 때까지 마술의 모호한 악습과 초감각적인 것을 위한 열정에 점차로 사로잡힌다. 그래서 그들의 운명은 그 시대의 거울이 된다 : 에코는 이들의 운명을 좌절한 폭동의 표현으로 진단한다. 이 폭동은 모든 "선험적인 것"과 초감각적인 것에 대한 완성되지 않은 관심의 형태로 정신적이고 영적인 자극을 실현하고, 환생, 사탄주의, 마쿰바, 카크교(인도 전통 의학에서 나온 이론으로 몸의 척추를 따라 산재해 있는 일곱 개의 에너지 접점을 "카크"라고 한다. 이 카크를 활성화하는 모든 행위의 종교가 카크교이다 : 역자주), 인도 탄트라, 여러 종류의 센-불교 안에서 환각적인 환영과 같은 그런 힘을 획득함을 말한다. 다음과 같은 전환의 역사가 이것들과 연관되어져 있다 : 모든 것을 징벌하는 비판의 테러에서부터 모든 것을 수용하는 화해의 테러까지의, 전복의 분노로부터 전체화의 분노까지의, 혁명 환상적인 세계 구원의 동경을 가진 엄격히 마르크스주의적으로 정해진 사회분석으로부터 내면의 혼란을 진정시키는 심리치료적 복지산업을 포함한 미스테리 거대시장의 해방 약속으로까지의 전환의—그 밖에 근본주의의 입장만을 바꾼, 그러나 그것의 태도 자체는 바꾸지 않은 전환의—역사. 그리고 비판이—거의 완전히 현실로부터 동떨어진—아주 작은 집단 간의 소규모 논쟁에서 해결될 때까지 독선적인 진리를 독점함으로써 원전들로부터 신앙문답서를, 그리고 이론으로부터 신조를 만들었던 것처럼, 그렇게 화해는 신념에 사로잡힌 작은 종파로 나누어지는 경향을 보이면서 진리에 대한 전체주의적 신념을 폭로했다. 사고형식에서 뿐만 아니라, 사회적 의식과 삶 형식 전체 안에서의 개혁이 『푸코의 진자』에 해당한다.

끝없는 표류와 해석의 한계

"인지세계에 던져지는 의미의 그물망은 언어마다 매우 다양하게 나타난다 ; 그러나 어제 아침의 장미와 내일 저녁의 별을 동일한 개념 하에서 파악하는 언어는 하나도 없다.

[…] 언어는 사고와 동일하게 존재하는데, 이 사고가 수많은 사실과 비정상적인 사실 덕분에 존재하는 것처럼 언어도 그렇다 :

나무가 존재하고 땅이 존재하고 별이 존재하고, 낮과 밤이 존재하며, 나무는 땅에 속하고, 별은 밤에 속한다."

카스토리아디스, 『미로를 통해서 – 영혼, 이성, 사회』

"빈 자리 텍스트"라는 기호학적 기본 모티브의 변이형인 『푸코의 진자』의 출발점은 심하게 부패되고 아주 허점 투성이의 종이 한 장이다. 이 종이는 데리다의 『우편엽서』[12]를 암시하는데, "작은 칸이 아직 비어 있고 낱말개념들이 아직 채워져 있지 않은"(FP, 726) 낱말 퍼즐게임과 유사하다. 그것은 여유로운 시간을 가지고서 취미-연구가로서 활동하는 은퇴한 베테랑 군인인 육군 대령 아르덴티에 의해 그 세 명의 편집인들에게 성당기사들의 공식적인 맹세의 증거물로서 제시된다. 물론 의미로 모든 것이 채워져 있다는 것은 나름대로의 고유한 해독을 하는 것인데, 비밀문서에서부터 옛날 프랑스 상인의 사소한 세탁물 명세서까지를 나름대로 해독해내게 된다. 언제나 해석들은 그때마다의 전제들을 가설화한 것의 생산물이다 : 그래서 에코에서 미완성 문서들은 자유연상 — 이 자유연상에서 실재와 상상은 완전히 하나가 되어 혼란에 빠질 만큼 현기증을 불러일으킨다 — 의 보고이다. 냉소적인 실험은 그런 식으로 기호들을 증대시키고 활동하게 함으로써 기호들은 해석자들에 대항하고 그 해석자들을 구렁텅이에 빠뜨린다. 디오탈레비는 죽을 병에 걸리고, 벨보는 광신적으로 된 극악무도한 자에 의해 "푸코의 진자"에 목 매달리고, 까조봉은 결국 운명에 따라 추적자의 도착을 기다린다. 그래서 해석의 "무한한 표류"는 에코가 쓴 바대로 성장이 멈추지 않고 계속되는 "은유적인 이상물질"(GI, 428)과 유사하다. 여기서는 "다음의 모든 단계가 등장함으로써 이전 단계는 잊혀지고 없어진다. 표류로의 의지는 어떤 기호에서부터 가장 가까운 기호로의 미끄러짐에 있고, 기호를 통한 미로 같은 여행에의 의지 밖에서는 어떤 목표도 존재하지 않기 때문이다"(GI, 429). 그와 반대로 의미들은 임의적으로 조종될 수 없다. 왜냐하면 — 죽어가는 디오탈레비가 그렇게 말한다. 그리고 그의 죽는 날이 미셸 푸코의 죽은 날과 일치한다는 것은 절대 우연이 아니다 — 실제적 "전이", 즉 암 종양은 모든 기호학적 "전환", 즉 기호의 전환과 변화에 해당하기 때문이다(FP, 665). "책의 글자를 바꾸는 것은 세상을 바꾸는 것이다"(FP, 663). 기호에의 개입은 현실 자체에의 개입이고, 현실을 손상시킨다. 그래서 "잘못된 의의와 구별되는 올바른 의의가 존재해야 한다. 그렇지 않으면 우리는 죽는다"(FP, 665).

이런 설화적인 논쟁은 근대적 "해체주의"와 의고전적 불확정주의의 "과다한" 범람도 해부한다. 해체주의와 불확정주의는 나름대로 체계적인 과다해석(過多解釋)의 방식을 따르는데, 에코는 이 과다해석의 방식을 "기적벽"(奇蹟癖)이라고 말한다(GI, 120ff.). 작품들이 어떤 놀라운 일치를 보임으로써 이것들은 다같이 무절제로 빠져들게 되고, 기호학적 "해석학"의 기본적인 기준들을 손상시킨다. 하지만 텍스트들은 모든 경계를 넘어서 해석될 수 없다 ; 오히려 척도는 기호 자체 안에 있다. 왜냐하면 에코가 『소설 속의 독자』에서 말한 바대로 이 기호들은 이 기호 안에 들어 있지 않은 어떤 것을 말할 수 없기 때문이고, 사람들은 어떤 텍스트를 원하는 대로 사용할 수 없고 텍스트가 허락하는 대로만 사용할 수 있기 때문이다 :

> "우리에게 드러나는 중요한 차이는 비평과 텍스트적 협력 사이에서 생기는 것이 아니고, 텍스트적 협력의 방식을 설명하고 풍성하게 만드는 비평과 텍스트를 다른 목적으로 사용하는 […] 비평 사이에서 생긴다"(LF, 232).

에코가 여기에서 설정하는 중요한 경계설정은 "해석"과 "사용" 사이에 있다(GI, 27 이하 ; SI, 43 이하). 텍스트를 해석한다는 것은 "그 텍스트를 의도 안에서 읽는 것을 말하고, 텍스트에 대한 고유한 반응의 수행에서 텍스트 성질에 대한 어떤 것을 발견하는 것"을 말한다. 그와 반대로 "텍스트를 사용한다는 것은 어떤 다른 것을 의도하는 자극을 가지고 시작하는 것인데, 의미론적 관점에서부터 텍스트를 잘못 이해할 위험을 받아들이는 것을 의미한다"(SI, 43). 그 구별은 각 기호작용과 관련이 있다 : 해석이란 의미를 비로소 만들어내는 발명의 행위이다 ; 사용은 그것의 의의를 낯설게 하는 대격화이다. 기호는 인식표시로 사용될 수 있거나 정치적인 기능을 수행할 수 있다 ; 옷깃에 있는 장식적 상징으로서 기호는 그 본래의 내용을 강탈당했다. 관광적 매력 때문에 의식(儀式)적 의미가 다 제거된 축제에도 비슷한 것이 적용되며, 고고학적으로 몇 가지 특색 있는 시간 자질이 재구될 수 있는, 박물관에 전시되어 있지만 아무튼 미학적 고찰의 대상이 되는 사라진 문화의 그러한 왜곡에도 비슷하게 적용된다. 작가의 본래적 작업내용을 아무리 하찮은 것이라도 건드리지 않고[13] 작가의 특별한 환상으로부터 어떤 불안이나 병적인 강박관념을 발견할 수 있다고 믿는 심리분석적 해석에도 그런 왜곡은 관련이 있고, 혹은 사용된 어휘에서부터 숨겨져 있는 연결과 선입견을 읽어내고 텍스트의 논리를 거의 잊어버리는 많은 "해체주의적" 해석기술에도 그런 왜곡은 관련된다.[14] 언급된 사용방식들이 적법하다고는 하지만, 이것들은 이전의 상징이 완전히 사라지게 될 정도까지 그 상징을 바꾸는 변형을 수행한다.

그러나 사용과 해석 사이에 엄격한 구분선은 없다 : 에코가 강조한 대로 둘 다 "추상적이고 이론적인 가능성"만을 서술한다. 왜냐하면 "그 놀이가 사용으로 시작해서 풍요롭고 새로운 해석의 강조로 끝날 수—혹은 그와 반대로 될 수도—있기 때문이다"(SI, 48). 어떤 텍스트의 사용은 또한 완전히 자유로워질 수도 있다 ; 이런 사용은 그 텍스트에서 전에 닫혀져 있었던 새로운 측면을 발견할 수 있으며, 보다 이전에 있었던 부당한 해독방법을 극복하는 비평을 할 수 있다 ; 그리고 이것은 저자의 의도에 대한 매우 진지한 추구를 진술 가능한 독자의 의도로 대체하거나 문자의 인내에 대하여 독자의 권리를 강조할 수 있다. 언제나 경험적으로 드러나는 모든 텍스트들은 이 두 개 요소로부터 나온 의외의 혼합물이다 ; 텍스트들이 이 두 개의 요소로부터 서로 교대로 생산될 수 있기 때문에 이 텍스트들의 전이과정은 바뀐다. 그렇기 때문에 사용에 대하여 해석이 우선한다는 것은 절대로 사용의 포기를 말하는 것은 아니다. 기호와 텍스트의 생각 없는 악용을 방지하는 것은 기호나 텍스트의 수렴성을 보전하도록 하는 중요한 "철학적 의무"를 유지하는 것이 중요하다. 이 기호와 텍스트는 기본적으로 미지의 여러 가지 해석에 대해 열려 있다. 물론 기호와 텍스트는 이 해석들에 열려 있지만 그 해석들이 기호와 텍스트에 대응시키려 시도하는 한에서만 열려 있다. "모든 가능한 것"이 그 텍스트와 기호 안에서만 설정되어질 수 없고 언제나 새로운 것이 등장한다. 해석을 하는 것은 임의적이지 않고, 기호에 의해 부과되는 조건들에 따른다. 왜냐하면 해석을 한다는 것은 그 해석을 결정하는 상징 혹은 텍스트 자체이고, 해석자가 "무절제한" 자신의 주관성에 텍스트를 예속시키는 "절대적인" 자유가 아니기 때문이다. 기호작용에 대하여 어떤 경계도 인식적으로 규정할 수 없음으로 기호작용은 "잠재적인" 무한성을 나타낸다 ; 물론 거기서부터 어떤 "실질적 무한성"이 구체적으로 나오는 것은 아니다. 왜냐하면 기호 자체란 기호의 "비환원적 다의성"이 경계지워지는 장소이기 때문이다(SI, 29) :

> "텍스트는 무한하게 많은 해석들을 야기시킨다. 그러나 모든 임의적인 해석을 다 허락하지는 않는다. 경계 없는 기호작용의 진행과정에서는 네트워크의 모든 점에서부터 모든 다른 점으로 갈 수 있다 : 하지만 거기서는 우리 문화의 역사에서 어떤 특정한 방식으로 합법성을 부여한 결합의 규칙이 고려되어야 한다. […] 무한한 기호현상의 과정은 말하는 사람이 수많은 맥락을 설정하거나 찾게 하는 자유를 가지게 함으로써 그들이 텍스트를 창작할 수 있게 해준다. 그래서 텍스트는 유기체이고, 있을 법한 특

별한 맥락들을 실체화하고 다른 것들을 억제하는 내적 관계들의 체계이다. […] 텍스트가 산출된 후에는 이것을 가지고 우리는 많은 것을 시도할 수 있다. […] 물론 텍스트가 말하지 않는 어떤 것을 텍스트가 말하게 하는 것은 — 이것은 적어도 비평적 관점에서는 불법이다—불가능하다" (GI, 144 이하).

의미들이란 그 의미를 가지고 있는 보지자(保持者)에 붙어 있다. 이 보지자(保持者) 없이는 의미들은 존재하지 않는다 ; 그래서 에코가 말한 바대로 "해석의 자유에 대한 모든 토론은 […] 낱말 그대로의 의미 보존"으로 시작해야 한다(GI, 40 이하, 77 이하). 언제나 어떤 상징이나 소식이 무엇을 진술할 때 그것들은 해석의 기본 출발점으로서 무시될 수 없다. 어떤 깃발은 민족적 정체성의 표시일 수 있고, 부당한 소유권에 대한 요청의 표시일 수도 있으며, 비굴한 굴종의 표시일 수도 있고, 반항적인 자기 주장이나 공손한 경의의 표시일 수도 있다. 그러나 항상 그것들의 아주 동떨어진 상징내용까지지도 어떤 다른 허구가 아니라, 깃발로서 깃발에 관련되어야 한다. 셰익스피어 작품들도 정치적인 은폐의 비밀목적을 위해서만 사용된 프란시스 베이컨의 숨겨진 작품이라는 아주 모호한 가정 하에서 읽혀질 수 있다. 그럼에도 불구하고 이것은 인간적인 우매함, 허약함 그리고 정렬에 대한 드라마이고, 어떤 해석을 통해서 사라질 수 없는 드라마이다. 그래서 데리다가 전통적 비평의 도구들이 단지 "방호책"만을 만들고, 읽을거리를 통해서 단순히 보호되고, 그러나 절대 "추론"되지 않았음을 설파한다면, 에코는 다음 같이 말함으로써 그에게 항변한다 : "문제는 사람들이 보호하기 위해서 개방해야 하는 것을 확정하는 데에 있는 것이 아니라, 오히려 열기 위해서 보호해야 하는 것을 확정하는 데에 있다"(GI, 42).

이것은 다음을 의미한다 : 텍스트 전술이 특별한 무엇을 아무리 폭로한다 해도 그것은 이미 문자성을 전제로 한다. 모든 개방성에도 불구하고 이 텍스트 전술은 결국은 해석의 방식이다. 니체가 말한 바대로 "폭행, 밀어넣기, 축약, 삭제, 채우기, 창작하기, 위조"가 해석의 근본으로 취급되는 그곳에서 우리는 해석의 척도를 찾을 수 있다.[15] 의의의 "언어화"란 거부할 수 없는 울타리를 말하는데, 이 울타리 안에서는 기호가 강제적으로 습득된다. 그래서 해석의 경계는 "텍스트의 권리들"과 함께 작동한다(GI, 22). "자유의 모든 행위는 이러한 제한의 사용에 따라서만 가능하고, 그런 제한보다 앞서 갈 수는 없다"(GI, 17). 의의가 발생하는 모든 해석을 감행하는 것은 독자의 창의성에 달려 있다. 물론 독자는 "텍스트가 자신의 매우 위험한 해석을 보증하는 않을 때는" 무조건 포기해야 한다(GI, 50).

물론 "언어화"가 어떤 최초의 것을 나타내는 것은 아니다. 에코는 직관[16]을 상징이나 진술에서 부인될 수 없는 그런 것으로 인정하는데, 비록 이것이 바로 변두리에서 불확실하게 되거나 무근거성에 빠진다 해도 그렇다. 아마도 우리는 다음과 같이 바다를 생각해 볼 수 있을 것이다 : 바다의 거울 표면은 바다가 숨기고 있는 것을 인식할 수 없게 한다. 그러나 우리가 보는 것은 물이고, 바람에 의해 움직이는 파도이고, 늘어서 있는 해변이다. 아무도 가시적인 사실의 단순함에 대해 논쟁하려 하지 않을 것이다 ; 물론 깊은 곳에는 가끔 신비한 귀신이 살고 있으며, 안개는 음산한 것을 예견하게 한다. 바다의 조용한 표면은 상징적인 것을 감지할 수 있는 "언어화"와 비슷하다 ; 우리가 허구적인 것의 모험을 감행하고 빠져들어갈 때만 그것이 어떤 다른 것을 의미하고 있음이나 그것이 무엇을 위해 사용될 수 있는가를 발견할 수 있다. 프랑스 후기 구조주의와 유사하지만 과장하지는 않으면서 코르넬리우스 카스토리아디스는 존재론적으로 다음과 같이 표현했다 : 세계는 "스스로" 존재한다라는 표현과 "완전히 임의적으로 구성되어 있다"라는 표현은 "두 개 다 같은 […] 의미 없는 표현"이다. 왜냐하면 "문화적인 것과 언어적인 것의 확실한 상대성이란 사물 자체의 애매하고 말할 수 없는 비(非)상대성을 고려하지 않고는 드러날 수 없기 때문이다. […] 모든 언어적 구조는 세계의 구조에 근거를 둔다. 왜냐하면 그 모든 언어적 구조는 필연적으로 가시적인 것의 비(非)가시성에 근거하기 때문이다."[17]

또한 그런 것을 보여주기 위해 언제나 언어가 필요하다. 확실한 것을 인정한다는 것은 모두 다 다시금 그런 확실한 것으로서 그것을 규정하는 해석의 행위에 근거한다. 언어화는 언제나 언어적 의의의 이해를 이미 전제로 한다. 이 이해는 스스로 다시금 언어화나 직관에 호소할 수 있다. 왜냐하면 언어적 의의의 해석은 가장 먼저 직관과 언어화에 해당하기 때문이다. 이런 방식은 "순환논법"이다. 에코는 이러한 순환을 부인하지 않는다 ; 그런 식으로 어떤 긍정적인 원칙이 구성되지 않고—그 긍정적인 원칙은 독단론으로 넘어갈 것이다—부정적인 원칙이 구성된다는 것은 그에게 매우 중요하다 : "어떤 해석이 좋은지에 대해 결정하는 것은 어렵다. 나쁜 해석들은 보다 쉽게 인식될 수 있다"(GI, 441). 그래서 확실한 것은 기호학이란 적법한 의미의 강조가 아니라, 기껏해야 불합리한 의미의 탈적법화를 안내하는 것이다(GI, 51). 기호학은 어떤 직접적인 의의기준을 세우지 않지만 실책을 위한 척도를 세운다. 기호학은 어떤 텍스트가 이미 "고무되지" 않을 때 왜 그렇게 적어도 "낙담하는가"를 보여준다(SI, 32). 그래서 기호학의 척도는 해석의 증명을 위해 쓰이는 것이 아니고 오류해석의 위증에만 사용된다(GI, 51 이하). 기호학은 순수한 해독방식과 잘못된 해독방식을 구분하는 것이 아니라, 의미 있는 것과 확실히 "잘못된 것" 사이를 구분한다.

하지만 구체적인 개별 경우에서는 이들 의미 있는 것과 잘못된 것에 대해 거의 반박할 수 없다. "가장 급진적인 해체주의까지도" "완전히 가정할 수 없는 해석들이 있다"(GI, 22)는 생각을 수용해야 하므로 여기서 에코는 가능성에만 호소한다. 이것은 분명히 "건강한 인간오성"의 입장에서부터만 타당하다. 무의미와 비정상이 논거의 인정을 거부하는 한은 무의미와 비정상에 반대하는 논쟁의 확연한 가능성이 없어서 결정적인 반론은 실패하기 때문이다.[18] 바로 편집병적인 해석이 내구력이 있고 확실한 것으로서 증명된다. 이것에 대해 『푸코의 진자』는 또한 좋은 예를 하나 제공한다. 입증에서 반박을 이용하는 것은 해석의 혼란스런 "논리학"에 속하기 때문이다. 더욱이 소위 근거 없는 해석들의 경계설정은 문화, 특히 예술과 과학적 발견의 역사가 보여주듯이 강제적으로 작용할 수 있다 ; 여기서 강제와 자유는 자주 매우 가까이에 놓여 있다. 왜냐하면 무엇이 혼란이고 무엇이 아니며, 무엇이 시간의 흐름에 따라서 전통들의 거부와는 반대로 새로운 것을 관철하게 하는지를 처음부터 결정할 수 없기 때문이다. 더욱이 텍스트로부터 낱말적인 것을 그대로 수용하는 것이 체계적으로 얼마나 다른 길로 인도할 수 있는가를 허무주의적인 시들이—이 허무주의적 시들의 "위트"는 모든 문자성의 오류에서 생긴다—말해준다. 또한 존 케이지 경우처럼 언어의 의의가 아니라 언어의 "운율"이 문제가 될 때는 음운과 어휘의 무의식적인 고리를 탐색하고 순수한 언사들의 음향적인 일련의 표면적인 음(音)만을 고려하는 아방가르드식의 그런 시도들도 또한 매우 이런 것에 대해 잘 말해주고 있다.

어떤 해석의 가능성을 허용하는 완벽한 기준이 없는 것처럼 어떤 해석의 가능성을 완전히 배제하는 어떤 완벽한 것도 없다. 그래서 영민함에 근거하는 기호작용의 과정은 어디서나 우연적이고, 어떤 일반적 원리도 자신의 무한성을 제한할 수 없다. 해석은 자유에서 기인한다. 그리고 해석을 새로이 합리화하고 그것의 개방성을 종료하기 위해서 어떤 것이 적합하고 어떤 것이 부적합하다는 절대로 처음부터 결정될 수 없다. 그럼에도 불구하고 모든 가능성을 동일하게 인정한다는 것은 실제로 "비이성적으로" 보인다. 그래서 해석의 철학적 문제는 원칙적 무경계성과 실제적 경계성 사이를 왔다갔다 한다. 에코 자신은 근거 없는 "사실적" 선택을—물론 결정적인 곳에서 그 선택의 확신을 요청에 알맞게 정해야 한다—토대로 이 딜레마를 푼다.

그래서 기호학적 철학의 마지막 기본원리는 소위 "파기된" 사실주의에 기인한다. 에코는 모든 방법적 "근본주의"와 반대로 "신중한" 입장을 취한다. 즉 어떤 근거도 세울 수 없지만 세상의 단순한 사실에 대한 시야를 잊지 않은 일종의 영민함의 "객관적인 겸손"을 취한다. 비록 에코의 주장은 이론적으로는 틀리지만 실질적으로는 옳다. 이것이 바로 어려운 문제이다.

비이성적인 것의 패러독스한 논리학

"심령론은 멍청한 녀석들의 형이상학이다. 외경적인 것, 즉 계시된 것 중에서 우매해 보이는 것이 우연이 아닌 것처럼 매체의 허무맹랑성도 우연이 아니다. 심령론의 처음부터 내세(來世)는 어떤 여행이 임박할 것이라는 예언과 더불어 죽은 할머니의 안부 이외에 어떤 것도 알려준 바 없다. 빈약한 인간이성의 정신세계가 수용할 수 있는 것보다 더 많이 의사소통을 할 수 없다는 변명은 편집병적인 체계의 어리석은 가설이다 ; 할머니의 여행을 위해서 훨씬 더 멀리 자연의 빛은 비추어 주었다. 그리고 만일 그것에 대해서 정신이 어떤 기록도 하려 않는다면, 그 정신은 우리가 의사소통할 할 수 없는 버릇 없는 요괴이다."

아도르노, 『최소한의 도덕』

『푸코의 진자』라는 철학적 작품은 모든 형태의 "다의주의"의 기능방식을 반대한다. 레옹 푸코의 "진자"는 "장미"의 "이름"처럼 상징적으로 이를 보증한다. 자가운동을 통해서 지구회전을 증명해야 했던 과학적 실험의 기본원리는 원래 우주에는 정지도 없고 "알 수 없는 기본 원리"도 없음을 보여준다. 이 고정되고 움직이지 않는 점에서부터 이전에 아르키메데스가 세상을 바꾸려 했고, 데카르트는 사고를 영원히 보장하려 시도했다. 전에 나왔던 이름 없는 장미처럼 이것은 근거 없음을 상징화한다 : 학문화와 과학적 회의를 통해서 태어난 계몽주의는 모든 확신을 분산시키고 모든 고정점의 상대화를 강요했다. "보세요! 까조봉 씨, 진자도 역시 잘못된 예언자입니다"라고 벨보는 가르친다. "보세요, 당신은 우주에 유일한 고정점이 있다고 믿습니다. 그러나 당신이 교회 천장으로부터 그 진자를 떼어내서 그것을 유곽에다 걸어둔다 해도 역시 움직입니다"(FP, 279).

하지만 과학적 설명대상으로서 진자가 — 이것은 벨보가 모욕적으로 부언하고 있는 바대로 신의 교회에 있는 기계의 승리(FP, 277)이다 — 성당의 중앙에 걸려 있음을 생각해 보자. 진자의 신비스런 현존은 까조봉으로 하여금 "무한한 것의 두려움"을 느끼게 한다. 그리고 까조봉은 "미학적 도취"에 빠진다(FP, 12 이하). 과학은 성스런 것의 장소를 신성모독하는 것이 아니고, 성스런 것에 의해 자극되며 성스런 것을 새롭게 한다. 근대주의는 세상의 "가차 없는" 고찰방식을 통해서 종교성을 상실했지만 비종교적으로 되지는 않았다. 근대주의가 아직 과학의 사원에 경의를 표하고 있기 때문이다. 이처럼 신앙을 포기한다는 것은 스스로 신앙적이 되는 것이다. 그리고 앞선 세기에 교리의 권위가 교황청을 통해서 보증된 것처럼 오늘날 지식의 권위는 담론의 기관들을 통해서 보장된다. 그러면 과학의 기호들에서 영성의 재신비화로 가는 걸음은 더 이상 멀리 있지 않다. 기계적 회전의 증명과 고정된 장소의 부재에 해당된 것이 뜻밖에도 소설에서는 땅 밑의, "지구의" 흐름들의 회전력의 중심점이 된다. 그러는 한에서 순수한 과학적 결과 안에서 보다 심오한 것을 파악하고, 그것들로부터 구속의 복음을 읽어내고, 이것들을 숨겨진 진리의 열쇠로 만드는 것이 밀교도들에게도 어렵지 않다. 이들은 단순히 신비스런 "예감"이나 "영감"에 호소하지 않고 어떤 광기를 가지고서 자연과학과 수학의 오해된 결과를 사용하는 것이 보다 쉽게 드러난다. "속임수가 크면 클수록 유혹의 지시는 더욱 강력하다"라고 아도르노는 "심령론을 반대하는 테제"에서 조롱했다 :

> "우수한 과학적 통제는 통제할 것이 아무 것도 없는 곳에서 오히려 불리하다고 논증된 바 있다. 정신들을 추방해 버린 이성적이고 경험적인 도구가 자기 자신의 이성을 더 이상 믿지 않는 자들에게 이성을 다시 강요하기 위해서 활동한다."[19]

막스 베버의 말에 따르면, 이성주의가 세상을 "마법으로부터 구해내고" 다원주의의 냉정한 관용을 가르쳤다면, 명백한 과학이 스스로 "어떤 비밀"의 발산을 위해 희생됨으로써 비이성적인 반계몽주의가 세상을 다시 마법화하고 있다. 그에 상응해서 에코는 비밀 결사대원과 극악한 자들의 야간 모임을 위해서 진자를 새로이 "지구의 배꼽"으로 되게 한다. 거기에서 그들은 세상의 모든 권력을 위한 잃어버린 열쇠를 다시 찾기를 희망하지만 쓸데없는 일이다.

심령론으로 가는 확산된 경향에서 아도르노는 특히 "의식 퇴화의 현상"[20]을 인식했다 : 첫 번째 신화론보다 더 허위적인 "두 번째 신화론"으로 더 이상 믿어질 수 없는 것이 빠져들어 가고, 불신앙이 일단 유출된 곳에서는 통제 불가한 형태의 종교성이 악의 꽃으로서, 이상한 혼합주의나 계몽의 심연으로서—이런 것들의 위험성은 그것의 애매함에 있지 않고 그것의 폐쇄성에 있다—새롭게 등장한다고 했다 : "빠져드는 자는 이미 패배한 것이다." 체계는 전체적이고, 체계는 사고가 어떤 것에 관여하자마자 그 사고를 감옥에 가두어 놓고 곧바로 닫아서 사고의 출구나 입구를 차단해 버리는 그런 덫과 같은 것이다. 공공성(Exoterik)과 밀교성(Esoterik) 으로의 분류는 당연히 고대 철학의 자기 이해에서 유래한 것이다 : 공공적인 가르침은 대중을 위해 규정되어져 있었다 ; 이것은 대중적으로 모든 것을 추론했다. 그와 반대로 밀교적 이론들은 내막을 아는 사람들을 위해서만 규정되었고, 대가(大家)와 제자들 사이의 직접적 접촉으로 시행되었다. 이것의 의미는 비가입자들에게는 숨겨져 있었다 : 가입과 단계적인 교육이 비로소 숨겨진 비밀상자로의 접근을 허용했다. 물론 그리스 계몽주의 국면으로서의 궤변론과 소크라테스 이후의 이성원리의 보편화를 통해서 공공성(Exoterik)은 일반적으로 관철되었었다. 그래서 신세기의 모든 과학은 그로부터 자기 이해를 취한다 : 이 모든 과학은 이성적 지도를 통해서만 적법성을 얻는다. 왜냐하면 이성적인 것만이 언제나 그리고 누구에게나 추론이 가능하고, 공개적으로도 토론될 수 있기 때문이다. 이는 이성이 모두에게 속하기 때문이다 : 그와 반대로 이해할 수 없는 다의주의와 같은 비이성적인 것은 가혹하게 버려진다.

이런 식으로 서양 담론의 전승에서 두 개의 기둥으로서의 논증절차와 논리학 법칙을 지탱하는 일반적인 규범이 만들어졌다. 논증은 개념들에서 기인하는데, 이 개념들의 규정은 다시금 "술어표현"의 형식에서 성사된다. 논리학의 법칙, 특히 사고에게 "정확한 척도"를 부여하는 확정의 방법이 개념과 술어들의 연결을 처리한다. 이와 반대로 밀교적(密敎的) 세계구상은 아주 다르게 진행된다 : 이 밀교적 세계구상은 술어들을 연결하는 것이 아니고 주어들을 유추한다. 그래서 이것은 개념에 근거를 두는 것이 아니고 말에 근거를 둔다. 즉 이 밀교적 세계구상은 존재자에게 부가어를 협약하거나 약속함으로써 어떤 판단을 내리지 않는다. 오히려 어떤 특징의 비교를 통해서 그 다음 특징으로 미끄러져 들어가고, 이런 식으로 상호적 일치들의 무한한 연쇄를 형성한다. 따라서 유추의 결과는 이성적 사유방식으로부터 나오지 않는다 ; 이 유추의 결과를 위해서는 근거나 증명이 불필요하며 유사성의 목록만이 필요한데, 이 유사성 목록의 정당성은 바로 그 스스로에서부터 나온다. 그 유추결과는 그 대상을 넘어서 어떤 특별한 것을 도출해내지 않는다 : 그 유추결과는 설명들을 찾는 것이 아니고 세상을 정적인 질서의 "메아리"로 만들고, 세상을 "영원한 회귀"의 순환형상으로 집어넣는 유사함의 망(Netz, 網)을 짠다. 아도르노는 자신의 『심령론에 반대하는 테제』를 이중적 의미로 다음과 같이 요약한다 : "정신은 존재하지 않는다." 이 말 다음에 "우주는 움직임 없는 정적에 머물러 있다"라는 말을 보충할 수 있을 것이다.

이것에 대한 아주 좋은 예를 고대 바빌론의 점성술이 제공한다. 바빌론 점성술은 주로 질(質) 속에서 "생각하는데", 이 질의 요소들이 신화적 규모를 만든다. 여기서 이 점성술은 세상적인 것을 별의 운행법칙과 동일시하고, 불변하는 것을 변화하는 것과 동일시하며, 인간적인 것을 실질적인 것과 동일시한다. 유사성의 순서에 따라서 증대되므로 조화로운 전체를 만들어내는 존재하는 것의 조직을 공동의 친족성이 관통함으로써 세상과 우주의 성찰이나 이승적 영역과 별의 영역의 성찰이 가능하다. "위에 있는 것은 아래 있는 것과 비교될 수 있고, 역으로도 가능하다." 천체의 바퀴와 그때마다 그

천체의 형상이 세상적 현존의 기호로 됨으로써 세상은 커다란 거울 극장이 된다. 삶의 유한성은 영원한 하늘에 대한 비유이다. 그 안에 있는 모든 것은 모든 것과 직물처럼 짜여져 있다 : 12간지의 모습은 네 개의 세상 구성요소인 흙, 불, 물, 공기와 연결되어 있고, 이것들은 다시금 네 개의 영혼형식인 이성, 의지, 감정, 직관과 연결되어 있으며, 네 개의 신체부분인 머리, 심장, 배, 생식기와 그리고 네 개의 육감인 눈, 코, 귀, 입과 연결되어져 있다. 어떤 폐쇄된 순환고리가 생겨나고, 이것은—광물질에서 식물과 동물을 거쳐 인간에게까지 이르는—현상들의 모든 윤무의 연구를 통해서 무한대로 세분화된다. 이것은 소위 그리스인이 "우주"라고 부른 놀라운 화음의 심포니인데, 이는 진, 선, 미를 통합하는 총괄개념이다.

비로소 플라톤이 이런 의미에서 유추원리의 기본원리를 토대로 하는 세상의 조화를 개념화하고,[21] 그로써 고대 바빌론 유산을 피타고라스의 기하학적 철학과 연결시킨다. 원래 "균형"을 의미하는 수학적 개념인 "analogon"은 『티마이오스』에서 존재자의 "미학"의 의미인데, 이것은 감겨진 끈처럼 모든 사물을 관통하고 그것의 질서를 유지한다. 우연이나 혼란이 존재를 통치하는 것이 아니고, "조화"와 "통일성"이 존재를 통치하기 때문에 전체는 "모든 살아 있는 것을 […] 포함하는" "살아 있는 어떤 것"[22]으로서 작동한다. 후기 고전주의와 중세기는 이런 생각을 계급적 형이상학으로 확대한다. 유사성들은 세상을 단계들로 규정하는데, 이에 따라서 모든 상대적으로 낮은 것은 상대적으로 높은 것 안에서 다시 발견되고, 물질적인 것에서부터 정신적인 것에까지의 모든 등급에까지 확대된다. 그래서 유추는 비례적인 조화로 연결된다. 즉 가시적인 특성과 불가시적인 특성이 대응되는데, 모든 요소가 자기 자리에 있고 모든 것이 정해진 대로 선택되는 창조의 신적 계획이 이것을 통해서 실현된다. 토마스 폰 아퀴나스는 그런 유추에 결정적인 철학적 무게를 두었으며, 이것을 아리스토텔레스 범주론과 동일하게 보도록 가치를 부여했으며,[23] 이런 식으로 르네상스에 계속 전수되었다. 르네상스에서 이 유추는 스콜라주의를 제거하는 데 있어서, 그리고 기존 학문의 경쟁으로서 카발라와 연금술, 그리고 많은 마술예식의 미광(微光)과 밀접하게 연관된다.

그러나 부가어 유추화는 기껏해야 은유법에는 적합하나 논리학에는 적합하지 않다. 그래서 칸트는 이것을 과학 자체가 아니라 "인식의 논의"에만 허용하려 했다.[24] 그리고 고전적 논리학은 이것이 의미론적 모호성에 기인하고 잘못된 결론을 내리는 한은 이것을 철저히 비판했다.[25] 이들의 추론은 표현들의 다의성을 임의적으로 강조하기 때문에 허용되지 않는다. 예를 들어서 전기 흐름의 "흐르다"와 액체의 "흐르다"에서부터 두 개가 다 한 단위로 추론될 때, 그리고 그 모순 되는 실체들이 비슷하게 명명될 때 이 추론은 허용되지 않는다.

많은 것이 하나를 증명하는 곳에서는 당연히 정체성의 기본 원리는 무효화된다. 그리고 모순이 일치의 기준이 되거나 대립적인 것이 그것의 질서를 증명하는 곳에서는 모순과 삼단논법의 원칙들도 더 이상 적용되지 않는다. 그래서 유추사고는 삼단논법의 법칙을 체계적으로 무시하고 로고스는 임의적인 것 안으로 들어가므로 불분명해진다.[26]

특히 연계성이 없는 체계들은 가능한 모든 결과를 허용한다. 그에 상응해서 거의 모든 부조리 형식들은 보편적인 동질감의 담론들 안에 있다. 그러므로 형태소적 유사성에서부터 기능적 유사성이 추론되거나 기능적 유사성에서 형태소적 유사성이 추론될 때 타동사성은 손상된다 ; 예를 들어서 어떤 이름의 사변적인 어원론이 특징의 존재를 증명함으로써 개념과 사물이 혼동되고 ; 어떤 식물의 외관이 그것의 약효를 위한 이유로서 가정될 때 형식으로부터 내용이 추론되고 ; 불꽃이 화재를 위한 원인으로서 나타나지 않고, 불에 탈 수 있는 것의 상호적인 "애착"이 그 원인으로 나타날 때 인과성은 폐지되고 ; 끝으로 『푸코의 진자』에 있는 예처럼 비록 『헤르메티스 문서』가 고전 헬레니즘에서 비로소 통용되었던 개념과 표상을 가지고 작업했지만 그 『헤르메티스 문서』 [AD 2세기경 지중해 부근에서 알려진 문헌으로 헤르메스 트리스메지스트는 'Nous' (아리스토텔레스에 의하면 실체를 인식하게 하는 지성이다)가 나타날 환상을 꿈으로 계시받았다는 이야기 등 많은 신화, 전설들이 실려 있다 :

역자 주]의 연대가 모세 시대로 거슬러 올라갈 때, 그리고 헬레니즘 시대가 이 문서를 통해서 영감받았음에 틀림없다는 것에 대한 증거로서 이것이 역할을 할 때, "후(後)는 곧 전(前)이다"라는 잘못된 규칙에 따른 원인과 결과가 바뀌게 된다(FP, 396 ; SI, 26 이하).

그러나 가장 큰 잘못은 유추의 타당성 영역이 "낭비적으로" 확장되어 있다는 것이다 : 그래서 태양은 헬리오스이고, 큰곰자리이고, 핵심적인 별이고, 동시에 모든 것의 왕이고, 가장 높이 존재하는 것의 의미에서 선(善)이다 : 그것은 사물들을 거짓 없이 보여주고 의식을 밝혀주는 빛이고, 생명을 주고 모든 것을 피어나게 하는 온기이다. 더 나아가서 그것은 힘과 관련이 있으며, 색조나 온도와 연결될 수 있고 인간 신체의 부분, 기관 혹은 천사계급을 지시할 수 있다 : 광물질과 강철도 태양과 같고, 불과 빨간 피도 그렇고, 빛나는 금과 불꽃을 내는 다이아몬드도 그렇다 : 더 나아가서 반짝이는 눈동자, 노란 꿀, 자극하는 마약, 사자나 산양 같은 사나운 동물들도 그렇다 : 그밖에 해바라기처럼 태양의 빛을 향하는 그런 식물들, 혹은 석양 때 연꽃이나 금잔화도, 혹은 — 예언적 특징을 지니며 악령으로 생동하는 — 마편초처럼 그들의 잎을 오무리는 그런 식물들도 그렇다.[27]

"두 개의 얼굴"을 가진 토성은 그와 반대로 태양에 적대자이다. 왜냐하면 그것은 가장 멀리 있는 "행성"으로서 태양의 "반대"방향으로 진행하기 때문이다 ; 그리스 신화에서 이 토성은 자기의 아들을 먹고 모든 세상 사물을 과거로 빠뜨리는 시간인 '크로노스'에 해당한다 ; 이 토성은 죽음의 신의 형상을 띠고 땅을 방황하고 다니며, 자신의 여러 가지 형태 안에 있는 영원히 예측 불가한 죽음을 가져온다 ; 이를 위해 "토성"의 원칙은 자르고, 찌르고, 빻고, 깎아내는 모든 것을 나타내고, 형식을 파괴할 뿐만 아니라 만들기도 하는 모든 것을 나타낸다 ; 그래서 이는 역시 거역할 수 없는 유한성에 대항하는 것처럼 보이는 것, 통합하는 관습과 질서의 유지 같은 보존에 대한 노력, 그와 유사한 건축물의 구조와 견고성, 골조와 같이 외부 압력과 붕괴에 대해 보호를 하는 뼈대, 부패로부터 손상되지 않고 남아 있는 갑각류의 철갑이나 나무의 껍질과 같은 그런 것을 의미한다.

에코는 특히 연금술의 예를 통해서 비슷하게 무한한 다의성을 설명한다(GI, 99 이하) : 여기서 비밀을 암시하기도 하고 숨기기도 하는 동의어의 목록은 모든 구속 맥락 없이 나타난다 : 이름의 무절제한 병렬, 이 이름의 "기호학적 관용"(GI, 90)은 과도할 정도로 다양하게 작용한다. 그래서 그는 소위 "위대한 작품"에 대해서 "그것의 핵심은 붉은 돌이다"라고 말하곤 하는데, 이 붉은 돌에 대해 "산(酸), 예리한 것, 아담, 알마그라(연금술에서 나온 용어로 빨간 흙을 말함 : 역자 주), 높은 것 그리고 숭고한 것, 아즈나르(연금술에서 나온 용어로 빨간 반

보석을 말함 : 역자 주), 아니마(남성에 숨겨져 있는 여성적 특징 : 역자 주), 백양궁, 금, 주석, 빨간 고무, 하게랄자나트(연금술에서 나온 용어로 아즈나르와 같은 붉은 색의 반보석을 말함 : 역자 주), 금, 인간, 불, 자연 불, 무한대, 청년, 헤브리트(연금술에서 나온 용어로 철학자의 빨간 유황을 말함 : 역자 주), 돌, 화성, 타지 않는 기름" 같은 표장이 투입된다.[28] 이때 연결의 임의성과 그것들을 추가하는 데서의 단조로움은 많은 연상을 하게 한다. 어떤 기준도 이 연상의 폭포를 억제하지 않는다. 이것들은 상동(相同)과 간단한 함축을 토대로 생긴다 ; 이것들은 사물들의 인상에 관련될 수도 있고, 그것들의 본질이나 작용에도 관련될 수 있다 ; 이것들은 전체를 의도할 수 있고, 그것의 부분이나 공통 특징 그리고 분리 특징에 해당할 수도 있다 ; 이것들은 접속사 혹은 이접사로 등장할 수 있고, 사물 사이에서 동맹이나 대립을 형성할 수 있다(GI, 86 이하, 108 이하). 유사함의 어떤 방식도 처음부터 고정되어 있지 않다. 오히려 애매한 체계들이 여러 가지 유사성 체계로부터 통합적인 집합을 형성하는 것이 명백해진다. 어떤 통일된 구조나 정해진 원칙이 없고, 언제나 다원주의만 존재한다. 대응들의 상징이 얼마나 자주 존재하는 것에 영향을 미치는가에 대해 말하는 것은 이미 여러 가지 상이한 전술에 호소하는 것을 의미한다.

이것의 결과로서 해석은 무한성으로 사라진다. 그리고 우주는 상호적 상관, 암시 그리고 상호 작용의 열광적 댄스로 바뀐다. 이것의 끊임없는 윤무를 푸코는 당연히 "산문적 세계"라 불렀다.[29] 그 안에서 모든 것은 모든 것과 연결되어져 있고, 모든 것은 나머지 것의 암호 혹은 상징이다. 왜냐하면 에코가 강조하는 대로 "모든 사물은 어떤 특정한 관점에서 모든 다른 것에 대해 유추관계이고, 연계관계이며, 유사관계이기 때문이다"(GI, 76). 그래서 까조봉도 역시 『푸코의 진자』에서 모든 노력은 가치가 있다는 견해에 이른다. 왜냐하면 사람들이 맥락을 추구한다면 그 맥락을 찾기 때문이다. "이것들과 저것들 사이의 맥락들, 모든 것이 모든 것을 지시하고 모든 것이 모든 것을 설명하는 친족성의 소용돌이치는 그물로 세계는 폭파된다"(FP, 545). 결국 까조봉은 구름, 회사 간판 그리고 책 삽화에서까지도 연관성을 본다. 그리고 카발라의 세피로트(유대교 카발라의 신비스러운 가르침 중 하나인데, 이에 따르면 인간과 신 사이에 10단계의 세피로트가 있다고 한다 : 역자 주)와 자동차의 관계는 더 이상 잘못된 것이 아니다 :

> "주어진 모든 것을 어떤 다른 것과 사람들이 연결할 때 그것은 의미가 있게 된다. […] 그 기준은 간단하다 : 사람들은 의심하고 또 의심해야만 한다. 사람들은 숨겨진 정보들을 일반통행을 알리는 간판에서조차 읽어낼 수 있다"(FP, 442).

『해석의 한계』에서 말하는 대로(GI, 98) "무한한 표류의 […] 극장 관객"처럼 우리는 신들린 감각생산의 증인이 된다. 이 감각생산의 중심요소는 우주의 모든 요소가 모든 다른 것에 영향을 미치고, 역으로 모든 사물이나 원자에는 전체가 드러난다는 믿음이다. 그들이 최후의, 도달 불가한 감각을 위해 노력한다 해도 항상 무근거성으로 미끄러져 가고, 그래서 계속 부재로 남아 있는 비밀의 변용 밖에서는 어떤 정지도 없다. "지혜의 논리학은 발견을 필수적으로 행하지 않는다." 『푸코의 진자』에서 신비한 마술사 아글리에—이 이름은 카발라로부터 나온 마술 낱말을 기억나게 한다—가 말한다 : "전혀 다를 수 없는 것을 무엇 때문에 증명하는가? 만일 어떤 비밀이 존재한다면 그 비밀은 훨씬 더 깊이 있을 것이다"(FP, 387).

유추의 순서도 수직적이 아니고 수평적으로 구조화되어 있는 것이 특징적이다. 어떤 개념적인 도식도 유추순서의 논리학을 구성하지 않고 하나의 폐쇄된 원을 구성하는데, 그 영역은 텅 빈 중앙을 중심으로 돌고, 소통의 "변덕스런" 놀이를 발전시킨다. 이 놀이를 위해서 에코는 세 개의 반어적인 규칙을 세운다 :

> "첫 번째 규칙 : 어떤 유추가 좋은 것인지 나쁜 것인지를 단숨에 결정하도록 하는 규칙은 없다. 왜냐하면 모든

사물은 어떤 측면에서는 다른 사물과 유사하기 때문이다. [⋯] 두 번째 규칙 : 만일 원이 결국 닫혀지면, 즉 모든 것이 연결되면 잘 되어가는 것이다. [⋯] 즉 그 연결은 맞았다. 세 번째 규칙 : 연결들이 너무나 독창적이면 안 된다. 이것들은 이미 적어도 한번은 어디에선가 만들어졌어야 한다" (FP, 726).

유사성의 체계는 스스로 실현된다. 모든 유추는 모든 다른 유추의 전체를 통해서 증명된다. 이 다른 유추의 토대가 모든 유추의 존재이다. 왜냐하면 푸코가 서술하는 대로 "유사성은 절대 스스로 안에 고정되어 있는 것이 아니라, 그 나름대로 새로운 유사성을 말하는 어떤 다른 유사성을 지시할 때만 고정되기 때문이다. 그래서 가장 작은 유추가 정당화되고 결국 안전한 것으로 나타나기 위해서 모든 유사성은 모든 다른 유사성의 축적을 통해서만 그들의 가치를 유지하고 전체 세계는 계속되어야 한다."[30] 상응(相應)의 형이상학은 어떤 근거도 필요로 하지 않는다 : 그것을 제시하면 충분하다. 왜 그것이 존재하는가 하는 이유가 결정적인 것이 아니라, 그것이 있다는 사실이 결정적이다. 더 자세히 말하자면 그것은 가능하기 때문에 적용된다. 그래서 단순한 사고 가능성에 의해 그것의 진리로 추론되고 발견의 기적은 스스로 증명된다.

그래서 애매한 담론이 완벽하고 완전한 복음으로 증명

되고, 이 복음의 교리는 독선적으로 행동하고 이 복음에 반대해서 모순을 제시하는 것은 절대 무의미하다. 왜냐하면 우주적 조화의 마술을 이미 인정했고, 그것에 무조건적 순종을 표하는 자만이 이 마술을 인식하기 때문에 회의(懷疑)가 허용되지 않을 뿐만 아니라 위조나 검열도 허용되지 않는다. 그와 반대로 의심하는 자는 눈먼 자이고, 능력 없는 자이며, 이해를 못해서 스스로 배제된 자이다. "점성가와 심령론자들은 모든 질문에 답할 때 그들이 풀지 못하는 답은 물론, 모든 가능한 해결을 조악하게 투입해서 얻는 답까지도 대담하게 제시한다"고 아도르노는 지적하고 있다.[31] 그래서 절대로 어떤 것이 열리지 않고, 어떤 새로운 것이 창조되거나 추가적으로 배워지지 않는다. 오히려 계속 예견은 되지만 지시하지 않는 동일한 것에 관해서만 어디서든 말해진다.

다른 말로 말하면 불확정주의 논리학은 절대적으로 반박될 수 없다. 이것은 동일한 것의 끊임없는 반복으로부터 권위를 이끌어낸다. 이러한 권위는 여기서—해석학적 규칙과 정확히 반대로—강제적으로 기능하는 그 불확정주의 논리학 전수의 지속을 보장한다. 왜냐하면 불확정주의 논리학은 그것이 여러 가지 상이한 것을 표현하는 것처럼 보이는 바로 그곳에서까지도 모든 발전이나 변화를 배제하기 때문이다. 에코가 강조하는 대로 밀교적인 담론은 특히 밀교적인 담론에 관한 담론이다(GI, 103 이하). 이 밀교적 담론은 자신만의 고유한 전통 위에 메타 구조를 설치하기 때문이 아니라, 이 밀교적 담론 자체가 자신의 메타 구조이기 때문에 주로 자기 자신에 관계한다. 밀교적 담론의 애매한 텍스트들은 과학 역사의 풍자화와 유사하게 계속해서 다른 애매한 텍스트에 대해 말하고, 이것은 다시금 상호적으로 서로를 연관짓고 이런 식으로 이것들의 보다 깊은 일치를 맹세하기 위해서 인용되는 또 다른 텍스트에 대해 말한다. 이는 고대 이집트 피라미드의 구조 척도와 땅과 태양의 천문학적인 거리, 그리고 숫자 마술의 어떤 공식과의 등가성 사이의 허구적 관계들에 대해 조심스럽게 수행된 그런 연구와 같다. 이 밀교적 담론은 지난 세기에 외경 문학의 범람에서 유통되었고 오늘날에도 현존하는데, 계속해서 유사하고 환상적이며 근거 없는 주장을 위한 증거로 사용된다. 비록 이것이—상응하는 환상으로—모든 집의 지붕과 모든 다른 수열에 사용되었다 해도 이것은 순환을 근거로 해서만 옳은 것으로 간주된다. 해석학적 체계의 범주 안에는 반박은 없고 확인만이 있다.

이를 통해서 "진리"는 어떤 독특한 방식으로 평가절하를 경험하는 것이 아니라 오히려 신성시된다. 의의는 환기되는 것이지 논의되는 것이 아니다. 밀교적인 가르침들은 모든 담론을 거부하고, 그래서 파악할 수 없는 비밀을—이것의 정보는 끊임없이 보장되지만 계속해서 연기되고 지연된다—남겨놓는 계시를 신봉한다. 모든 이름은 잘못이고 모든 표현은 말하고자 하는 것을 절대 말하지 않는다. 왜냐하면 낱말은 낱말의 영광을 모독하고 언어는 낱말의 직접적인 순수함을 더럽히기 때문이다. 루돌프 오토가 "신비한 것"으로 나타낸[32] 그 "완전히 다른 것"과 유사하게 낱말은 외경적 침묵을 강요하는 명명할 수 없는 경험에서 드러나는 것이 아니고, 낱말의 상징적 낯설게 하기의 보편성에서 사라진다. 종교들은 성스럽게 하기 위해 감동에 몰입하기도 하고 "신의 이름"을 말하지 못하게 정당화하는 반면에, 해석학적 기호작용은 상징에서 상징으로의 쓸데없는 시도를 왔다갔다 하며 가장 부차적인 사물, 가장 주변적인 결과 혹은 가장 사소한 세부사항들을 상징들에 맡겨진 은폐된 의의에 의해 유혹하는 것처럼 중얼거리게 시킨다. 거기서는 어떤 것도 우연히 일어나지 않는다. 우연은 낱말 의미 그대로 "우연히 일어나는" 것이며, 그래서 인과성의 논리학이 아니라 보다 깊은 질서에 복종하는 어떤 다른 필연성의 표현인 것이다. 밀교적 전체성 이론은 이런 식으로 절대적 결정론을 설정한다. 이 결정론은 상징주의로써 기호의 우주를 감염시키는데, 이 상징주의는 문자 그대로 바로 사라져 버리는 의미성으로 기호를 생각한다. "의의의 무한한 표류"에 사로잡힌 이 밀교적 전체성 이론은 은폐된 불가사의의 알레고리인 전체적 직물을—에코 표현에 따르면 이 전체적 직물은 하나 안에 있는 "모든 것, 아무 것도 아닌 것, 그리고 모든 것의 언표 불가한 근원"이다(GI, 426)—서로 연결짓는다. 그러면 순수하고 유일한 비밀은 비밀의 지속적인 연구로 채워진 삶 안에 있다. "비밀전수는 중단하지 않는 것을 배우는 것이다"라고 까조봉은 인식한다(FP, 729). 그것의 의의는 의의를 만드는 것이다 : 다른 말로 하면 신비화이다.

그래서 불확정주의는 기호학적으로 기호의 흔적을 발견함으로써 기능하는 것이 아니라 기호들을 지속적인 말소함으로 기능한다. 이것은 아리아드네 실을 기호의 미로에 놓는 것이 아니고, 어떤 입구도 갖지 않고 어떤 길로도 연결되지 않는 진리의 사원을 이 미로로부터 만든다. 그래서 만일 우리가 에코의 기호학적 방식을 밀교학에 응용하려면 이것의 범주들을 거울방식으로 바꾸어야 할 것이다. 의의를 발견하려고 의도하는 기호해석의 과정이 기호현상이 아니고, 기호현상이란 그 의의를 봉인하는 것이다. 기호의 빈 자리는 기호의 자유의 표시가 되는 대신에 세상의 수수께끼를 만들어내는 틈의 상징이 된다. 어떤 구성이 읽혀질 수 있도록 만드는 영역을 기호에게 부여하는 것 대신에 모든 언어는 착각이 되고 모든 문자는 배반이 된다. 판독은 세상을 이해하게 만드는 설득력 있는 설명이 아니라, 오히려 많은 비밀 속으로—이 뒤에는 다른 비밀의 무한한 나열 이외에 어떤 다른 것도 숨겨져 있지 않다—흐려지게 한다. 에코는 자신의 에세이 『어제와 오늘의 비이성적인 것』(이 책은 1987년 프랑크푸르트 북 메세 개장식에서 발표되었으며, 『푸코의 진자』의 이해를 위해 중요한 텍스트이다)에서 해석학적 기호작용의 과정을 지속적인 의의의 도주—이것은 잘못된 탐욕처럼 절대 결론에 도달하지 않고 실현되지도 않는다—의 복잡한 거울놀이라고 부른다 :

> "사람들이 어떤 비밀을 발견했다고 믿을 때는 항상 사람들이 어떤 다른 비밀을 지시할 때만 그것은 비밀로 남아 있고, 그 비밀은 마지막 비밀까지 계속 진행된다. […] 마지막 비밀은 있을 수 없다. 밀폐된 비밀전수의 마지막 비밀은 공허한 비밀임에 틀림없다. 왜냐하면 임의로 만들어진 비밀은 공허한 비밀임에 틀림없기 때문이고, 임의로 만들어진 비밀을 폭로하려는 자는 발기인이 아니라 우주적 신비로움을 표층적으로만 인식하는 자이기 때문이다. 해석적 사고는 세상의 전체 무대를 언어현상으로 바꾼다. 동시에 이것은 언어로부터 모든 의사소통적 힘을 이끌어낸다" (ÜS, 16).

"거대한 계획"과 편집병의 고고학

"신비로운 설명들은 심오한 것으로 간주된다 : 진리라는 것은 절대 표면적이지 않다."

니체, 『즐거운 지식』

『푸코의 진자』에서 "거대한 계획"은 무한한 의의증대의 과정에 대한 유추와 패러디로 기능한다. 연금술의 "거대한 작업"의 광범위한 층위와 유사하게도 이 계획은 해석의 비이성적인 "왜곡"을 위한 모형을 제시한다. 벨보는 우연히 만들어지는—벨보는 이를 프로그램화했다—컴퓨터 생산을 성공시키는데, 그는 기왕에 존재하는 비밀교습의 소도구로부터 인공적인 것을 창조해낸다. 이것은 템플기사단의 공식적인 음모의 기호 안에서 신세기의 전체 역사를 그로테스크한 모습으로 바꾼다. 여기서 모든 가능한 것이 혼합된다 : 교단의 배반, 비밀형제의 도구, 장미십자가단의 설립, 프리메이스단, 나폴레옹, 마르크스, 히틀러, 진자, 드루이드 사제(영국 고대 켈트 민족의 사제 : 역자 주), 카발라(구약에 대한 중세 유대인들의 신비주의적 해석 : 역자 주), 성배 신비주의, 점성술, 아랍의 기적신

앙, 수수께끼 기호이론, 광명회(과격한 계몽주의 비밀결사대 : 역자 주), 라파엘주의자들, 상징주의자들. 이 이름들은 끝없이 계속될 수 있을 것이다. 마치 이 모든 사물들이 숨겨진 데미우르그(플라톤 철학에서 세계창조자 : 역자 주)의 무의식적 환상에 의해 조종되어서 지하세계가 지배하는 것이 실현되도록 종합적으로 공동 작업하는 것처럼 어떤 비밀연결이 이 모든 사물들 사이에 설정되어 있다. 그래서 사건의 박진감이 순환적으로 계획되어 나타나는데, 결국에는 인공적인 자가 회전으로 발전하고 자기 자신에게만 관련되는—그리고 이를 통해서 "진자"가 공중에 매달려 있는 것처럼—광범위하게 소급하는 사고의 악순환으로 나타난다. 이 허구적 사건의 밀교적인 것은 연대기적으로 이해 불가하다 : 이 밀교적인 것은 이성적으로 재구될 수 없다. 이는 밀교적인 것에 대한 신빙성이 없어지는 것이 아니고 오히려 그 신빙성은 더 가파르게 상승한다. 명백한 것이 가정되는 것이 아니고 비개연적인 것이 가정된다 ; 까조봉이 밝히는 대로 비밀의 발견이 중요한 것이 아니라 그 비밀의 구성이 중요하다(FP, 449).

그와 같은 사람들은 "거대한 계획"을 고안된 이념으로서 한 마디로 나타낼 수 있을 것이다.[33] 이 거대한 계획은 원래의 "백과사전"을 체계적으로 혼동시키고, 파괴시키고, 도살하고, 개축하고, 다른 어떤 새로운 백과사전을 생각해내는 것이다. 에코의 기호학적 철학의 기본원리에 따르면 백과사전이란 역사적 지식의 총체로서 기호의 문화적 문맥화의 장소를 형성한다 ; 의의는 언제나 역사의 모든 것을 역으로 지시하면서 존재한다. 그와 반대로 "거대한 계획"은 모든 다른 것을 폐지하고 불필요하게 만드는 독자적인 백과사전을 계획한다. 그래서 그런 계획은 문화에서 뿐만 아니라 역사에서부터 나타나고, 의미의 완전한 탈문맥화와 탈역사화를 보여준다. 그러면 해석은 축어적으로 그것의 정박으로부터 해지되고 통제할 수 없게 된다. 동시에 해석은 불행하게도 전체적으로 흘러가게 되며, 모든 것은 새로이 파악되어야 하고, 전체 현실이 포함되고, 인간, 인간의 사고, 의지 그리고 행위가 거대하게 "세뇌" 되는 것처럼 그것의 폭력에 굴복하며 노예관계로 강요되어야 한다. 이런 번창함은 해석이 시간에 대한 모든 연관을 상실하게 하고 실질적인 것의 윤곽을 해체하게 한다. 결국 허무맹랑하고 이해 불가한 상상적인 모습이 활력을 얻기 시작한다. 놀라운 전환이 일어나게 되며, 그것의 과정에서 거의 모든 방향설정들은 와해되고 기억들은 망상으로 나타나고, 반면에 악몽은 진(眞)이 된다. 의미의 임의성으로 인해 존재는 소여성과 상상력 사이의 모든 차이가 근거 없이 되는 그런 망상적인 심연으로 떨어진다 : "왜 소설을 쓰는가?" 벨보는 기록한다. "역사를 새롭게 쓰는 것이다, 나중에 당신이 될 그 역사를"(FP, 623).

벨보는 비밀은 존재하지 않는다는 것을 보여주기 위해

파리로 갔다 ; 그러나 비밀의 발기인들은 그의 설명에 대하여 오래 전에 둔감하고 무감각하게 되었다. 세상의 얕음이—결국 이것이 비웃게 한다—벨보에게 인식되었을 때, 그 세상의 얕음은 다시 진지하게 심화되어 간다. "우리는 보다 더 텅 빌 수 있었던 비밀을 그들에게 제공하기 위해서, 그들의 욕망을 일깨우기 위해서 그쪽으로 갔다. 왜냐하면 우리는 그 비밀을 우리 스스로 알지 못했을 뿐만 아니라, 그것이 잘못된 것임을 알았기 때문이다." 까조봉은 결국에 가서는 불평을 한다(FP, 731) :

> "우리는 어떤 존재하지 않는 계획을 발견했다. 그리고 그들은 그것을 진리와 사실로 취급했을 뿐만 아니라, 이미 이러한 계획의 오래된 한 부분이었음을 또한 믿게 했다. […] 그러나 만일 사람들이 어떤 계획을 발견하고, 그리고 다른 사람들이 그 계획을 수행한다면, 이는 그 계획이 마치 존재하는 것과 같다. 그러면 그 계획은 실제로 존재한다"(FP, 727).

그래서 비현질적인 것은 점차로 모습을 만들어 가고, 결국에는 다시금 정신병적인 환각과 유사하게 아무 것도 아닌 것으로 소멸되기 위해서 이상한 것으로 성장해 간다. 심리학자 바그너 박사는(FP, 720) 자크 라캉의 말을 빌려 "신이여,

당신은 미쳤소"라고 설명한다. 많은 인간적인 믿음이나 행위 중 많은 것은 그렇게 스스로 움직인다. 한 가지 가능성은 개연성으로 농축되고 현실은 테러행동으로 바뀌는데, 그 테러의 살인적 결과는 참사를 불러일으킨다. 심리학자 파울 바츠라빅은 이것을 "스스로 만들어진 사건"[34]과정의 표현이라고 특징지웠다. 현실이란 우리가 그때마다 현실에 대해 만드는 것이다; 현실은 가설인데, 현실의 배후에서는 압박이 일어나고, 폭력이 자행되고, 전쟁이 일어난다.

망상과 유사하게 우리의 발견들은 분리된 "특수세계"를 만들기도 하고, 그것의 독자적인 삶을 이끌어 가기도 한다. 분열은—심리적 의미에서—정체성 형성의 필수적 기능이지만; 이것이 타자를 거부할 때는 무서운 자기 면역으로 일그러지고 전체 존재를 금방 감염시키는 마비와 관련이 있다. 자기 고유한 것이 지지해 주지 않는 모든 것은 공격이고 위협으로 간주되므로 맞서 싸운다. 일원적인 세계관 체계들은—이것은 이성적인 방식 혹은 비이성적인 방식일 것이다—이러한 고약한 메커니즘을 따르고, 에코에 의하면 마르크스의 의미에서 "잘못된 인식"도 아니고, 하버마스 의미에서 "일그러진 의사소통"도 아니며, 가능한 의미의 우주를 축소시키고 모든 비평에 대항해서 방어되는 폐쇄된 체계로의 "기호작용의 편협화"[35]이다. 그것의 특징은 편협한 독선이고, 어떤 것을 통해서도 흔들리지 않는 절대성 요구이다. 절대성을 나타내는

"Absolutheit"의 어근인 "absolvere"는 원래 의미에서 "해체된 것"을 의미할 뿐만 아니라 "유일한 것"을 의미하기도 하는데, 이 유일한 것이란 자기 옆에 어떤 것도 허락하지 않으며, 그래서 면역과 고집의 독단론과 결부되어 있고, 물론 대개는 모든 형태의 부정과 상이함을 직접 거부하는 담론의 불가능성과 결부되어 있다. 허용되는 것은 유일하게 조건 없는 인정(認定)이다 : 비평이란 체계구상의 외부에 자신을 설정하고 이런 방식으로 자신을 배제하는 것을 의미한다.

그에 대해서 칼 포퍼는 겸손과 개방에 지향된 학문적 계몽주의의 기준으로 "반박 가능성"을 제시했는데, 이것은 비평능력과 제한된 적용기간을 견지한다.[36] 이와 반대로 폐쇄된 이론들은 "고착성"의 특징을 가진다. 즉 비평중지, 제한 없는 타당성 확정, 그리고 엄격한 확신 등이 그것이다. 전반적으로 보아서 이 이론들은 전체성의 경향을 나타내는 것이 일반적이다. 이것은 예를 들어서 심리분석이 동일한 범주들을 가지고 회의적인 항의를 잠재우고 한번 더 "심리분석한다"고 믿는다면 심리분석에 적용된다. 마르크스주의가 자신의 비평가들을 다시 "자본의 대리자"로서 비판하고, 모든 대안적 입장이 "시민적 이념의 변명"이거나 "수정주의"와 계급의 배반이기 때문에 이것들에 대해 매우 첨예하게 대항해 싸우는 한에는 이런 행동들은 마르크스주의에 해당한다. 다르게 생각하는 사람을 핍박하고 가두고 고문을 통해서 그들의 생각을 협박함으로써 침묵으로 가져가는 독재적 국가의 엄격한 경찰방법이 이것에 해당한다. 포퍼는 인상적으로 다음과 같이 비유했다 : 독재란 내부적 권력 안정을 위해서 있을 법한 모반에 대해 의심을 필요로 하는 불안한 편집병적 형태들이다.[37]

에코는 이러한 동일한 구조를 밀교적인 비밀이론을 근거로 설명한다. 모든 문명보다 더 오래된 깊은 지혜를 이미 소유하고 있으므로 이 비밀이론들은 체계적으로 물어볼 수 없는 것으로 나타난다. 왜냐하면 질문들은 그것을 만든 자들에게만 정해져 있을 것이기 때문이다. 비밀전수는 무조건적 복종을 의미하고, 언제나 의심 없이 인정함을 의미한다. 그러나 역으로 전수되지 않은 자에게는 들어가는 모든 것이 거절되어 있다. 왜냐하면 전수되지 않은 자가 들어가는 것은 "불결"하기에 영원한 비밀의 순수함을 더럽히고 비밀을 파괴할 것이기 때문이다. 여기서 개화되지 않은 종파들의 맹신적인 추종자들과 토론하는 결과 없는 감행을 우리는 예견할 수 있다 : 모든 담론은 위반이다. 왜냐하면 모든 담론은 그 담론을 오히려 불필요하게 만든 피고의 진술을 이미 전제로 했기 때문이다. 말(Rede)은 이런 식으로 극복할 수 없는 패러독스 안으로 휩쓸려 들어간다 : 비밀에 대해 말하는 자는 그것에 대해 권리가 있어야 한다. 그리고 가르침을 받은 자만이 권리를 얻는다. 가르침을 받은 자는 비밀이 발설될 수 없고 밝혀주는 길이 보여지면 안 된다는 것을 안다. 그래서 그는 말하기를 거절해야 한다. 그러나 말하는 자는 그 비밀을 알 수 없고, 그래서 현혹되어지거나 그 사물에 자격이 없다.

이런 의미에서 비밀은 그것을 주장하는 사람에게 거절할 수 없는 영기(靈氣)를 제공한다. 이 비밀은 얻어질 수 없고 모든 파악으로부터 떨어져 있고, 그래서 절대 풀리지 않는 지속적인 약속으로 머물러 있기 때문이다. 또한 여기서부터 이 비밀은 실질적 권력이 되는 소용돌이처럼 작용하는 매력적인 힘을 얻는다. 왜냐하면 비밀의 "본질적인" 성격이 인식될 때면 역으로 비밀의 공식적인 소유는 맹목적 순종을 강요하는 우월을 내포하기 때문이다. 그래서 비밀선점 상태는 필연적으로 우위를 선점하는 것이고, 비밀을 선점하지 않은 상태는 결함이다. 게오르그 짐멜은 발설할 수 없는 비밀은 언제나 권력 도구로서 기능한다는 것을 지적한 바 있다.[38] 불가사의를 소유한 사람은 예외적 입장에 있다고 느끼기 때문이다. 비밀의 개성은 모든 척도 위에 있고, 다른 것에 대해 비밀의 주권을 합법화시키는 능력의 확인을 확정시킨다. 그래서 권력을 가진 모든 사람은 그들이 보다 높이 선택되어 있다는 데에 자부심을 가진다 ; 그들은 말하자면 우상처럼 자신들의 비밀의 비밀을 신중하게 감시함으로써만 이것을 할 수 있었다. 왜냐하면 폭로되었거나 밝혀진 비밀은 더 이상 비밀이 아닐 뿐만 아니라 권력을 위해 필요하지 않기 때문이다 ; 그래서 비밀은 발견되지 않도록 보존되고 보호되어야 한다. 이로 인해 신경적인 박해 증후군이 불가사의하게 발전한다. 비밀은 어디서나 사악한 요소들에게, 적의 협력자들에게, 그리고 어두운 음모에 노출되어 있으며, 비열한 누설, 전복 그리고 음모를 예견해야 한다. 그래서 그러한 편집병적인 환상들은 잘못 인도하기의 거울이다. 왜냐하면 비밀선점 상태는 모든 세계 해석모형 안에 "사로잡혀 있음"을 말할 뿐만 아니라, 특히 전체적인 공모의 거대한 시나리오에 연루되어져 있음을 말하기 때문이다.

에코가 말한 것처럼 이를 통해서 "암시와 의심의 병리학적인 증후군의 모습"이 생겨난다(GI, 75). 왜냐하면 일반적인 해석과 병리학적 해석 사이의 차이는 다음에 있기 때문이다. 병리학적 해석은 의의의 개방과 수정 가능성을 구분하는 반면에, 일반적 해석은 보다 심오한 비밀이 숨겨져 있는 매우 깊은 의의를 모든 세부사항에서 조망하기 위해서 전체 우주를 집약한다. 우리는 방금 언급된 증후군을 편집병(偏執病) 환자의 증후군으로 서술할 수 있다. 이 편집병 환자는 우연의 가능성은 배제하고 어디서나 비밀스런 필연성의 음흉한 존재만을 고려하며 그런 비현실세계의 일들을 발견하는 것이 그의 주된 업무이다. 이 사람은—심리분석적으로 말하자면—자신의 약점을 평가절상하고 측량할 수 없게 만드는 인물이다. 이것은 기계적으로 "주문되어 만들어진"(하이데거) 세계의 임상적인 세계 안에만 존재하고, "쫓겨난 자의 귀환"(프로이드)처럼 그 쫓겨난 자의 독특한 인상을 필연적으로 나타낸다. 그의 독특한 호소력은 항상 발전한다. 그래서 에코는 애매한 담론과 현대적 담론 사이의 내적 맥락관계를 인상적으로 나타낸 바 있는데, 이 맥락관계란 칼 포퍼가 "사회의 밀약이론"이라 명명한 것과 병리학적인 히스테리 사이의 내적 맥락관계를 말한다 :

> "신세기적이고 동시대적 문화의 여러 측면에서 영지주의적 유산을 발견하는 유혹으로부터 벗어나는 것은 어렵다. […] 만일 루카치가 지난 두 세기 동안의 철학적 비이성주의가 브루주아의 발명이라고, 즉 브루주아가 고유한 권력의지와 고유한 제국적 실천을 철학적으로 정당화시키려 시도함으로써 그들의 위기에 대응하는 브루주아의 발명이라고 주장한다면, 그는 영지주의적 증후군을 마르크스 전문용어로 번역하는 것과 다르지 않다. 창 끝과 같은 당의 이론과 관련지어, 인식과 해방을 얻기 위한 열쇠를 가진 선택받은 자들의 집단과 같은 당의 이론과 관련지어서 우리는 마르크스주의에서, 그리고 심지어 레닌주의에서조차 영지주의적 요소에 대해 언급하였다. […] 만일 영지(靈知)를 위해서 인간이 우주적 음모의 희생물이라면, 그리고 우주적 음모에 대한 믿음이 악에 대한 책임과 양심가책으로부터 자유로워지는 길이라면, 이러한 형이상학적 강박관념이 "사회의 모반이론"으로 어떻게 옮겨지는지 칼 포퍼는 보여주었다. […] 여기서는 유대주의 세계 결탁이론과 시온 현자들의 기록들을, 그리고 맥

카티주의의 현상들을 기억하면 충분할 것이다. 시민의 안녕에 대항하는 음모를 꾸미는 외부의 적을 말하는 것은 독재자의 "이성적" 경향이다. 그리고 그 음모의 생각을 수용하는 것은 시민들의 "비이성적" 경향이다 : 악은 언제나 어떤 다른 사람에 의해 행해진다. 악은 우리 스스로에 의해 행해진 실수의 결과는 절대 아니다"(ÜS, 21 이하).

요약하자면 이는 물론 놀라운 방식으로 어법과 필법에까지 유사한 여러 가지 전체주의의 결탁모형일 것이다 : 즉 적개심을 필요로 하는 무지한 민족을 진정시키기 위해 만들어진 선전적인 변명 척도로만 취급하는 파쇼적이거나 공산주의적인 방식이다. 그러한 가정은 아마도 단순히 군중의 무책임성에 근거를 두고 밀어붙이는 것이리라. 오히려 적개심이 효과가 있는 것은 사람들이 이 적개심을 믿기 때문이 아니고, 이것이 현대 사회의 뿌리 깊은 노이로제와 같은 편집병에 호소하기 때문이다. 그래서 불신이 시간의 질환을 허무주의의 이면으로 나타내는 한은 20세기는 특히 저항력이 약한 것으로 증명되었다. 허무주의의 무진리가 등장하고 구속력 있는 고정구조가 사라짐으로써 이 시대는 끊임없이 불안정한 자기 붕괴의 암초로 빠져들어 갔다. 현실은 저속하게 되어버렸고, 현존은 완전히 불필요하다는 고통스런 예감에 의해 금이 갔다. 관계들은 파괴되었고, 언어(言語)의 임의적인 처리는 인간들 사이의 연대를 파괴했으며, 그들의 신의를 파묻어 버렸다. 아무 것도 어떤 결과의 순수성을 보장하지 못하고, 정보와 소식들만이 우리의 전달된 세계 경험의 근거를 구성한다 해도 어떤 것도 이 정보와 소식들의 정확성을 보장하지 못한다. 거의 측정될 수 없는 차원의 효과에서, 그리고 본질적인 효과에서 이처럼 관계들의 불투명성은 급진적으로 된 것처럼 보이고, 우리의 삶 형식과 세계의 상태를 서술하는 것처럼 보인다.

이와 반대로 이것에 반응하는 불안증세의 침전물로서 편집병은 거짓 설명을 통해서 생긴 신뢰성 상실을 보상한다. 이것은 무감각한 감정을 통해서 유사감각을 세상의 무의미로 전환시킨다 : 우리는 그것의 진행을 더 이상 제압하지 않기 때문에 정체불명의 무지몽매한 사람들이 지배한다 ; 우리가 힘이 없기 때문에 이들은 우리를 사악한 조종의 노리개로 오용한다 ; 우리가 직접적인 경험이 없기 때문에 우리는 끊임없이 기만당한다. 그래서 모든 재앙은 의식적 음모의 결과로 나타난다. 그리고 우리는 그런 것들의 어두운 계산을 우유부단하게 넘긴다. 무슨 일이 일어나든 그것은 그런 식으로 논리학을 얻는다. 왜냐하면 역사는 비밀스런 힘에 의해 조종되고, 그것의 비밀계획의 불명예스런 작품인 것처럼 보이기 때문이다. 편집병적 결탁이론은 우연성을 거부한다. 이 편집병적 결탁이론은 낱말 의의 안에 은폐된 의의를 채움으로 이 경악스러운 의의의 공백을 보완함으로써 근대적인 것에 의해 더 이상 충족될 수 없는 응집성에 대한 요구를 만족시킨다.

이 자리에서 에코의 철학이 말하는 극단적인 반대 경우를 한번 보자. 편집병의 강요적인 진지함은 정확한 반박과 아이러니로의 회귀를 나타낸다. 이 진지함은 세계를 강박 관념적 체계로 강요하는—이 체계로부터 나가는 탈출구는 없다—보편성과 필연성을 요구한다. 하지만 폭소의 즐거움이 있다. 아무 것도 여기서는 고정되어 나타나지 않고, 절대로 확정적인 의의는 없고, 진리의 상환이나 기원이 없으며, 모든 것은 열린 가능성 안으로 내려앉고, 그러므로 의의는 다르게 나타날 수 있어서 결국 의미들은 근거가 없게 된다. 모순 없는 유한한 사고가 바로 이에 해당한다. 이 모순 없는 유한한 사고는 고유한 우연성과 오류에 바탕을 두고 있으며, 어느 정도 거리를 두면서 적당한 겸손의 행동을 취한다. 결국 에코에 있어서는 다음과 같은 대립만이 존재한다 : 의심의 비평적 유보 혹은 독단론의 무비평적인 경건 ; 세상에 산재해 있는 수수께끼에 의해 생생하게 유지되는 자유 혹은 세상의 압박하는 비밀로부터 위협받았다고 느끼는 부자유 ; 끊임없이 확대되고 새로워지는 기호작용, 혹은 정체되고 모든 변화에 대하여 폐쇄되는 기호작용 ; 기호의 미로에서 계몽의 환상적인 방법을 찾는 계몽의 영민함, 혹은 환상 없는 감옥에 갇혀있는 반계몽의 우매함 ; 길을 찾는 데 있어서 끈기 있고 피곤하지 않은 작업으로 이해되며 그 목적을 노력 자체에 두는 철학, 혹은 무근거적인 것 앞에서의 공손한 인사치레로 탈진화되고 신비의 광신적인 간청에 빠지는 비철학—간단히 말해서 웃음의 지혜 혹은 미친 짓.

결론 : "현재를 즐겨라"의 지혜

"'푸코의 진자'의 강박관념은 […] 어떤 순간의 모습이었는데, 일단 수용되었다가 다시 쫓겨난 그런 순간의 모습이었다. 이 순간은 […] 어떤 기호도 아니었고, 어떤 징후도 아니었고, 어떤 풍자도 아니었고, 어떤 인물도 아니었고, 어떤 표징도 아니었고, 어떤 수수께끼도 아니었다 : 그것은 있던 그대로였다. 그것은 어떤 다른 것을 나타내지 않았다. 그것은 또 다른 지시가 더 이상 없는 순간이었고 해결된 순간이었다."

에코, 『푸코의 진자』

철학에 대한 에코의 입장은 저물어 가는 20세기의 문화적인 조건들로 완전히 옮겨진다. 이것들은 근대적인 것의 종말을 통해서 규정된다. 이성적인 것의 파멸과 계몽주의의 좌절이 이에 해당한다. "포스트모더니즘"은 이성과 학문의 좁은 공간으로부터 예술과 놀이를 통해서 나오려고 시도하는 합리성의 극단적인 비판을 이 계몽주의에 대립시킨다. 물론 포스트모더니즘의 약점은 사고를 비이성주의의 근처로 곧바로 가져온 사고의 위험한 황폐화이다.

에코는 이 두 가지의 단면성을 경고한다. 이성도 비담론적인 것들도 결정적인 답을 제공하지 못한다. 왜냐하면 이들은 둘 다 동일하게 불가능한 대안이기 때문이다. 어떤 곳에서는 몰락으로 갔다가 다른 곳에서는 망상이 된다. 그에 상응해서 에코의 입장은 근대성과 포스트모던 사이에 놓여있다. 왜냐하면 사람들은 비합리적인 반계몽주의의 숭배를 몰락시키지 않고 독립된 이성의 운명을 비판할 수 있기 때문이다. 그리고 사람들은 동시에 고사해가는 이성주의에 대해 말을 하지 않고 비이성주의의 성장을 비판할 수 있기 때문이다.[1] 오히려 이런 것들을 엄격하게 나누는 것은 무(無)를 통해서 정당화되는 단순화를 포함하고 있다. 왜냐하면 놀이종류로서의 이성주의 및 비이성주의는 세상을 포괄적으로 해석하게 하거나 세상을 보편적으로 다시 암호화하는 환상을 요구하는 그런 "권력에의 의지"를 드러내기 때문이다.

에코의 비판은 모든 방향의 근본주의에 해당한다. 이성 자체가 아니라 이성의 오만이 문제이다. 그리고 이미 이성비판은 이성의 해결을 제공하는 것이 아니고 단순히 어떤 척도를 다시 획득하도록 제공한다. 그러는 한에는 에코는 합리성 비평과 합리성 비평의 비평 사이의 좁은 중간 공간에서부터 논증한다. 이것은 철학이론으로서의 기호학을 통하지 않고 에코 소설을 통해서 표시되는 간격이기도 하다. 『장미의 이름』은 이성이 자신의 척도 너머로 쫓겨나고 결국 황폐한 통치권이 되는 한은 그런 이성과 경계를 이룬다 ; 『푸코의 진자』는 이성비평이 이러한 이성 자체를 다시 한 번 더 비평함으로써, 그리고 계몽주의의 부정적인 과장표현이 치명적인 편집병의 소용돌이 속으로 빠지는 곳에서 새로이 계몽주의의 권리를 위해 계몽주의의 가능성을 도와줌으로써 이성비평과 경계를 이룬다. 이로써 사실 에코는 이 계몽주의가 지속적으로 추진되어서 세계를 파괴하는 한은 계몽주의를 거친 계몽주의로서의 계몽주의의 의도를 쫓는다 ; 그리고 계몽주의가 다른 측면에서 사고를 파괴하는 한은 반계몽주의를 거친 계몽주의로서의 계몽주의의 의도를 쫓는다.

이것은 그럼에도 불구하고 어떤 절대적인 요구가 아니라 겨우 부분적인 요구를 옹호하는 계몽주의이다. 사람들은 계몽주의가 합리주의를 위해서도 그것의 비평을 위해서도 경계설정을 시도함으로써 칸트의 계획을 손상시키지 않기 위해서 계몽주의가 다시금 몽테규와 라벨르의 인문주의에도 가깝다고 말할 수 있다. 이는 계몽주의의 사용에 관계된 경계이지 계몽주의의 적용영역은 아니다. 계몽주의가 나타내는 것은 자기 단념의 요구이지 어떤 근거설정은 아니다. 정확히 이해하자면 여기서는 이성비평이 인간적인 척도에 대한 측정을 의미하고, 상대적인 수평선으로의 분할과 역절단을 의미하며, 솔직함과 유한함을 의미한다. 에코는 권력, 주권 그리고 전체주의의 저편에 있는 어떤 철학에 도달하기 위해서 "강함"의—근거의, 필연성과 진리의—원리를 포기하는 "약한 사고"의 영역에서 자신의 태도를 취한다.

기호학의 이론적인 프로그램은 지속적으로 그것을 보증한다. 이 기호학은 특히 구체적인 것을 지속적으로 작업하는 것으로 이해된다. 이것은 기호학이 연구하는 그때마다의 사회적인 현실과 문화에 기여하고 기호학이 비롯되는 역사에 기여하지만, 세계의 어떤 추상적이고 시간을 초월한 전체성에는 기여하지 않는다. 그래서 기호학은 기호학이 그것의 해석을 명백히 확정함으로써 기호의 의미를 정지시키지 않고 가능성의 복수주의로서—단지 단면이라 하더라도 언제나 새로이 다시 발견되어야 하는—기호의 의의에 열려 있다. 그때에 발견의 논리학은 직관적이고 정확한 방법의 법칙보다는 창조적인 환상의 부정기적인 영감을 좇는 매우 비약적인 지성과 영민함에서 생긴다. 기호학은 자의적이고 탐색적인 아리아드네의 실을—절대 끝나지 않고 계속 분파되고 복사되며 체계적인 방향설정보다 오히려 비구조적인 망과 유사한—기호의 미로에 설치한다. 그래서 영민함의 횃불은 미로의 무한하고 미답의 지역을 부분적으로만 그때그때 밝힐 수 있고, 갑작스럽게 중단되고, 돌아가고, 반대로 관통하고 혹은 교차하고, 또 다시 뜻밖에 왕래하지 않은 길을 비칠 수 있다. 계몽주의는 계속적으로 진행 중이다 ; 계몽주의는 어떤 목적이나 도착을 기대할 수도 없다. 어디에서나 예측할 수 있는 모험의 불확실한 항해만이 기다리고 있다. 물론 계몽주의가 찾는, 그리고 추론하는 길은 잠재적인 전경을 예견하게 하는데, 그 잠재적인 전경의 변화무쌍한 지역은 그때까지 연구되지 않았고, 그것의 이상한 아름다움을 그때까지 아무도 보지 않았다.

이러한 방식으로 영민함은 지역성과 제한성의 통찰의 특징을 지닌 이성의 방식을 보여준다. 그에 상응해서 적당한 자기 제한의 인식이 영민함에 의해 나타난다. 다시 제한은 포기의 미덕을 요구하고, 포기하는 자만이 포기할 수 있다. 그러나 허락은 의지의 반대이고, 그래서 또한 적응, 소유, 탐욕, "권력에의 의지"의 근거규정에 반대이다. 왜냐하면 허락하기는 어떤 것도 원하지 않기 때문이다 ; 허락하기는 있는 그대로를 허락하는 것이고, 접촉하게 하고 연결시키고 양도와 삽입으로부터 경험하고 동시에 그 순간의 가장 내부적인 것으로부터 발견한다. 이것은 수동성을 의미하지 않고 토마스 만의 "마의 산"으로부터 나온 인문주의자 세템브리니의 서구적인 교만과 전체적인 멸시에 해당하는 "신부의 소파"를 의미하는

데, 의지의 고의적인 거부를 전제하는[2] 쇼펜하우어의 의미에서의 "체념"과 "단념"을 의미하는 것이 아니라, 계몽주의가 마이스터 엑카르트의 신비주의를 서술한 것처럼, 그리고 사고의 미래적인 과제로서의 하이데거를 서구적인 "존재망각"의 이상한 사막에 대조시킨 것처럼 "평정"의 "절박함"과 집약된 "정지"를 의미한다.[3]

그래서 에코도 이성과 계몽주의의 올바른 "척도"를 찾는 과정의 마지막 답변에서 평정의 뿌리로 되돌아간다. 당연히 에코는 엄격한 금욕에 근거를 두는 것이 아니고, 지중해적 대단함으로, 그리고 고대의 유쾌함의 시각으로, 역시 푸코도 그의 후기 작품에서 평정을 목표로 한 것처럼, 삶의 예술인 존재의 "미학"에 근거를 둔다.[4] 『장미의 이름』과 『푸코의 진자』 두 개 다 동일하게 자족적인 명상의 순간으로 종료된다. 아드소는 자신의 마지막 문장에서 마이스터 에카르트와 안겔루스 실레시우스의 방식을 따라서 "모든 차이"가 삭제되어 버린, 그리고 "동일함도 동일하지 않음"도 존재하지 않는 원천의 말할 수 없는 신적인 것에 대해서 성찰한다 : "무"(無)의, "엄청난 황무지"의, "암흑"의 절대적 직접성, 이것에 대해서는 "아무도 알 수가 없고" "그에 대한 설명이나 그림도" 없기 때문에 "가장 내적인 것"만이 이것을 알 수 있다(NR 634). "나에게는 침묵할 것만이 남아 있다"로써 그는 자신의 신비로운 조망을 마친다 : "오, 고독 속에 앉아서 침묵하고 신과 대화하는 것이 얼마나 유익하고 기쁘고 좋은지 몰라!" (NR 634) 이는 관조의 미덕으로의 회귀이고, 어떤 기호도 요구하지 않는 명상의 조용한 체류로의 회귀이다. 까조봉도 같은 통찰에 도달한다. 카발라의 인식의 나무와 차단되어 있는 제국인 바로 그 "불쌍하고 넝마를 걸친" 말후트에서 그는 "유일한 진리"를, 즉 "비밀은 존재하지 않음에 있고 단 한순간을 위한 것 이외에는 존재하지 않음"에 있다는 것을 인식한다. 그래서 은폐된 엄청난 보물의 폭로 대신에 평범하고 직접적인 인식이 마지막 문장에 있다 : "그것은 너무나 아름답다" (FP, 754). 그게 누구였던가? 그것은 일단은 기다리는 동안 깊은 상념에 빠진 앞에 펼쳐진 언덕이었고 그 다음은 명백한 것, 순간으로의 몰두, 결과의 환원 불가한 일회성, 괴테가 자신의 악마와의 협정을 그만둔 것처럼 괴테의 파우스트도 역시 꿈을 꾼 "잠깐! 너는 너무나 아름답구나!"와 같은 그런 기호 없는 것들이다. 이로써 에코의 메시지는 그리스-로마 고전의 지고한 지혜로 되돌아간다 : 때를 기다리든지 아니면 "현재를 즐겨라."

‖ 옮긴이 후기 ‖

세상은 미궁의 연속이다. 그리스 신화에 나오는 아리아드네의 실로 탈출할 수 있는 테세우스의 미궁이 있는가 하면, 수많은 막다른 골목으로 이루어진 시행착오의 미궁이 있기도 하고, 그물망과 같이 시작도 끝도 없고 중심도 주변도 없는 닫힌 무한한 공간으로 되어 있는 그물망 미궁도 있다. 우리는 이 미궁의 여러 가지 모습 속에서 살아간다. 인간관계에서의 미궁, 인생의 길을 가는 데서의 미궁, 꿈과 현실의 혼돈 속에서의 미궁, 신앙과 이성 간의 미궁, 끝없이 반복되는 관계들의 미궁 속에서 우리는 헤매고 있다.

현실에서의 대표적인 미궁은 도서관이다. 도서관은 지적 미로와 미궁으로 이루어져 있다. 도서관은 수많은 기호로 구성되어 있으며, 그 기호들이 서로 치밀한 관계를 가지고 연결되어 있는 곳이다. 도서관은 인류의 기억보관처이고, 진리와 이성이 거주하는 곳이다. 그래서 혹자는 도서관을 살아 있는 인격체라고 하기도 하며, 복과 벌을 내리는 신이라고 말하기도 한다. 도서관은 세상이며, 소우주이고, 신 자체이다. 도서관에 간다는 것은 과거로의 시간 여행이고, 미래의 진단이며, 정글 탐험이고 인간 탐구이다. 도서관은 우리를 눈물짓게 하고, 웃게 하기도 하며, 만족과 불만족을 주기도 한다. 도서관에서 축복이 주어지기도 하고 저주가 주어지기도 한다.

미궁에서 헤어나기 위해 우리는 도서관에 가지만 아이러니하게도 다시 미궁에 빠지고 만다. 우리는 역사적으로 개념적으로 수많은 관계 속에서 미궁을 만나게 된다. 1980년은 이런 미궁을 벗어나려는 많은 사람들에게 축복의 한 해였다.[1] 움베르토 에코라는 이태리의 위대한 작가가 이 미궁이 활개치는 곳을 무대로 『장미의 이름』을 전개시켰고, 그 속에서 우리는 미궁으로부터 헤어나는 법을 배울 수 있기 때문이다.

에코는 이 소설에서 종교적인 감수성과 유럽사상의 본류인 이성을 백과사전처럼 형이상학적으로 우리에게 전달해 주고 있다. 소설에서 에코의 지식은 미학적이고, 기호학적이며, 문학적이고, 토마스 모어/에라스무스/조르다노 브루노를 포함하고 있으며, 예술철학에서 과학철학까지를 내포하고 있다. 하지만 그의 사상은 이론적으로는 세밀하지만 극단주의적이지 않으며 오히려 유쾌하고 너그럽다.

에코는 세속적인 미궁에서 벗어날 수 있는 유일한 길을 이 소설에서 보여준다. 바로 웃음만이 우리를 미궁에서 탈출하게 도와줄 수 있다는 것이다. 웃음을 금지하고 웃음을 부정하는 자는 미궁에서 나오지 못하고 영원히 미궁에 빠져들 것이며, 새로운 미궁을 만들려는 자일 것이다. 그들은 웃음을 "인간의 입에서 나올 수 있는 가장 음란한 것"이라고 생각하며, "예수님은 우는 모습을 보여주었지 웃는 모습을 보여주지 않았다"라고 주장하며 웃음에 반대한다. 하지만 결국 웃음은 인간의 본령이고 중세에 대한 르네상스의 반발이라고 볼 수 있다. 에코는 인간의 사상적 미궁을 벗어나는 방법을 중세에서 르네상스로 가는 길이라고 보여주었으며, 대표적인 인간 행태가 바로 웃음이라고 하였다.

사상적이 아니라 역사적인 차원에서 『장미의 이름』과 불가분의 관계에 있는 에코의 또 다른 소설이 있다. 『푸코의 진자』는 1988년에 발표되었는데, 『장미의 이름』과는 달리 정치적인 메시지를 담고 있는 작품이다. 에코는 『푸코의 진자』에서 비밀결사들에 대한 백과사전적인 지식을 전달해 주는데, 은비철학, 연금술, 신비술, 비밀결사, 성당기사단, 장미십자가단, 프리메이슨단 등의 실체와 음모를 보여줌으로써 현대적인 정치의 여러 가지 현상은 시사적으로 보여준다. 『푸코의 진자』는 유럽에서 아프리카, 브라질에서 중동지방, 양피지에서 컴퓨터, 볼테르에서 예수회, 데카르트에서 히틀

러를 연결해 주는 광대한 지역과 시간대를, 그리고 인물과 사상을 섭렵하고 있다. 이 엄청난 미궁은 결국 정치적인 음모이고 계략이라는 것이 소설의 시사하는 바이다.

두 개의 소설을 통해서 에코는 중세이건, 르네상스 시대이건, 현대이건 우리는 미궁에 살고 있으며, 이 미궁에서 벗어나는 길이 어떤 것인가를 보여주고 있다. 전혀 관련이 없을 것 같은 두 개의 소설을 에코는 하나의 그물망처럼 교묘하게 연결지어 연대기처럼 하나로 묶어버렸고, 그 두 개의 상이함을 디터 메어쉬는 매우 숙련되게 이성과 반이성이라는 주제로 극복하여 하나의 유기체로 만들어냈다. 음과 양이, 정과 반이 합일하여 세상이 이루어지는 것처럼 정반합의 명제 하에 에코의 두 작품도 양 극점을 이루고 있다. 그래서 합을 이루는 것은 독자에게서—모든 기호가 폐쇄되어 있지 않고 어느 정도는 열려 있으므로 열린 해석을 해야 한다는—"열린 작품"으로 나타나게 될 것이다.

세상은 기호로 되어 있고 그 미완성의 기호, 부재하는 구조로 인해 우리는 미궁에 빠지게 되는데, 아무리 그 비밀을 파헤쳐 보아도 그 결과는 결국 덧없음의 대표명사인 "장미의 이름"이다. 우리가 이 덧없고 덧없는 세상의 미궁에서 벗어나는 길은 세상을 "열린 작품"으로 보는 것이고, 중세의 종교적 경건함이나 이론적인 극단주의에서 벗어나 한번 웃어보는 것이다.

책을 번역하면서 많은 세월을 보냈지만, 사실과 현상을 다양하게 보는 시각을 얻음으로 지적 미각을 다기하게 해주었다는 것, 엄청난 정반합의 명제와 웃음의 진리를 깨닫게 해주었다는 만족감은 지난 세월의 낭비를 보상해 주었다.

하지만 자녀들에 대한 관심, 배려, 희생 그리고 성실한 양육이 그들의 성장과 떠남으로 "자녀"라는 기호가 장미의 이름처럼 덧없어 보이는 것처럼, 책도 그렇게 성실하게 희생을 치르면서 작가나 번역가에 의해 생산되지만, 번역가나 작가의 손을 떠나면 결국은 독자의 손에 그 해석은 맡겨지고 그것의 결과는 허무하게 메아리치게 될 것이다. 번역할 때 많은 도움을 준 대구 대학교 베어툴리스(Friedhelm Bertulies) 교수, 독일 포츠담 대학교 메어쉬(Dieter Mersch) 교수와 영국 브리스톨 대학교 달러(Helmut Daller) 교수에게 이 자리를 빌려 감사를 전한다.

2006년 3월 20일

옮긴이 안정오

‖ 주 ‖

한국어판 서문

1 메어쉬(Dieter Mersch), 『기호의 미로에서 아리아드네』(Aridadne im Labyrinth der Zeichen). 『움베르토 에코에서 문학과 기호학』(Semiotik und Literatrur bei Umberto Eco). In : Ingeborg Breuer, Peter Leusch, Dieter Mersch : 『머리 안에 있는 세상들』(Welten im Kopf). 『현대 철학의 모습』(Profile der Gegenwartphilosophie). 3 Bde., Hamburg 1996, Bd. 2 : S. 93–112 ; ders. : 『움베르토 에코』(Umberto Eco). 『표제어』(Stichwort, in : Julian Nida–Rumelin), Monika Betzler (Hg.) : 『고대에서 현대까지의 미학과 예술철학』(Astetik und Kunstphilosophie von der Antike bis zur Gegenwart). Stuttgart 1998, S. 257–262 ; ders. : 『해체의 저편』(Jenseits von Dekonstruktion). 『에코의 세밀화와 비판의 형식』(Ecos Miniaturen und die phronetische Form der Kritik). In : Tom Kindt, Hans Harald Muller (Hg.), 『에코의 메아리』(Ecos Echo), München 2000, S. 199–216 ; ders., 『에코에 대한 소개』(Einleitung zu Umberto Eco), 『해석의 논쟁』(Streit der Interpretationen), Berlin 2005.

도입 : 이론적이고 설화적인 담론

1 에코에 대한 출판목록은 참고문헌 목록에 있다.

2 그래서 에코의 초기에 나온 문화비평적이고 미학적인 연구는 아직은 완전히 "기호학적이지 않다." 기호학적인 방법론의 지속적인 응용도 역시 『기호학 입문』이라는 저서 이후에 기호학 이론이 점차적으로 발전함으로써 시작된다.

3 에코는 『장미의 이름』을 이태리어로 된 원문으로 출판할 때 그는 "나이가 들어서야 발견했다"라고 쓰고 있다. 한저(Hanser) 출판사가 이것으로부터 비로소 책 부록에서 비트겐슈타인이 저술한 『논리철학논고』의 명제 7번에 대한—권위 있는—유추를 한 바 있다.

4 모든 언어철학의 기본원리는 기호이론의 기본원리이기 때문에 기호이론으로서의 기호학과 언어철학 사이에는 보완적인 관계가 있다. 그러므로 에코는 한편으로는 기호학과 언어철학을 완전히 동일시하지 않는다 : 에코의 『기호학-기호이론에 대한 어떤 구상』, 1987 : 304 이하, 308 참조. 다른 한편으로는 『기호학과 언어철학』(뮌헨 1985 : 15)에서는 일반 기호학은 언어철학과 다르지 않다라고 쓰고 있다.

5 사실상 이러한 문제점이 비트겐슈타인 철학의 기폭제이다. 이에 대해서 내가 저술한 『비트겐슈타인에 관한 대화』(Wein 1989)를 참조하시오. 1989 : 14 쪽 이하.

6 비트겐슈타인(Wittgenstein), 『논리철학논고』(Tractatus logico-philosophicus), Frankfurt/M. 1960.

7 아도르노(Th. W. Adorno), 『철학적 전문용어』(Philosophische Terminologie), Frankfurt/M. 1973, Bd. 1, S. 56 참조.

8 비트겐슈타인(L. Wittgenstein), 『철학적 탐구』(Philosophische Untersuchungen), Frankfurt/M. 1971 : 68, § 119 참조.

9 포스트모던적인 것의 특징으로서 문학과 담론의 경계 파괴와 철학과 미학의 경계 파괴에 대해서는 료타르(J. F. Lyotard), 『포스트모던적인 지식』(Das postmoderne Wissen), Wien 1986 : 118 이하도 역시 참조하시오.

10 로사(A. A. Rosa), 『에코의 해부』(Anatomie eines Echos) 참조. in : B. Kroeber(Hg.), 『에코 소설 장미의 이름에 있는 기호』(Zeichen in Umberto Ecos Roman 'Der Name der Rose'), München/Wien 1987 : 359–362.

11 슈테펜스(W. E. Stephens), 『소설 속의 에코』(Ec(h)o in Fabula), in : B. Kroeber(Hg.), 『에코 소설 장미의 이름에 있는 기호』(Zeichen in Umberto Ecos Roman 'Der Name der Rose'), a.a.O., S. 134–161.

1. 기호학적 모형으로서의 『장미의 이름』

1 쉭(U. Schick)은 『설명된 기호학인가 아니면 간텍스트적인 혼란스런 놀이인가?』(in : B. Kroeber(Hg.), Zeichen in Umberto Ecos Roman 『Der Name der Rose』, München/Wien 1987 : 107–133)라는 논문에서 에코에 의해서 사용된 설명기술은 전체적으로 19세기로부터 도출된 것임을 분명히 강조하였다.

2 『장미의 이름』과 관련지어서 모르덴티(R. Mordenti)와 로렌티스(Th. de Laurentis)는 가령 소설의 시작을 지적한다 : "11월 말경 어느 맑은 늦가을 아침이었다"—이는 이미 『땅콩』에서 스누피가 "어느 어둡고 폭풍이 몰아치는 밤이었다"라는 말로 시작하는 소설을 쓰려고 할 때 슐츠(Charles Schultz)가 그를 조롱한 것처럼 전형적으로 전통적인 설명양식에서 나타나는 출발점이다. R. Mordenti, Eine Sirene, ein Echo … Wer war Adson von Melk?, in : B. Kroeber(Hg.), Zeichen in Umberto Econs Roman,

『Der Name der Rose』, a.a.O., S. 22 참조, Th. de Lauretis, Die semiotische Phantasie, in : B. Kroeber(Hg.), Zeichen in Umberto Ecos Roman, 『Der Name der Rose』, a.a.O., S. 32 참조.

3 에코의 초기 문화비평적인 에세이에 의하면 그는 자신의 소설을 "알렉산더 시대의 특징"이라고 비난했는데, 알렉산더 시대에는 사람들이 인생에 대해서 쓰는 대신에 책에 대해서만 쓰고 다른 시대의 환상으로 꾸려 나갔다. 이에 대해서는 『종말론자와 통합론자』(Apokalyptiker und Integrierte), Frankfurt/M. 1984 : 178 이하 참조.

4 다음과 같은 사람들이 이 소설을 탐정소설로 읽었다 : P. Blake, Murders in a Medieval Monastary, in : Time 24, 13. 1. 1983, S. 66 ; A. Vollenweider, Ein Krimi aus der Retorte, in ; Frankfurter Allgemeine Zeitung, Nr. 234, 9. 10. 1982, S. 217f ; D. E. Zimmer, Gipfelkonferenz im Kloster, in : Die Zeit, Nr. 41, 8. 12. 1982, S. 9 ; J. Drews, Ecco! Ein Krimi aus dem Herbst des Mittelalters, in : Lesezeichen, 1982, S. 20 ; R. Theers, Scherlock Holmes im Mönchsgewand–『Der Name der Rose』–gelesen als Kriminalroman ; in : Umbruch. Zeitschrift für Kultur 5, Nr. 4. 1986 ; E. Hentschel, Die positivistischen Ahnen des William von Baskerville oder Ist Der Name der Rose ein Kriminalroman? in : H.–J. Bachorski(Hg.), Lektüren–Aufsätze zu Umberto Ecos 『Der Name der Rose』, Göppingen 1985, S. 95–128.

5 이에 대해서 바인리히(H. Weinrich), 『중세의 우리 남자』(Unser Mann im Mittelalter), in : B. Kroeber(Hg.), Zeichen im Umberto Ecos Roman 『Der Name der Rose』, a.a.O., S. 81–84 참조.

6 예를 들어 다음과 같은 사람들이 이것을 역사소설로 이해한다 : 푸르만(H. Fuhrmann), 『에코에 대한 대화』(Besprechung von Umberto Eco, Der Name der Rose), in : Deutsche Archiv für Erforschung des Mittelalters 39, 1983, S. 718f. ; 페터존(J.

Petersohn), 『에코의 에코』(Ecos Echo–Ein Anstoß für Mittelalterhistoriker?), in : Geschichte in Wissenschaft und Unterricht 39, 1983, S. 761–766 ; 하이트(A. Heit), 『채워지지 않은 동경』(Die ungestillte Sehnsucht–Geschichte als Roman), in : A. Haverkamp/A. Heit (Hg.), Ecos Rosenroman–Ein Kolloquium, München 1987, S. 152–184 ; sowie im selben Band : 폴머(E. Vollmer), 『중세는 아직 지나가지 않았다』(Das Mittelalter ist noch nicht vorbei)–Über die merkwürdige Wiederentdeckung einer längst vergangenen Zeit und die verschiedenen Wege, sich ein Bild davon zu machen, S. 185–228 ; 더 나아가서 케르너(M. Kerner), 『에코의 장미의 이름에서 시간관계와 중세의 이해』(Zeitbezug und Mittelalterverständnis in Umberto Ecos 『Der Name der Rose』), in : ders (Hg.), 『… eine finstere und fast unglaubliche Geschichte』, 8. Aufl., Darmstadt 1988, S. 53–80.

7 중세적인 원전들이 문제가 되었던 장소들은 보다 잘 알고 있는 비평가들에 의해서 너무 근대적인 것으로 확연하게 비판되었다. 이에 대해서는 『장미의 이름에 대한 후기』(Nachschrift zum Namen der Rose) (München/Wien 1984 : 89)에 있는 에코의 소견을 참조.

8 루카치(G. Lukács), 『소설의 이론』(Die Theorie des Romans–Ein geschichtsphilosophischer Versuch über die Formen der großen Epik), Berlin 1920.

9 이러한 의미에서 예를 들어서 직리스트(Ch. Siegrist)는 1982년 10월 17일자 신문 "독일 보통 일요신문"(Deutsches allgemeinen Sonntagsblatt)에서 그리고 클뤼버(H. Klüver)는 1982년 11월 13일자 신문 "바덴 일보"(Badener Tagblatt)에서 논증한다. 더 나아가서 쉬타우더(Th. Stauder)도 『움베르토 에코의 장미의 이름』(Umberto Ecos 『Name der Rose』)을 『연구보고와 해석』(Forschungsbericht und Interpretation) (Erlangen, 1988 : 42ff)

에, 그리고 레나르트(Ph. Renard)는 「에코의 위대한 도전」(Ecos große Herausforderung)을 『에코 소설 장미의 이름에 있는 기호』(Zeichen in Umberto Ecos Roman 『Der Name der Rose』) (B. Kroeber (Hg.), a.a.O., S. 259−275)에 쓴 바 있다. 에코는 어떤 인터뷰에서 알도 모로의 경우를 통해서 동기 부여된 시간관계를 증명했다 ; 『태초의 강박관념들로부터 해방행위』(… ein Akt der Befreiung von uralten Obsessionen) (in : Bogen 6, München 1982).

10 에코의 『Palisesto su Beato』(in : Beato di Liebana, Miniature del Beato di Fernando Iy Sancha, Parva 1973, S. 21−80)도 참조하시오. 이에 대해서 그는 독일 책 거래를 위한 주식신문에서 했던 어떤 인터뷰에서 다음과 같이 말했다 : "어떤 사람이 지금 시대에 해당하는 사물을 중세에 발견하는 것은 당연하다."

11 후이징가(J. Huizinga), 『중세의 가을』(Herbst des Mittelalters), 11. Aufl. Stuttgart 1975.

12 커티우스(E. R. Curtius), 『유럽문학과 라틴적 중세』(Europäische Literatur und lateinisches Mittelalter), Bern 1948.

13 아순토(R. Assunto), 『중세의 미 이론』(Die Theorie des Schönen im Mittelalter), Köln 1963.

14 파노프스키(E. Panofsky), 『교양예술에서의 의의와 해석』(Sinn und Deutung in der bildenden Kunst), Köln 1975.

15 프라츠(M. Praz), 『사랑, 죽음 그리고 악마−검은 낭만주의에 대하여』(Liebe, Tod und Teufel−Über die schwarze Romantik), München 1963. 상세한 정보는 다음에 있다 : 이커트/쉭(K. Ickert/U. Schick), 『장미의 비밀』(Das Geheimnis der Rose−entschlüsselt), München 1986, 107쪽 이하, 113쪽 이하 ; 쉭(U. Schick), 『설명된 기호학 혹은 간텍스트적인 혼란』(Erzählte Semiotik oder intertextuelles Verwirrspiel?), in : B. Kroeber (Hg.), Zeichen in Umberto Ecos Roman 『Der Name der Rose』, a.a.O. ;

Kruse, Transpiration und Inspiration. Beobachtungen zu Ecos 『Il Nome della Rosa』, in : M. Kerner(Hg.), 『… eine finstere und fast ungllaubliche Geschichte』 a.a.O., 21–52쪽 ; 클레버(H. Kleber), 『작가와 그의 소설』(Der Autor und sein Roman, Hinführung zu Umberto Ecos 『Der Name der Rose』), ebd., 특히 37쪽과 51쪽 이하 ; 슈타우더(Th. Stauder), 『에코의 장미의 이름』(Umberto Ecos 『Name der Rose』–Forschungsbericht und Interpretation), a.a.O., 특히 78쪽 이하.

16 에코(U. Eco), 1980년 10월 15일자 신문 "라 레푸브리카"(La Repubblica)와의 인터뷰 ; 크뢰버(B. Kroeber)의 『비밀 대화와 열린 대화에 관한 책』(Bücher in heimlich–unheimlichem Dialog miteinander)에서 인용(1982년 7월 24일자 Frankfurter Rundschau).

17 아리스토텔레스의 『시학』 제6권의 초반에(1449b) 나오는 어떤 약속만이 희극의 두 번째 부분에 대한 애매하기는 하지만 어떤 암시를 준다. 그렇지 않으면 어떤 단편이나 이차적인 문헌도 이 책의 존재를 보증하지 않는다.

18 이에 대해서는 매키(L. Mackey)의 아이러니한 주석도 참조하시오. 「책의 이름」(Der Name des Buches), in : Kroeber(Hg.), Zeichen in U. Ecos Roman 『Der Name der Rose』, a.a.O., 318쪽 이하, 이 사람은 얼마 전에 에코의 소설은 아리스토텔레스의 잃어버린 두 번째 시학이라고 주장한다. 사실상 에코는 『첫 번째 시학』, 『수사학』을, 그리고 더 나아가서 이시도르 폰 세빌랴의 『백과전서』와 『라블레와 그의 세계』(Rabelais und Seine Welt)에 대한 바흐친의 문서에서부터 나온 단편들을 인용한다.

19 그래서 그의 주변 환경이 도서관이 아니고—책들을 유통시키고 사용하지 못하도록 해서 저자들을 속이는 뒷문을 가진 어떤—출판사인 것은 우연이 아니다.

20 『푸코의 진자』에 있는 원전가공과 동기에 대해서는 바우코/미요

카(L. Bauco/F. Millocca)의 『진자의 비밀』(München 1990)을 참조.

21 에코의 방식에 대해서는 『장미의 이름에 대한 후기』(München/Wien 1984 : 44 이하, 49 이하)를 참조하시오.

22 크리스테바(J. Kristeva)의 『시적 언어의 혁명』(Frankfurt, 1978) 참조. 에코(U. Eco)의 『해석의 논쟁』(Konstanz, 1987 : 59 이하) 도 참조.

23 크리스테바(J. Kristeva)의 『변환문자의 기호론에 대하여』(in : H. Gallas(Hg.), 『해석적 처리방식으로서의 구조주의』, Darmstadt 1972, S. 163–200, 여기서는 171쪽.

24 이에 대해서 그루버(J. Gruber)의 『장미의 이름에 있는 간텍스트성의 놀이–방식들』을 참조. 문학적 화폐위조자의 공장으로부터 혹은 낯선 텍스트로부터 새로운 책을 만드는 기술에 대하여, in : A. Haverkamp/A. Heit(Hg.), 에코의 장미소설, a.a.O., S. 60–96.

25 독일어 번역으로는 『파트모스에서 살라만카까지』, in : 『스트립쇼 술집에서 플라톤』(München/Wien, 1990 : 153–162). 여기서는 테미스바가 발견한 연구들의 허구화된 서평이 문제가 된다. 이에 대해서 에코는 후기에서 다음과 같이 쓰고 있다. "한 명의 위대한 발행자와 두 명의 섬세한 비평가"가 참고서적 진술이 개연성이 없어서 보고의 불신을 제공했지만 실종된 작품을 찾는 데로까지 발전했다.

26 에코의 『장미의 이름에 대한 후기』 참조. 특히 76쪽 이하. 60년대에 에코는 이론적으로 특히 "그룹 63"—아방가르드적 문학잡지인 『일 베리』(Ill Verri)에서부터 출발하여 쓰기를 마르크스적으로 극단화시키려 노력했던 "47그룹"에 부응한 문학운동—에 근접해 있었다. 에코 등과 더불어 알베르토 아르바지노, 지오르지오 만가넬리 혹은 에도아르도 상구이네티가 속한 이 집단의 프로그램은 사회적인 사실주의 중 최후의 사실주의였다. 물론

문학의, 특히 장르의 분류의 형식이론과 전통적인 서열화, 그리고 일상과 예술의 언어들 사이의 엄격한 분리에 반대하는 항의를 통해서 느슨하게 되었다. 이러한 아방가르드 개념 중 어떤 것은 에코의 소설들에서 계속 감지될 수 있다. 이것은 물론 간텍스트성의 구조적인 원칙을 통해서 중단되었고 포스트모더니즘의 역설로까지 확대되었다. 물론 그것들의 미학적인 강조는 테러주의—이것은 결국 그것들의 기본원리에 대해 질문했다—의 등장 이전인 60년대의 사회비평에 해당했다. 『장미의 이름』 서문에서부터 나온 에코의 그런 서술은 그것을 겨눈 것인데, 그 서술에서 그는 초기에는 사회적인 당혹과 열성으로부터만 문학을 현실적인 것으로 취급했지만 오늘날에는 "원시적인 강박관념"으로부터 해방된 "쓰기로의 순수한 사랑"으로부터 나온 것도 문학으로 설명한다. 간단히 말하자면, 에코의 소설 속에는 세 개의 후기 근대적인 아방가르드 개념이 연결되어 있는데, 그룹 63(이태리), 텔켈(프랑스) 그리고 포스트 모더니즘(미국)이 그것이다.

27 가령 라우레티스(T. de Lauretis)의 『해결의 수수께끼－포스트모던적인 소설로서 움베르토 에코의 장미의 이름』을 참조하시오. in : A. Huyssen/K. R. Scherpe (Hg.), Postmoderne－Zeichen eines kulturellen Wandels, Reinbek 1986, S. 251－269.

28 물론 에코는 그 사이에 화가 오이게니오 카르미의 그림을 곁들인 일련의 우화를 저술했다 : 『세 명의 세계주의자』, Mailand 1992 ; 『폭탄과 장군』, Mailand 1990 ; 『뉴(영양)의 격언』, Mailand 1992. 더 나아가서 『연어와 여행하는 방법』, München/Wien 1993과 같은 패러디적인 역사들이 여기에 추가된다.

29 이러한 것들이 매우 그럴 듯해 보임은 아드소가 사랑의 고통에서 "우리의 세상적인 존재에 대한 비꼼"으로 장미를 말하고, "마치 모든 것이 한 마디로 말해서 내가 희미하게 인지한 그런 사랑스런 얼굴에 대해 말하는 것 같다" (『장미의 이름』, a.a.O., S. 356) 라고 부연한다면 그 소설 자체에서 추출될 수 있다. 그는 바로 명

칭과 본질의 정체성으로부터 아름다움("Rosen")과 매력의 경험을 변제적으로 얻기 위해서 "이름"에서 사물(res)과 낱말(verbum) 사이의 기원적이고 어원적인 연결을 재설정할 수 있음을 통해서 그의 고뇌를 연결할 수 있다고 믿는다.

30 로리스(G. de Lorris), 『장미소설』, 크뤼거(M. Krüger)에 의해 번역됨(Stuttgart, 1985 : 30). 로리스(de Lorris)의 첫 번째 불완전한 부분—약 4,000개의 시로 구성된—은 장 드 몬(Jean de Meun)을 통해서 네 배의 길이 이상으로 확대되었고, 에코의 『장미의 이름』처럼 거의 백과사전과 같다.

31 귈렌(J. Guilléns), 『이름들』(1950), in : H. Fridrich, Die Struktur der modernen Lyrik, 10 Aufl., Reinbeck 1981 : 249.

32 이 서술은 프라하, 부에노스아이레스, 파리 기차역과 함께 1968년의 정치적인 기상도를 제공하는—게다가 책에 대한 올바른 진술과 허구적인 목록상의 진술 사이에 의도적으로 조장된 혼란과 (자서전적인) 사랑 이야기로 점철된—정치공포물처럼 읽힌다.

33 에코 자신은 『장미의 이름 후기』(a.a.O., S. 28)에서 "4중적인 번데기화"에 대해 언급한다.

34 여기서는 기호적인 기본 상투적인 문구가 문제이다 : 거짓말의 가능성은 에코에게 있어서 바로 기호기능의 근본적인 특징이 된다 ; 가령 에코의 『기호이론의 기호학-구상』(München, 1987 : 26)을 참조.

35 "동사 *'phyo'* 는 '낳다', '성장하게 하다'를 의미하고 *'phyesthai'* 는 '성장하다'를 의미하고 *'physis'* 는 '출생', '성장'을 의미한다. […] 라틴어 'analog natura은 *nasci'* 에서 나왔다. 바이체커(C. F. von Weizsäcker), 『인류 역사에서의 인간』(Der Mensch in seiner Geschichte) (München 1991 : 122). 요아힘 에른스트 베렌트는 장미를 의미하는 고대 페르시아어 "varda", 아랍어 "vard", 히브리어 "wered", 산스크리트어 어근 "vrt" 사이의 관

련성을 들어 장미와 자연의 직접적 동질성을 이미 사변적 어원론의 기본원리를 토대로 주장하고 있다. 이 낱말들은 원래 "성장하다"와 "생기다"를 의미하고, 독일어 "werden" (-이 되다)과 유사하다. 그래서 장미는 "낱말의미 그대로" 볼 때 "werden"의 상징물이다. 더 나아가서 "Wort"(낱말)에 대한 관련도 "vrt"에서 도출될 수 있다. 그래서 심지어 낱말과—혹은 이름과—장미는 두 번 동일한 것을 말하기도 한다 : "되어지고 있으며 되어진 낱말이 되어버린 장미"(die werd-ende und ge-word-ene, Wort-ge-word-ene Rose). 이에 대해 J.-E. Berendt, 『Nada brahma-세상은 소리이다』, Reinbet 1985, S. 71 이하 참조.

36 보르헤스, 『은유』(Die Metapher) (보르헤스의 에세이 "불멸성"(Die Unsterblichkeit) 에 있음, Berlin 1987, S. 146-151, 특히 148쪽 이하). 보르헤스는 「장미」라는 제목을 가진 어떤 시에서도 "난해한" 장미의 다의성을 보여준다. [보르헤스의 『두 개의 미로』(Die zwei Labyrinthe), Muenchen 1986, S. 165].

37 지메네즈(J. R. Jiménez)의 『심장, 죽거나 노래하거나!』, Zürich 1977 : 45.

38 실레시우스(A. Silesius), 『천사 같은 방랑자』(Der cherubinische Wandersmann), Zürich 1979 : 53.

39 다음에 나오는 마틴 하이데거를 위해서는 『근거의 명제』(Der Satz vom Grund), Pfullingen 1957 : 68 이하를 보시오. 안겔루스 실레시우스는 라이프니츠의 보다 나이 많은 동시대인물이었는데 라이프니츠는 그의 작품 『천사 같은 방랑자』(Der cherubinische Wandermann)를 알았다. 실레시우스는 자신의 신비주의를 가지고 바로 생겨나고 있는 학문에, 즉 데카르트 이래로 "이성주의적"으로 이해되는 학문에 대항했다.

40 노발리스의 『하인리히 폰 오프터딩엔』(Heinrich von Ofterdingen) 작품집 참조, 멜과 사무엘(H. J. Mähl und R. Samuel)이

편집 출간함, Muenchen / Wein 1981, 1장.

41 릴케의 「오르페우스에게 바치는 소나타」(Sonnette an Orpheus), 제2장, VI, Wiesbaden 1957, Nachdruck 1980, Bd. 2 : 510.

42 코스튜코비치도 역시 그렇게 읽는다. 문화의 기본원리로서의 무한한 기호작용, in : B. Kroeber (Hg.), Zeichen in Umberto Ecos Roman 『Der Name der Rose』, a.a.O., S. 54, Gertrude Steins Spruch als Antwort auf die Verszeile des Morlanensis.

43 "어떤 것을 두 번 말하는 것"은 동어반복을 말하는 것을 의미한다. 세 번 말하는 것은 어떤 의식을 행하는 것이다. 그래서 일본의 하이꾸는 어떤 의의도 허용하지 않는 그런 빈 공간이 반복에서 생기게 하기 위해서 두 번 계속해서 읽혀진다. 그것을 여러 번 읽는다는 것은 그것의 마력을 불러냄으로써 "깊은 곳을 자극한다." 이에 대해서 롱랑 바르트의 『기호의 제국』(Frankfurt a. M.)을 참조할 것, 1981 : 104.

44 오토(R. Otto), 『성스러운 것』(Das Heilige), München 1963 : 28 이하.

45 그래서 아드소는 그 미지의 소녀에 대해서 다음과 같이 말한다 : "나의 삶에서 유일한 세상적인 사랑에 대해서 알지 못했다.— 그리고 나는 절대 그 이름을 알 수 없었다." 에코, 『장미의 이름』, 519쪽.

46 마틴 하이데거의 『평정』(Pfullingen), 1959년, 특히 24쪽 이하.

47 그것에 대해서는 플라톤의 『변명』 21a 이하, 특히 23a–c를 참조.

48 니체(F. Nietsche), 『신들의 황혼』(Götzen–Dämmerung), in : ders., Werke III, hrsg. v. Karl Schlechta, Frankfurt/M/Berlin/Wien 1981, S. 397ff., 특히 "Das Problem des Sokrates", §§ 3, 10, 11을 참조.

49 마틴 하이데거의 『오류』(Holzwege), 5판, Frankfurt/M, 1972, Motto 참조.

50 매키(L. Mackey)가 쓴 『책의 이름』에서도 그렇다. in : B. Kro-

eber(Hg.), Zeichen in Umberto Ecos Roman 『Der Name der Rose』, a.a.O., S. 326 : "그 이름의 그 책은 그 이름의 어떤 책이다."

51 동일한 것이 『푸코의 진자』에도 해당한다.

52 폴트머(E. Voltmer)의 『중세는 아직 지나가지 않았다. … 오래 전에 지나간 시간의 독특한 재발견과 그것에 대한 모습을 그리는 상이한 방법들에 대하여』, in : A. Haverkamp/A. Heit(Hg.), Ecos Rosenroman–Ein Kolloquium, a.a.O., S. 49.

53 이것에 대해서 이커트/쉭(K. Ickert/U. Schick), 『장미의 비밀』(Das Geheimnis der Rose–entschlüsselt), S. 49쪽 참조.

54 에코에서 토마스 아퀴나스의 의미는 분명하다 : 이미 그의 박사학위 논문은 미학에 대해서 다루었다. 특히 그는 "토마스 아퀴나스에 대한 찬사"를 표했다고 한다. in : Über Gott und die Welt, München/Wien 1985, S. 284–296.

55 『중세의 예술과 미』, 뮌헨/빈 1991, 19쪽 이하, 그리고 28쪽 이하 참조.

56 맥스 커너는 보르헤스를 악을 행하는 자로 해석하기 위해서 『에코 소설의 『장미의 이름』에서 시간관계와 중세이해』에서 에코의 「애매하고 거의 믿지 못할 역사」(eine finstere und fast unglaubliche Geschichte)에 있는 64쪽, 특히 그의 권위적인 이념을 강조한다.

57 수많은 다른 인물들은 주로 역사적인 명확한 전형을 따른다. 그래서 사제 우베르티노 폰 카살레, 편집인 아보아 비태 크루씨픽쎄 혹은 프란치스코파 교단장 미하엘 폰 세세나 그리고 도미니크파 종교재판관 베른하르드 구이, 이 사람과 다른 사람들에 대해서는 『프락티카』(Practica Inquisitionis heretice pravitatis)—전유럽에 널리 퍼진 종교재판에 관한 책— 와 이단적인 사도교파에 관한 문헌이 전해주었다. 이것에 대해서는 특히 이커트/쉭(K. Ickert/U. Schick), 『장미의 비밀』(Das Geheimnis der Rose–entschlüsselt)에서 "Die Spurenlese"를 참조.

58 모든 관계들의 완전한 해독을 전수했던 것을 요구하지 않고 계속해서 하퍼캄프/하이트(A. Haverkamp/A. Heit) (Hg.), 『에코의 장미소설』(Ecos Rosenroman, Ein Kolloquium)이, 특히 그곳에서 그루버(J. Gruber)와 토마스(M. Thomas)의 논문들이 지시되어져 있고, 커너 M. Kerner (Hg.), 「애매하고 거의 믿지 못할 역사」(··· eine finstere und fast unglaubliche Geschichte)가 지시되어져 있다. 다른 두 개의 이름조합, 즉 아델무스 폰 오트란토와 베렝가르 폰 아룬델의 흥미 있는 암시는 커너(M. Kerner)의 『에코의 소설 장미의 이름에서 시간관계와 중세이해』(Zeitbezug und Mittelalterverständnis in Umberto Ecos 『Name der Rose』) 67쪽 이하에 있다. 게다가 비슷한 것이 『푸코의 진자』에도 해당된다 : 그래서 예를 들어 나 —설명자 까조봉은— 에코 자신이 (해석의 한계, 뮨헨/빈 1992 : 161 이하) 확정하고 있는 것처럼—『헤르메티스 문서』(Corpus Hermeticum) (AD. 2세기경에 나온 신화, 전설, 무교 등에 관한 책 : 역자 주)의 신비스러움을 박탈했던 역사적인 르네상스 철학자 이삭 까조봉에 해당한다 ; 그 소설은 77쪽 자체에 대한 암시를—조지 엘리어트의 작품 『미들마치』(Middlemarch)에 나오는 소설인물에 대한 암시와 더불어—주고 있다. 벨보는 조그마한 강 이름인데, 거기서 에코가 자신의 어린 시절과 청년기를 보냈다 ; 컴퓨터 "아불라피아"는 후기 중세의 신비주의자이고 카발주의자인 어떤 스페인 사람의 이름을 딴 것이다. 게다가 전체 소설은 세피로트(Sefiroth)의—카발라에 나오는 신의 이름—단계적인 묵시의 질서에 따라서 정렬되어져 있다 : 물론 비밀 "공간"의 단계적인 폭로로서. 이것에 대해서 바우코/미요카(L. Bauco/F. Millocca)의 『진자의 비밀』(Das Geheimnis des Pendels—entschlüsselt)에 나오는 해당 표제어도 참조.

59 물론 이름부여하기의 이러한 생태학은 행동하는 인물들로부터 나오는 행동하는 모형이나 "토포이" (문학적 상투문구)를 만든

다. 에코는 이것을 『종말론자와 통합론자』(Frankfurt/M. 1984)에서, 특히 에세이 『문학적인 인물의 실질적인 사용』(161쪽, 176쪽, 특히 각주 32번)과 『작품 '이안 플레밍' 에 나오는 이야기식의 구조』(273쪽)를 동일하게 분석했다. 이것들은 심리상태를 가진 어떤 주체를 구체화하는 것이 아니라, 소설의 맥락에서 기껏해야 기능을 충족시키는 도식들을 구체화하는 것이다. 그래서 윌리암 폰 바스커빌은 그의 이름이 철학자와 탐정학과 연결되어져 있는 한에서는 필연적으로 설명자의 기능이다. 이 연결이 비로소 그가 누구인가를 만들어낸다. 그의 행위나 인물로서의 그의 윤곽 그리기, 그의 감각들이 그를 만드는 것이 아니다. 그 이름들은 그들의 행위가 연기되는 장소와는 다른 어떤 데서 연결되어져 있는—그리고 행위의 가능한 행위 여유 공간을 처음부터 구분하는—연상들의 역할을 따르면서 인물들로부터 포스터 같은 모습이 되게 한다.

60 평면도에 대해서는 『장미의 이름』에 나오는 411쪽의 그림을 참조하시오

61 보르헤스의 소설 『바벨의 도서관』에서 '6' 이라는 숫자가 비슷한 역할을 한다. 보르헤스의 『바벨의 도서관』 참조. 보르헤스의 『두 개의 미로』 55쪽 이하에 나온다.

62 만일 롤프 쾬(Rolf Köhn)이 에코가 이 자리에서 의미 없이 정리되어 있고 무질서하게 되어버린 근대적인 도서관에 대해 조롱을 쏟아붇고 있다는 견해를 표명한다면—즉 에코의 논쟁적인 에세이 『도서관』(한자출판사의 특별판 뮌헨/빈 1985)을 통해서 암시되는 것처럼 보이는 해석—『우리의 도서관은 다른 도서관과 같지 않다』(Unsere Bibliothek ist nicht wie die anderen …) (in : M. Kerner(Hg.), 『… eine finstere und fast unglaubliche Geschichte』 81−114, 109)라는 저서를 쓴 그에게 우리는 분명히 정당성을 부여할 수 있다. 또한 쾬은 『장미의 이름』과 관련지어 도서관 은유의 기호적인 기능을 오해한다.

63 이 자리에서 보르헤스에 대한, 즉 에세이 『담과 책』(in : J. L. Borges, Ausgewählte Essays, Frankfurt/M, 1982 : 101−105)에 대한 또 다른 호응이 있다.

64 "u"가, 말하자면 순수한 기호표시체가 결정적이다 ; 『장미의 이름』 582쪽을 참조하시오.

65 『장미의 이름』 559쪽 참조. 물론 『코에나 씨푸리아니』(Coena Cypriani)의 정확한 출처는 불분명하다 : 거기에 대해서는 파커(D. Parker)의 『Die merkwürdige Sache mit Pharaos Polyphen und Artverwandtes』, in : B. Kroeber(Hg.), 『Zeichen in Umberto Ecos Roman "Der Name der Rose"』, 330−346쪽, 특히 331쪽 참조. 코에나(Coena)와 라블레(Rabelais)의 "Gargantua und Pantargruel" 사이의 관계에 대해서는 역시 바흐친(M. Bachtin)의 『라블레와 그의 세계』(Rabelais und seine Welt)(Frankfurt/M 1987)의 320쪽 이하 참조. 특히 329쪽 이하 참조.

66 보르헤스(J. L. Borges)의 『바벨의 도서관』(Die Bibliothek von Babel)을 참조하시오. 더 나아가서 에코의 『장미의 이름』의 510쪽과 그의 책 『거울과 다른 현상들에 대하여」(Über Spiegel und andere Phänomene), München/Wien 1988, 13쪽을 참조하시오.

67 이것에 대해서는 바르트(R. Barthes)의 『Lecon/Lektion』, Frankfurt/M. 1988, 19쪽을 참조하시오.

68 슈테펜스(W. E. Stephens)의 『소설 속의 에코』(Ec(h)o in fabula』, in : B. Kroeber(Hg.), Zeichen in Umberto Ecos Roman "Der Name der Rose", 142쪽.

69 니체의 『모든 가치의 전환』(Umwertung aller Werte) (=Der Wille zur Macht) 2 Bde., München 1969, Bd. 2, 445쪽 참조.

70 캄퍼(D. Kamper)의 『불손의 종말』(Das Ende der Unbescheidenheit)도 역시 그렇다. in : B. Kroeber(Hg.) Zeichen in Umberto Ecos Roman "Der Name der Rose", 180쪽.

71 그것에 대해서 씨벅/우미커−씨벅(A. Sebeok/J. Umiker−Se-

beok)도 『그들은 당연히 내 방식을 알고 있다』, 퍼스와 홈스의 비교, in : U. Eco/Th. A. Sebeok (Hg.) Der Zirkel oder Im Zeichen der Drei–Dulpin, Holmes, Peirce, München 1985, 28–87을 특히 주목하고 있다.

72 원전 역사에 대해서는 다음을 참조하시오 : 위스(Ulrich Wyss), 「지성의 초기 역사와 웃음」(Die Urgeschichte der Intellektualität und das Gelächter), in : B. Kroeber (Hg.), Zeichen in Umberto Ecos "Der Name der Rose", a.a.O., S. 92f. ; Th. Stauder, Umberto Ecos "Der Name der Rose", Forschungsbericht und Interpretation, a.a.O. S. 119ff. ; 그라프(G. Graf), 「Wissen aus kleinen Erkenntnissen oder Brunellus und einige seiner Vorfahren」, in : A. Burkhardt/E. Rohse, Umberto Eco–Zwischen Literatur und Semiotik, Braunschweig 1991, S. 169–202. 에코 자신도 「Hörner, Hufe, Sohlen. Einige Hypothesen zu drei Abduktionstypen」, in : U. Eco/ Th. A. Sebeok (Hg.), 『Der Zirkel oder Im Zeichen der Drei–Dupin, Holmes, Peirce』, a.a.O., S. 288–320에서 볼테르의 『자딕』에 대해 매우 광범위한 해석을 하였다.

73 긴츠부르크(C. Ginzburg)의 『징후, 모렐리, 프로이드 그리고 셜록 홈즈』(Indizien. Morelli, Freud und Sherlock Holmes)를 참조하시오. in : U. Eco/Th. A. Sebeok (Hg.), "Der Zirkel oder Im Zeichen der Drei–Dupin, Holmes, Peirce", a.a.O., S. 125–179.

74 이에 대해서 푸코(M. Foucault)의 『성과 진리』(Sexualität und Wahrheit), 제1권을 (Frankfurt/M, 1977) 참조하시오.

75 그것에 대해서는 다음을 참조하시오 : 에코의 『기호학–기호이론의 구상』(Semiotik–Entwurf einer Theorie der Zeichen), 같은 책 295쪽 이하. 알려지지 않은 어떤 동물의 발자국은 알려진 코드의 단편을 사용함으로써 "추론"될 수 있다. 같은 책 298쪽 이하와 각주 24번을 참조.

76 다음을 참조하시오 : 에코 『해석의 한계』(Die Grenzen der Inter-

pretation), a.a.O., S. 301ff. ; 『장미의 이름에 대한 후기』, a.a. O., S. 63.

77 블로흐(E. Bloch), 『탐정소설의 철학적 관점』(Philosophische Ansicht des Detektivsromans), in : ders., Verfremdungen I, Frankfurt/M. 1962, S. 37–63, 여기서는 S. 38을 참조 하시오.

78 퍼스(C. S. Peirce), 『논집 II』(Schriften II), S. 364, CP, 5. 173을 참조하시오.

79 블로흐(E. Bloch), 『탐정소설의 철학적 관점』(Philosophische Ansicht des Detektivsromans), a.a.O., S. 43, 더 나아가서 S. 45를 참조하시오.

80 아리스토텔레스(Aristoteles), 『니코마코스 윤리학』(Nikomachische Ethik), 1140a 이하를 참조.

81 시간의 역사에 대해서는 고프(Le Goff), 『후기중세의 역사』(Geschichte des Hochmittelalters), Fischer Weltgeschichte 11, Frankfurt/M, 1965를 참조하시오.

82 그 종말의 이러한 해석을 쉴레테(H. R. Schlette)는 『단지 헐벗은 이름들…』로 명명한다. 『에코에 대한 생각들』(Ueberlegungen zu Umberto Eco) : Der Name der Rose, in : Orientierung 48, 1984, S. 133–138.

83 에코(U. Eco), 『새로운 중세로 가는 길목에서』(Auf dem Weg zu einem neuen Mittelalter), in : ders., Über Gott und die Welt, München/Wien 1985, S. 8–33.

84 투흐만(B. Tuchmann), 『미래의 거울』(Der ferne Spiegel), München 1985를 참조.

85 슈펭글러(O. Spengler), 『서구의 몰락』(Der Untergang des Abendlandes), München 1963을 참조.

86 파츠(O. Paz), 『우리는 절대 형제일 리가 없다』(Wir müssen keine Brüder sein" –Ueber das Zeitalter der Entdeckungen und die Zukunft der Demokratie), in : Frankfurter Allgeme-

ine Zeitung Nr. 230 vom 2. Okt. 1992를 참조.

87 이것에 대해서는 료타르(J. F. Lyotard), 『포스트모던적인 지식』(Das postmoderne Wissen), a.a.O.

88 카프라(F. Capra), 『전환기』(Wendezeit), Bern/München/Wien 1983을 참조.

89 그래서 라울 모르덴티는 이 소설에서 점차 강해지는 "죽음과 장례식의 냄새는 […] 아이러니나 인용이나 놀이가 아니고", 움베르토 에코와 그의 내적인 진리가 인간에게 시선을 돌리는" 어떤 틈새를 열려고 하고 있음을 지적하고 있다. 모르덴티(R. Mordenti), 『사이렌, 메아리, … 아드소는 누구인가?』(Eine Sirene, ein Eco …. Wer war Adson von Melk?), in : B. Kroeber (Hg.), Zeichen in Umberto Ecos "Der Name der Rose", a.a.O., S. 21–26, 여기서는 S. 26쪽.

90 칸트(I. Kant), 『질문의 답변』(Beantwortung der Frage) : Was ist Aufklärung, in : ders., Werke in 12Bden, Bd. XI, Frankfurt/M. 1964, S. 53, A 481.

91 캄퍼(D. Kamper), 『불손의 종말』(Das Ende der Unbescheidenheit), in : B. Kroeber (Hg.), Zeichen in Umberto Ecos Roman 『Der Name der Rose』, a.a.O., S. 176–185, 특히 176, 180쪽.

92 호르헤와 윌리엄 사이의 이러한 공통성을 특히 보프(L. Boff)는 『보호와 창조의 두 가지 막다른 길』(Die beiden Sackgassen des Bewahrens und des Erschaffens) (in : B. Kroeber (Hg.), Zeichen in Umberto Ecos Roman 『Der Name der Rose』, a.a.O., S. 347–358)에서 주목했다.

93 구별을 위해서는 아리스토텔레스(Aristoteles), 『니코마코스 윤리학』(Nikomachische Ethik), 1140a ff.를 참조하시오.

94 그것에 대해서는 하이데거(M. Heidegger), 『평정의 논의에 대하여』(Zur Erörterung der Gelassenheit), in : ders., Gelassenheit, 6. Aufl., Pfullingen 1979, S. 29ff. 더 나아가서 "Heimatlosigkeit"

(실향)로서의 "Seinvergessenheit" (존재망각)의 개념과 "Seinsvergessenheit"의 기호에 대해서는 하이데거의 『인문주의에 대한 편지』(Brief über den Humanismus), 3. Aufl., Bern 1975, S. 86f.를 참조하시오.

95 특히 푸코(M. Foucault), 『담론의 질서』(Die Ordnung des Diskurses), München 1974, S. 7ff.를 참조하시오

96 물론 에코는 자신의 『장미의 이름에 대한 후기』에서(a.a.O., S. 12) 이성이 중세기에 잠을 자도록 한 그런 모든 괴물을 추방한 계몽된 이성의 승리를 축하하였다. 이것은 당연히 아이러니한 일이다. 왜냐하면 전체 텍스트는 반대로 나타나기 때문이다.

97 비트겐슈타인 인용에서는 『논리철학논고』의 명제 6. 54이다.

98 바티모(G. Vattimo), 『주체의 저편』(Jenseits vom Subjekt), Graz/ Wien, 1985를 참조. 바티모는 비트겐슈타인보다는 가다머와 더 관련이 깊다.

2. 에코 기호철학의 기본원리

1 에코의 『기호, 기호의 개념과 역사에 대한 개관』(Zeichen—Einführung in einen Begriff und seine Geschichte), Frankfurt/M. 1977, S. 15를 참조하시오.

2 이것에 대해서는 가령 퍼스(C. S. Peirce)의 『논집 I』(Schriften I), Frankfurt/M, 1967, S. 75, 또한 S. 198, 223 및 『논집 II』(Schriften II), Frankfurt II, Frankfurt/M, 1970, S. 470, 그리고 『선집』(Collected Papers)를 참조하시오.

3 모리스(Morris), 『기호, 언어 그리고 행동』(Zeichen, Sprache und Verhalten), Düsseldorf 1972, S. 343을 참조하시오. 또한 모리스의 『기호이론의 기본원리』(Grundlagen der Zeichentheorie), Berlin 1979, S. 88도 참조하시오. 그는 『실용적인 기호학과

행위이론』(Pragmmatische Semiotik und Handlungstheorie), Frankfurt/M, S. 291에서 철학의 도구로서 기호학에 대해 말한다.

4 에코는 인상적으로 『기호학』(Semiotik–Entwurf einer Theorie der Zeichen), München, 1987, S. 25에서 "비–기호학적인 영역은 없다. 왜냐하면 기호기능으로 파악할 수 없는 현상은 없기 때문"이라고 단언한다.

5 이로부터 기호학이란 실재성의 모든 측면을 설명하려는 "제국주의적인 분과"라는 결론이 생기지는 않는다. 오히려 기호적인 것의 보편성은 세상에 대한 특별한 태도에 해당한다. 모든 현상이 기호적인 것으로 파악될 수 있다는 사실은 그것도 역시 기호적이라고 하는 것을 함축하지는 않는다. 그것에 대해서 에코(U. Eco), 『해석의 한계』(Die Grenzen der Interpretation), München/Wien 1992, S. 283, 288을 참조하시오.

6 듀이(J. Dewey), 『철학의 개신화』(Die Erneuerung der Philosophie), Hamburg 1991, S. 49를 참조하시오.

7 물론 기호 생산의 "자연적인" 기원과 "인위적인" 기원에 대한 구별의 의미에서는 "자연적인 기호"가 존재한다. 이러한 견지에서 "자연적인 기호"는 "흉내내는 도상"과 마찬가지로 관습적이다. 이에 대해서는 에코(U. Eco), 『기호학』(Semiotik–Entwurf einer Theorie der Zeichen), a.a.O., S. 272ff., 및 S. 256, 265 그리고 267을 참조하시오.

8 유전학, 분자생물학, 면역학 등의 전문용어는 자연에 "의사소통과정"이 존재함을 명확하게 해주지만 거기서도 또한 은유적인 발화방식이 중요하다. "의사소통 체계"는 일련의 교환과정 위에서 기능한다 ; 이것은 "의미들"을 고안할 수도 없고 이해할 수도 없다. 기껏해야 수동적으로 "전달"할 수 있다. "의미"라는 개념의 규정은 삼원적인 관계를 토대로 하는데 반해서 인과성, 자극–반응체계 등은 엄격하게 동적인 성격이다. 기호사건에서

"세 번째" 차원이 관여를 하자마자 우리는 "정신"이라는 현상에 이미 도달한다. 그리고 이로써 질료적 성품에 대한 경계는 없어진다. 그래서 기호학적인 의미에서의 유전학적 혹은 분자학적 "전달통로"에서 단지 규칙만이 아니라, 특히 그것의 사용의 자유가 속하는 "코드들"에 대해 언급될 수 있는지 어떤지만이 의문시된다. 에코는 이를 위해서 다음과 같이 쓰고 있다(『해석의 한계』, a.a. O., S. 289) : "뉴클레오티드가 기호학적으로 행동한다라고 말할 수 없다. 왜냐하면 그것이 해석하기를 그만두는지 혹은 다른 해석을 선택할 수 있는지를 보여줄 수 없기 때문이다." 그래서 면역학은 기껏해야—298쪽에서 계속 다음과 같이 언급한다—"인간 언어의 기능하기를 생물학적인 과정을 위한 모형으로 파악할 수 있다." 이것은 물론 "자연"이 새로이 "죽은 재료"로 강등되는 것을 의미하는 것이 아니고, 자연이 계속 다른 것으로서 모면되는 파악 불가한 "다른 것"이며, 우리는 언제나 그것을 붙잡게 될 문화적인 "그림들"만을 이용함을 의미한다.

9 아펠(K. O. Apel), 『퍼스의 사유방식』(Der Denkweg von Charles Sanders Peirce−Eine Einführung in den amerikanischen Pragmatismus), Frankfurt/M. 1975 참조.

10 퍼스(C. S. Peirce), 『논집 I』(Schriften I), a.a.O., S. 175, CP, 5. 251.

11 에코(U. Eco), 『기호학』(Semiotik−Entwurf einer Theorie der Zeichen), a.a.O., S. 52는 역시 "문화인류학"을 위한 "대리인"에 대해서 언급한다. 그는 이로써 카시러(E. Cassirer), 『상징형식의 철학』(Philosophie der symbolischen Formen), 3 Bde., Darmstadt 1964 에 관여한다.

12 철학에서 전문용어 "기호학"은 로크의 『인간 이성에 대한 시도』(Versuch über den menschlichen Verstand), Hamburg, 1968, 29장을 통해서 소개되었는데, 이것은 퍼스와 소쉬르 이후에야 비로소 원래 의미에서의 학문적인 분과로 적용된다. 그 분과를

위해서 "기호학"(Semiotik) 혹은 "기호론"(Semiologie)이라는 이름이 보다 적합한 것인지 어떤지에 대한 토론에 대해서는 에코(U. Eco), 『기호학』(Semiotik-Entwurf einer Theorie der Zeichen), a.a.O., S. 21 각주 1을 참조하시오.

13 이는 그리스 말 "세메이온"(semeion)을 "시그눔"(signum) 및 "기호"(Zeichen)로 번역하는 복잡한 전통에 해당한다. 쥴리아 크리스테바는 이것들의 본래적 의도를 고려하여 "구별성, 흔적, 표시, 전조, 증거, 각인된 혹은 쓰여진 기호, 인쇄, 암시, 형상" 등으로 번역함으로써 이들 사이의 "차이"를 보여준다. 크리스테바(J. Christeva), 『시적 언어의 혁명』(Die Revolution der poetischen Sprache)』, Frankfurt/M. 1978, S. 35를 참조하시오.

14 이에 대해서는 파운드스톤(W. Poundstone), 『사고의 미로에서』(Im Labyrinth des Denkens), Reinbek 12992, S. 293 이하를 참조하시오.

15 보르헤스(J. L. Borges), 『틀뢴, 우크바르, 오르비스 터티우스』(Tlön, Uqbar, Orbis Tertius) ; in : ders., Die zwei Labyrinthe, München 1986, S. 17-36을 참조하시오.

16 바르트(R. Barthes), 『레콘과 렉션』(Lecon/Lektion), Frankfurt/M. 1988, S. 21을 참조하시오.

17 비트겐슈타인(L. Wittgenstein), 『철학적 탐구』(Philosophische Untersuchungen), Frankfurt/M. 1971 § 201을 참조하시오.

18 이 함축의 중요함을 롤랑 바르트는(Lecon/Lektion. a.a.O., S. 21) 다시 강조한다. 그는 기호의 천편일률성을 "괴물"이라고 부른다. 왜냐하면 기호는 반복되면서 "집단적인" 성질이 되기 때문이다. 또한 그는 기호의 정체성과 반복 가능성에 대한 요구의 배후에는 권력자나 조련사 혹은 기호의 통용성이 행패를 부리듯 강제로 기호의 의의를 "각인시킨다"고 말한다.

19 이에 상응해서 에코의 『기호학과 언어철학』에서(München 1985 : 24) 다음과 같이 말해지고 있다 : "기호는 절대로 경험적인 객

체가 아니다. 경험적인 객체는 철학적으로 결정하는 관점에서만 기호로 되기 때문이다."

20 나의 에세이 『기호의 저편-존 케이지의 텍스트조합에 대한 몇 가지 철학적인 성찰』을 참조하시오(MusikTexte, Nr. 15, 1986 : 18-22).

21 훗설(E. Husserl), 『논리적 탐구』(Logische Untersuchungen), II, 1, 5. Aufl., Tübingen 1968 : 23.

22 이는 한편으로 데리다가 기호 일반의 개념을 거부하고 다른 한편으로 에코가 "직관적인 크기"로서의 기호를 고집하고자 하는 이유이다. 이에 대해서 데리다(J. Derrida), 『목소리와 현상』(Die Stimme und das Phänomen), Frankfurt/M. 1979 : 75ff., 101ff. ; 에코(U. Eco), 『기호학과 언어철학』(Semiotik und Philosophie der Sprache), a.a.O., S. 31 이하를 참조하시오.

23 하이데거(M. Heidegger), 『존재와 시간』(Sein und Zeit), 12. Aufl., Tübingen 1972, § 17, S. 76 이하를 참조하시오. 하이데거는 기호의 "지시하기"를 "효능성"으로 규정함으로써 기호의 전통적인 도구적 규정을 넘어가지 않는다. 이 도구적 규정은 후기 철학에서 비로소 극복된다. 이에 대해서는 그의 책 『언어로의 도상에서』(Unterwegs zur Sprache), 5. Aufl., Pfullingen 1975 : 245 이하를 참조하시오.

24 이것에 대해서는 하이데거의 『존재와 시간』을 참조하시오. 그리고 또 그의 책 『형이상학이란 무엇인가?』도 참조하시오! Frankfurt/M. 1975.

25 존재론적인 차이에 대해서는 하이데거의 『정체성과 차이』(6판, Pfullingen 1978, S. 53ff.) 및 그의 책 『언어로의 도상에서』 24-32쪽을 참조하시오.

26 데리다는 그에 상응해서 "차연"이라는 예술표현을 뚜렷이 남긴다. 데리다의 『목소리와 현상』(Frankfurt/M. 1979, S. 145ff.) 및 그의 논문 「차연」(데리다, 철학의 변방길, Frankfurt/M./Wien/

Berlin 1976, S. 6–37)을 참조하시오

27 『기호학과 언어철학』 28쪽에서 에코는 기호는 단순히 환상적 생산품이라고 믿지 않는다고 쓰고 있다. 그럼에도 불구하고 기호는 이 기호들을 보는 것을 결정하는 철학적인 시각에서만 존재한다. 즉 여기서 다른 머리들은 유추적인 "심사숙고"의 허구적인 결과만을 본다.

28 데리다(J. Derrida), 『목소리와 현상』(Die Stimme und das Phänomen), a.a.O., S. 77을 참조하시오.

29 다음에 대해서 오캄(W. von Ockham), 『논리학』(Summa Logicae) ; I 19 ; 또한 호하르트(P. Hochart), 『윌리엄 오캄 ; 기호와 기호의 이중성』(W. von Ockam : Das Zeichen und seine Duplizität), in : F. Chatelet, Geschichte der Philosophie II, Frankfurt/M/ Berlin/Wien 1973, S. 175 이하를 보시오.

30 비트겐슈타인(Wittgenstein), 『철학적 탐구』(Philosophiesche Untersuchungen), a.a.O., § 28 이하를 참조.

31 또한 콰인(W. van Orman Quine), 『존재론적 상대성』(Ontologische Relativität), in : ders., Ontologische Relativität und andere Schriften, Stittgart』 1975, S. 41–96, 특히 46 이하를 보시오. 콰인에 의하면 사람들이 지시하기를 통해서 말의 동일한 대상을 확정할 수 있을 것임을 믿는 것은 환상이다. 왜냐하면 기껏해야 어떤 명제는 전체적인 것으로서의 의의의 자극과 교통될 수 있기 때문이고, 무엇이 개별적으로 교통되는지는 명백하지 않기 때문이다. 어떤 '강조' 도, 그것의 잦은 반복을 통해서도 "세계로 흩어진 부분들"의 해부를 설명할 수 없다. 콰인처럼 다른 것을 믿는 자는 마술적인 의식으로서의 지시하기를 믿는다.

32 이것에 대해서 하버마스(J. Habermas), 『의사소통적 행위이론』(Theorie des kommunikativen Handelns), 2 Bde., Frankfurt/M. 1981을 참조하시오.

33 마그리테(R. Magritte), 『그림들의 배반』(Verrat der Bilder),

1928–29를 참조하시오. 동일한 것이 1930년의 『꿈의 열쇠』(Traumschlüssel)이나 1964년의 『이것은 사과가 아니다』(Ceci n'est pas une pomme)에 해당한다. 푸코(M. Foucault), 『이것은 파이프가 아니다』(Dies ist keine Pfeife), München 1974은 단지 일곱 개의 여러 가지 의미 가능성만을 매거한다.

34 이것에 대해서 퍼스(C. S. Peirce), 『논집 II』(Schriften II), S. 470 CP, 5. 471 및 모리스(C. N. Morris), 『기호, 언어 그리고 행동』(Zeichen, Sprache und Verhalten), a.a.O., S. 363 이하를 참조.

35 프레게(F. Frege), 『의의와 의미에 대하여』(Über Sinn und Bedeutung), in : Zeitschrift für Philosophie und philosophische Kritik, 100, 1892를 참조.

36 모리스(C. N. Morris), 『언어, 기호 그리고 행동』(Sprache, Zeichen und Verhalten), a.a.O.를 참조.

37 카르납(R. Carnap), 『세계의 논리적인 구축』(Der logische Aufbau der Welt), Frankfurt/M./Berlin/Wien 1974, 특히 S. 42 ff., 57 ff.을 참조.

38 훗설(E. Husserl), 『논리적 탐구』(Logische Untersuchungen), II, a.a.O., 1. Untersuchung. § 1 und 4. Untersuchung.

39 뷜러(K. Bühler), 『언어이론』(Sprachtheorie), Jena 1934 ; ders., 『언어학의 공리주의』(Die Axiomatik der Sprachwissenschaften), in : Kantstudien XXXVIII.

40 퍼스(C. S. Peirce), 『논집 II』(Schriften II), S. 324ff., S. 470f., CP 5. 73ff., 5. 472를 참조.

41 소쉬르(F. de Saussure), 『일반언어학 강의』(Grundfragen der allgemeinen Sprachwissenschaft), 2. Aufl., Berlin 1967.

42 옥덴/리챠드(C. K. Odgen/I. A. Richards), 『의미의 의미』(Die Bedeutung der Bedeutung), Frankfurt/M. 1974.

43 에코는 『기호–개념의 소개』(Zeichen–Einführung in einen Begriff), a.a.O., S. 30f.에서 여러 전임자를 집약하는 삼각형의 새

로운 모습을 제안한다.

44 카르납(R. Carnap), 『세상의 논리적 구성』(Der logische Aufbau der Welt), a.a.O., S. 57ff., 61ff. 결국 비트겐슈타인, 『철학적 탐구』(Philosophische Untersuchungen), a.a.O., §§ 26ff., 46ff. 및 콰인, 『경험주의의 두 가지 원리』(Zwei Dogmen des Empirismus), in : ders, Von einem logischen Standpunkt, Frankfurt/M./ Berlin/Wien 1979, S. 27–50은 이것이 불가능하다는 것을 보여주었다.

45 그에 상응해서 데리다는 『목소리와 현상』(Die Stimme und das Phänomen) a.a.O., S. 146에서 기표는 어떤 다른 기표에, 즉 그 기표의 다른 배열에 삽입됨으로써 "재현한다" 고 말하고 있다.

46 하이데거(M. Heidegger), 『언어로의 도상에서』(Unterwegs zur Sprache), a.a.O., S. 163ff., 204, 245f. 그리고 254를 참조.

47 비트겐슈타인(L. Wittgenstein), 『철학적 탐구』(Philosophische Untersuchungen), a.a.O., §§ 40ff., 특히 § 43을 참조.

48 기호 삼각형에 대해서는 퍼스(C. S. Peirce), 『논집 I』(Schriften I), S. 198ff., CP 5. 283ff. ; ders., Schriften, S. 470ff., S. 482, CP, 5. 472ff., 5. 484 ; 및 ders., 『기호의 현상과 논리학』(Phänomen und Logik der Zeichen), Frankfurt/M. 1983, S. 64를 참조.

49 퍼스(C. S. Peirce), 『선집』(CP), 5. 250ff., 『논집 I』(Schriften I), S. 175ff., CP, 5. 265, S. 184ff.를 참조.

50 퍼스(C. S. Peirce), 『논집 II』(Schriften II), 『선집』(CP), 5. 475, S. 474f., 또한 CP, 5. 18, 5. 438, 5. 486, 5. 491, 5. 496 : Schriften II, S. 416, 463ff., 484, 489f.를 참조.

51 퍼스(C. S. Peirce), 『논집 I』(Schriften I), S. 200, CP, 5. 285를 참조.

52 이런 의미에서 데리다는 『그라마톨로지』(Grammatologie), Frankfurt/M. 1974, S. 84f.에서 퍼스를 그의 현존–형이상학의 "해체" 로 평가한다. 데리다와 논쟁에서 에코는 이것을 수정한다 : 『해석의 한계』(Die Grenze der Interpretation), a.a.O., S. 432ff.

53 퍼스(C. S. Peirce), 『기호의 현상과 논리학』(Phänomen und Logik der Zeichen), a.a.O., S. 64를 참조하시오. 또한 그의 『논집 II』(Schriften II), 470ff., CP, 5. 472ff.도 참조.

54 퍼스(C. S. Peirce), 에코(U. Eco)의 『기호학–기호이론의 기안』(Semiotik–Entwurf einer Theorie der Zeichen)으로부터 인용됨, a.a.O., S. 102.

55 퍼스(C. S. Peirce), 『선집』(CP), 2. 222.

56 데리다(J. Derrida), 『그라마톨로지』(Grammatologie), a.a.O., S. 86을 참조하시오.

57 퍼스(C. S. Peirce), 『논집 II』(Schriften II), a.a.O., S. 279, CP, 5. 4를 참조하시오.

58 딜타이(W. Dilthey), 『정신과학에서 역사적 세계의 구축』(Der Aufbau der geschichtlichen Welt in den Geisteswissenschaften), Frankfurt/M. 1970, S.176f., 278ff.를 참조하시오. 가다머(G.–H. Gadamer), 『진리와 방법』(Wahrheit und Methode), 2. Aufl., Tübingen 1972, 특히 S. 280은 알려진 대로 그와 반대로 이해란 특히 사람들이 일반적으로 이해할 때 다르게 이해한다는 것을 의미한다는 딜타이의 공리를 다르게 해석했다. 여기서 사람들은 소위 기호학적인 관심사와의 해석학적인 유사함을 발견한다.

59 '마지막' 혹은 '최후의 논리적인' 해석체는 퍼스의 『선집』(CP) 8. 148에서처럼 "어떤 상황이 최종적인 의견이 얻어질 때까지 연구된다면 참된 해석으로 적용되어야 하는 것"을 함축한다.

60 소쉬르(F. de Saussure), 『일반언어학강의』(Grundfragen der allgemeinen Sprachwissenschaft), a.a.O., S. 9ff., 17f., 120ff.를 참조하시오.

61 소쉬르의 『일반언어학 강의』(a.a.O., S. 19)에는 다음과 같이 써 있다 : "우리는 기호의 삶을 사회적인 삶의 범주에서 연구하는 어떤 학문을 상상할 수 있다 ; 이것은 사회심리학의 어떤 부분을 형성하기도 하며, 그에 따라서 일반 심리학의 한 부분을 형성하

기도 한다 ; 우리는 이것을 기호론이라고 명명하려 한다 […] 이 학문은 기호들이 어디에 존재하고 어떤 법칙을 따르는가를 우리에게 가르쳐 준다. 이 학문은 아직 존재하기 않기 때문에 우리는 이것이 어떠해야 하는가를 아직은 말할 수 없다. 그러나 이 학문은 만들어져야 할 것이다 ; 이 학문의 위치는 처음부터 규정되어져 있다. 언어학은 이 일반 학문의 한 부분일 뿐이다. 기호론이 발견하게 될 법칙들은 언어학에도 응용될 것이다."

62 같은 책 13쪽 이하.

63 같은 책 134쪽. 소쉬르는 이 자리에서도 "신체의 사지"라고 하는 어원적인 의미에서 "분절"의 영역을 언급하고 있다.

64 같은 책 78쪽 이하.

65 같은 책 146 ; 다음을 위해서도 134, 142쪽 이하.

66 데리다(J. Derrida), 『그라마톨로지』(Grammatologie), a.a.O., S. 92를 참조하시오.

67 이것에 대해서는 프랑크(M. Frank), 『신구조주의는 무엇인가?』(Was ist Neostrukturalismus?), Frankfurt/M. 1984, S. 34, 45ff.를 참조하시오.

68 물론 에코가 『기호학에 대한 소개』(München 1972, S. 371f.)에서 강조하는 바대로 "선험적인 주체가 없는" 선험성이 중요하다.

69 바르트(R. Barthes), 『기호론의 핵심』(Elemente der Semiologie), Frankfurt/M. 1979, 및 S/Z, Frankfurt/M. 1975. 특히 바르트는 원래 파롤에 관한 언어, 그리고 "랑그"의 체계에만 적용된 것을 일반적인 기호로 확장했고, 그로써 소쉬르가 예견한 그런 일반적인 구조주의적 기호론이 비로소 만들어졌다.

70 바르트(R. Barthes), 『기호의 제국』(Im Reich der Zeichen), a.a.O., S. 65.

71 데리다(J. Derrida), 『그라마톨로지』(Grammatologie), a.a.O., S. 85, 87을 참조하시오.

72 데리다(J. Derrida), 『산종』(La dissemination), Paris 1972를 참

조하시오.

73 에코의 초기 『기호학의 고전』, 『기호학개론』은 원제목 "La struttura assente"—"부재하는 구조"—을 유지하고 있음을 기억하시오. 거기에서 특히 395쪽을 참조하시오.

74 데리다(J. Derrida), 『문자와 차이』(Die Schrift und die Differenz), Frankfurt/M. 1976, 및 ders., La differance, a.a.O.를 참조하시오.

75 니체(F. Nietzsche), "모든 가치의 가치전환"(Umwertung aller Werte) [="힘에의 의지"(Der Wille zur Macht)], a.a.O., Bd. 1, S. 253 이하를 참조하시오.

76 바르트(R. Barthes), 『레콘과 렉티온』(Lecon/Lektion), a.a.O., S. 17 이하를 참조하시오.

77 에코는 문화를 사회적인 현실로도 규정하지 않고 수많은 규범, 가치 혹은 관습으로도 규정하지 않으며, 어떤 시간대에 어떤 사회가 어떻게 생각하고 말하고 하는 방식으로, 그리고 말할 때 그 사회의 사고의 의미가 다른 사고를 통해 논의하는 방식으로 규정한다. 에코(U. Eco), 『기호학-기호이론의 기안』(Semiotik-Entwurf einer Theorie der Zeichen), a.a.O., S. 92f.를 참조하시오.

78 하이데거(M. Heidegger), 『존재와 시간』(Sein und Zeit), a.a.O., §§ 63, 65f., 68f.; S. 310ff., 323ff., 335f.를 참조.

79 가다머(H. G. Gadamer), 『진리와 방법』(Wahrheit und Methode), Tübingen 1972, S. 250ff., 261ff.를 참조.

80 비트겐슈타인(L. Wittgenstein), 『확실성에 대하여』(Über Gewißheit), Frankfurt/M. 1970, § 410, S. 105와 §§ 140, 142; S. 45.

81 같은 책 § 94, S. 33.

82 에코는 여기에 사용된 윌슨(N. L. Wilson), 『언어학적 버터와 철학적 작은 조각들』(Linguistic Butter and Philosophical Parsnips), in: Journal of Philosophy 64, 1967"의 "백과사전"이라는 개념을 넘겨받는다. 이 개념은 무미건조한 기입을 통해서는

설명될 수 없는 역사적으로 중재된 개념이 의미로 산입 되는 사전-의미론과는 반대로 사용되었다. 물론 에코에서 백과사전의 개념은 지식의 전체역사로 확대된다. 즉 지식의 전체 기호학적 의미이론의 기본범주로 확대된다.

83 에코는 『기호학』(Semiotik-Entwurf einer Thorie der Zeichen), a.a.O., S. 164에서 기호학적 백과사전의 개념은 『브리태니카 백과사전』(Enzyklopaedia Britannica)보다 중세적인 "세상의 거울"(speculum mundi)에 더 가깝다고 쓰고 있다.

84 카츠와 포더(J. A. Fodor/J. J. Katz), 『언어철학과 언어학』(Sprachphilosophie und Sprachwissenschaft), in : G. Grewendorf/ G. Meggle, Linguistik und Philosophie, Frankfurt/M. 1974, S. 103-127를 참조.

85 푸코(M. Foucault), 『지식의 고고학』(Archäologie des Wissens), Frankfurt/M. 1973, S. 188 ; 특히 S. 183 ff.도 참조.

86 확실히 이러한 상응은 엄격하게 적용되지 않는다 ; 오히려 『장미의 이름』에서 도서관의 은유는 기호학적 백과사전의 반어적인 거울이다. 왜냐하면 도서관은—전자와는 다르게—책들을 숨기기 때문이다. 즉 이것을 공개적으로 처리하게 하는 대신에 접근 불가능하게 만들기 때문이다.

87 이것에 대해서 블룸베륵(H. Blumberg), 『세상의 판독성』(Die Lesbarkeit der Welt), Frankfurt/M. 1989을 참조하시오. 다음으로 특히 S. 9ff., 22ff., 71ff.를 참조.

88 들뢰즈와 가타리는 『그물』(Rhizom), Berlin 1977, S. 10"에서 다음과 같이 쓰고 있다 : "세상은 혼란스럽게 되어버렸다. 그러나 책은 세상의 그림으로 남아 있다. […] 이 무슨 이상한 기만이란 말인가 : 책은 작게 나누면 나눌수록 더 종합적으로 된다."

89 이것에 대해서는 주로 에코(Eco), 『기호학과 언어철학』(Semiotik und Philosophie der Sprache), a.a.O., S. 125ff."를 참조하시오. 『기호학개론』(Einführung in die Semiotik), a.a.O.에서 에코

는 — 구조주의적 기호론과 토론하는 과정에서 — "부재하는 구조"에 관해서 언급한다 ; 그 의미 과정은 『기호학』(Semiotik-Entwurf einer Theorie der Zeichen)』, a.a.O., S. 86, 174ff.에서 이미 "미로적인 것"으로 나타나 있다. 거기서 에코는 특히 크빌리안(M. Ross Quillian), 『의미적 기억』(Semantic Memory) (M. Minsky (Hg.), 『의미적 정보과정』(Semantic Information Processing), Cambridge/Mass. 1968 — "모형" Q라고 불린 — 의 "의미론적인 기억"의 모형과 관련을 맺는다. 『소설 속의 독자』(Lector in fabula)에서 이러한 모형은 나중에 기호학적인 미로의 표상에 적용되는 범주인 "어원학적으로" 서술된다.

90 에코(U. Eco), 『장미의 이름 후기』(Nachschrift zum Namen der Rose), a.a.O., S. 64ff. ; 및 『기호학과 언어철학』(Semiotik und Philosophie der Sprache), a.a.O., S. 125ff.

91 이것에 대해서는 케른(H. Kern), 『미로』(Labyrinthe), 2. Aufl., München 1983, S. 13ff. und 43 ff.를 참조.

92 에코는 다음과 같이 쓴다 : "미로는 어떤 미노타우루스를 필요로 하지 않는다 : 그것은 자기 자신의 미노타우루스이다 ; 다른 말로 하면 그 길을 찾는 방문자의 시도는 미노타우루스이다." 『기호학과 언어철학』(Semiotik und Philosophie der Sprache), a.a.O., S. 125, 126.

93 들뢰즈와 가타리(G. Deleuze/F. Guattari), 『반외디푸스』(Anti-Ödipus), Frankfurt/M. 1974, 특히 이들의 『그물』(Rhizom), a.a.O., S. 8ff.

94 『장미의 이름』에서 "그물이론" (어원학)은 물론 독특한 방식으로 두 개의 다른 미로형태와 엉켜 있다. 왜냐하면 극히 비밀스러운 도서관의 내부는 그 중심에 위협이 도사리고 있는 고전적인 미로와 비슷해진다. 그 미로의 길을 통해서 암호화된 일련의 문자들이 — 이것은 기호들의 미로를 통해서 기호학자를 인도하는 그러한 말들로 해독되어진 아리아드네 실을 짠다 — 엉켜 있다.

윌리엄 바스커빌의 탐정과 같은 설명은 신시대적인 미로에 해당한다. 그 안에서는 개별적인 추론이 오류로 빠지기는 하지만 방법적인 수단의 고집이 결국은 목적으로 인도한다.

95 들뢰즈와 가타리(G. Deleuze/F. Guattari), 『그물』(Rhizom), a.a.O., S. 11–22.를 참조.

96 같은 책 34쪽 이하.

97 푸코(M. Foucault), 『아리아드네 실은 끊어졌다』(Der Ariadnefaden ist gerissen), in : G. Deeluze/M. Foucault, Der Faden ist gerissen, Berlin 1977, S. 7.

98 기호학과 암호문서의 관계에 대해서는 에코의 『기호학과 언어철학』 254쪽 이하 및 『푸코의 진자』에 있는 리아의 해석적 명작 626쪽 이하를 참조.

99 가드너(M. Gardner), 『베이컨의 비밀』(Bacons Geheimnis), Frankfurt/M. 1990, S. 63f.를 참조.

100 파운드스톤(W. Poundstone), 『사고의 미로에서』(Im Labyrinth des Denkens), a.a.O., 302 이하 참조.

101 이것은 "결정 이론식으로" 생긴다 : 이 두 개의 문제들은 진술문의 체계를 채울 수 있을까에 대한 문제를 "비결정적이고 다시간적으로" 답하는 것에 해당한다. 거기에 대해서는 파운드스톤(W. Poundstone), 『사고의 미로에서』(Im Labyrinth des Denkens), a.a.O., S. 40ff., 250 이하 참조.

102 하이데거(M. Heidegger), 『사물이라는 명칭에 대한 후기』(Nachwort zu : Das Ding), in : ders., Vorträge und Aufsätze, 4. Aufl., Pfullingen 1978 S. 179.

103 이것에 대해서는 퍼스(C. S. Peirce), 『논고 I』(Schriften I), S.373ff., CP, 2. 619 이하 참조. 『해석의 한계』 301쪽 이하에서 "*anagoge*, 우의적인 해석"과 "*epagoge*, 직관적인 추론"과 더불어 삼단논법적 추론의 기본형식에 해당하고 이로써 이미 연역법, 귀납법 그리고 가추법의 이론을 사전 각인한 아리스토텔레스의

"*apagoge*, 대립을 가정한 반박의 의미에서의 간접적인 증명"에 대한 그 사변적인 뿌리를 에코는 쫓는다.

104 퍼스(C. S. Peirce), 『논고 I』(Schriften I), S. 377, CP 2. 625를 참조하시오. 에코는 "모든 결론의 가장 모험적인 것에 대해 언급한다" (『기호학과 언어철학』 66쪽).

105 퍼스도 역시 가추법을 "어떤 새로운 생각을 도출해내는 유일한 논리적인 방식" 으로 나타낸다(Schriften II, S. 362, CP, 5. 171).

106 퍼스(C. S. Peirce), 『논고 II』(Schriften II), S. 366, CP 5. 181을 참조.

107 퍼스(C. S. Peirce), 『논고 I』(Schriften I), S. 375, CP 2. 623.

108 퍼스(C. S. Peirce), 『논고 II』(Schriften II), S. 362, CP. 5. 171을 참조.

109 특히 귀납법과 가추법 사이의 경계에 대해서는 퍼스(C. S. Peirce), 『논고 I』(Schriften I), S. 384, 389, CP. 2. 636, 2. 640을 참조.

110 퍼스(C. S. Peirce), 『논고 II』(Schriften II), S. 362, CP 5. 171 그리고 S. 364, CP 5. 173을 참조.

111 퍼스는 『사고의 감각적 요소』에 대해서도 언급한다. Schriften II, S. 392, CP, 2. 643.

112 퍼스(C. S. Peirce), 『논고 II』(Schriften II), S. 371, CP, 5. 196을 참조.

113 존 듀이의 『철학의 개신화』 21쪽.

114 퍼스(C. S. Peirce), 『논고 II』(Schriften II), S. 369ff., CP, 5. 196ff. 를 참조.

115 같은 책, S. 367f., CP, 5. 184f.

116 같은 책, S. 371f., CP, 5. 197. 그는 다음과 같이 덧붙인다 : "이것은 실용주의이론과 거의 유사하다."

117 키케로(Cicero), 『토피카 II』(Topica II), § 6을 참조하시오. 이것은 수사학 주제가 분석적인 변증법과 비교해 볼 때 "자연의 질서에서 빠른 것" 으로 나타난다. 왜냐하면 그 주제는 모든 이성적인

진술에 앞서 가는 중요한 특징과 관점의 발견과 관련이 있기 때문이다. 이것은 인상적으로 칼 오토 아펠의 『단테에서 비코까지 인문주의 전통에서 언어의 이념』(Die Idee der Sprache in der Tradition des Humanismus von Dante bis Vico), 2. Aufl., Bonn 1975, S. 138ff., 143와 유사하고, 하이데거의 진리 개념과 유사하다. 그리고 이 안에서 해석학의 수사학적인 기본원리가 나타난다.

118 아리스토텔레스의 『니코마코스 윤리학』 1140a, 25ff.를 참조.

119 같은 책, 1140a 25ff., 1140b 1−5, 10−15, 20.

120 보다 깊이 살펴볼 때 연역법, 귀납법 그리고 가추법 사이의 퍼스식 구분은 그래서 인식과 영민함 사이를 구분하는 아리스토텔레스식 구분에 토대를 둔다. 왜냐하면 아리스토텔레스의 구분은 "다르게 생각하는" 반면에 퍼스의 구분은 학문적인 방식의 근간을 결정하기 때문이다. 물론 아리스토텔레스의 "phronesis"(실천지혜) 자체는 다시 한 번 더 "theoria"(이론) 안에 보관될 수 있다.

121 아리스토텔레스의 『니코마코스의 윤리학』 1139b, 25를 참조.

122 같은 책, 1142a 10.

123 같은 책, 1141b 8−10 ; 1140a, 30−35.

124 아리스토텔레스는 게다가 "분별", "선의의 충고", "관용"을 언급한다 ; 이것에 대해서는 『니코마코스 윤리학』 1142a, 32ff., 1142b, 1143a, 1−25를 참조.

125 에머슨(R. W. Emerson), 『에세이』(Essays), Zürich 1983, S. 173을 참조.

126 이것에 대해서 가다머의 『진리와 방법』 295쪽 이하 및 511쪽을 참조.

127 하이데거의 『존재와 시간』 § 63, 312쪽 이하를 참조.

128 이것에 대해서는 가다머의 『진리와 방법』에 나와 있는 『철학적 해석학의 구체화』 250쪽 이하, 261쪽 이하, 284쪽 이하를 참조.

129 에코의 『장미의 이름』 후기 76쪽 이하를 참조. 리차드 로티는 포스트모던적인 아이러니 개념의 가장 일관된 옹호자로 알려져 있다 ; 가령 로티의 『우연성, 아이러니 그리고 연대』(Kontingenz, Ironie und Solidarität), Frankfurt/M. 1989를 참조.

130 이러한 의미에서 신세기의 초에 몽떼뉴와 라블레는 아이러니를 "인간다운" 회의의 르네상스-미덕으로 가르쳤다 ; 이것에 대해서 툴민 S. Toulmin, 『코스모폴리스-근대성의 알려지지 않은 과제』(Kosmopolis-Die unerkannten Aufgabe der Moderne), Frankfurt/M. 1991을 참조.

131 로티의 『우연성, 아이러니 그리고 연대』(Kontingenz, Ironie und Solidarität), 128쪽을 참조.

132 니체의 『즐거운 학문』, In : ders., Werke II, Frankfurt/M./Berlin/Wien 1979, S.281-548. 특히 "괴테에게"라는 시(詩)도 참조. In : Lieder des Prinzen Vogelfrei-Anhang zur Fröhlichen Wissenschaft, S. 535. 들뢰즈의 『니체-읽을거리』(Nietsche-ein Lesebuch), Berlin 1979, S. 116은 다음과 같이 쓰고 있다 : "웃지 않고, 많이 웃지 않고 자주 그리고 종종 마치 미친 것처럼 웃지 않고 니체를 읽는 사람은 마치 니체를 읽지 않은 것과 같다."

134 알트하우스(H. Althaus), 『헤겔과 철학의 신화적 세기』(Hegel und die heroischen Jahre der Philosophie), München/Wien 1992, 157쪽에서 인용된 것임.

135 니체의 『즐거운 학문』 Nr. 125를 참조 : 『대단한 인간』(Der tolle Mensch), Bd. 2, S. 445ff. 또한 하이데거의 니체의 말 「신은 죽었다」를 참조. In : Holzwege, S. 193-247.

136 하이데거의 『형이상학의 극복』(Überwindung der Metaphysik), in : ders., Vorträge und Aufsätze, S. 93, 95 ; 그리고 ders., 『Brief über den "Humanismus"』, 3. Aufl., Bern 1975, S. 85f.를 참조.

137 아도르노/호르크하이머(Th. W. Adorno/M. Horkheimer), 『계몽

의 변증법』(Dialektik der Aufklärung), Frnkafurt/M. 1969, S. 9를 참조.

138 하이데거(M. Heidegger), 『기술과 전향』(Die Technik und die Kehre), 4. Aufl., Pfullingen 1978, S. 33ff., 41을 참조.

139 하이데거(M. Heidegger), 『건축하기, 거주하기, 생각하기』(Bauen, Wohnen, Denken), in : ders, Vorträge und Aufsätze, S. 139-156 그리고 Gelassenheit, a.a.O., S. 29ff.를 참조.

140 아도르노(Th. W. Adorno), 『부정적인 변증법』(Negative Dialektik), Gesammelte Schriften Bd. 6, Frankfurt/M. 1973을 참조.

141 가령 레비나스(E. Levinas), 『타자의 흔적』(Die Spur des Anderen), Freiburg/München 1987을 참조.

142 이것에 대해서는 하버마스의 『의사소통 행위이론』을 참조.

143 예를 들어서 슈미츠(H. Schmitz), 『끝없는 대상』(Der unerschöpfliche Gegenstand), Bonn 1990을 참조.

144 니체의 『신들의 황혼』(Götzen-Dämmerung), a.a.O., Sprüche und Pfeile, Nr. 5, S. 389.

145 비트겐슈타인과 비인 모임. 대화들, 바이스만(F. Waismann)에 의해 기록되었다. Schriften Bd. 3, Frankfurt/M. 1967, S. 116. 유사한 서술이 또한 『철학적 탐구』(§ 109)에 나와 있다.

146 에코, 『코믹작품 '자유'의 구조』(The frames of comic <freedom>), in : Th. A. Sebeok (Hg.), Carnival!, Berlin 1984, S. 9

147 에코의 『장미의 이름』 600쪽을 참조하시오. 에코는 거기서 특히 바흐친의 『라블레와 그의 시대』(Rebelais und seine Zeit), Frankfurt/M. 1987을 암시한다. 그것에 대해서는 에코의 서평도 참조하시오. In : L'Espresso vom 3. 2. 1980.

148 에코의 『프란티의 칭찬』(Elogio di Franti)을 번역한 것임. In : ders., Diario minimo, Mailand 1963, S. 96.

149 에코의 『코믹작품 '자유'의 구조』(The frames of comic <freedom>), in : Th. A. Sebeoh (Hg.), Carnival!, Berlin 1984, 1-9를

번역한 것임. 여기서는 특히 8쪽. 더 나아가서 에코의 『프란티의 칭찬』(Elogio di Franti), in : ders., Diario minimo, a.a.O., S. 85−96을 참조.

150 오래 전부터 에코는 "만일 내가 60세라면 아리스토텔레스, 베르그송, 프로이드 등과 같은 그런 좋지 않은 인물을 설정하지 않고 웃기는 것에 대한 (매우 특이한) 책 한 권을 쓰기"로 작정했다고 말한 바 있다. 그는 이렇게 덧붙인다. "내가 60세가 되기 전에 죽을 것이라는 희망에 나는 산다. 그러면 사람들이 어떤 읽을 만한 수필본이 존재하지 않는 나의 이러한 불완전한 작품에 대한 에세이와 박사학위논문을 쓸 것이기 때문이다." 에코의 『Eine Stele für Celli』, in : G. Celli, Der letzte Altchimist, Stuttgart 1986, S. 9를 참조.

151 프로이드, 『농담과 무의식과의 관계』(Der Witz und seine Beziehung zum Unbewußten), in : ders., Werke Bd 4, Frankfurt/M. 190, S. 9−219를 참조.

152 로티, 『우연성, 아이러니 그리고 연대』(Kontingenz, Ironie und Solidarität), 150쪽 참조.

3. 푸코의 "진자"

1 푸코, 『사물의 질서』, 프랑크푸르트 1971.

2 푸코(M. Foucault), 『권력의 성향』, Berlin 1978.

3 푸코(M. Foucault), 『사물의 질서』(Die Ordnung des Diskurses), München 1974, S. 6ff.

4 이것에 대해서는 푸코의 『광기와 사회』(Wahnsinn und Gesellschaft), Frankfurt/M. 1969 ; 『감시와 처벌』(Überwachen und Strafen)−Die Geburt des Gefängnisses, Frankfurt/M. 1976 ; 『성과 진리』(Sexualität und Wahrheit), 3 Bde., Frankfurt 1977,

1986을 참조.

5 같은 책 7쪽과 35쪽.

6 계속해서 휘브너(K. Hübner), 『신화의 진실』(Die Wahrheit des Mythos), München 1985 ; H. P. Dürr, Traumzeit–Über die Grenze zwischen Wildnis und Zivilisation, Frankfurt/M. 1978, 그리고 ders (Hg.), 『학자와 비이성적인 것』(Der Wissenschaftler und das Irrationale), 2 Bde., Frankfurt/M. 1981 ; L. Irigary, Speculum–Spiegel des anderen Geschlechts, Frankfurt/M. 1980을 참조.

7 내가 아는 바로는 에코는 지금까지 푸코와 논쟁을 포기했다. 그가 비판적으로 푸코를 다루는 몇 개의 구절 중 하나는 『언어, 권력과 힘』(Die Sprache, die Macht und die Kraft) (in : Über Gott und die Welt, München/Wien 1985, S. 266ff.)에 있다. 에코는 물론 롤랑 바르트 그리고 자크 데리다와 논쟁을 보다 공격적으로 이끌었다. 특히 『기호학–기호이론의 기안』(Semiotik–Entwurf einer Theorie der Zeichen), München 1987, S. 400ff. 그리고 『해석의 한계』(Die Grenze der Interpretation), München/Wien 1992, S. 11ff., 27ff., 425ff. 안에 이러한 논제들이 들어 있다.

8 리챠드 로티는 진리보다는 냉혹함 제거를 우선시한다. 이러한 전략은 존재론과 인식이론으로부터 윤리학으로의 전이과정과 동일한 의미가 있다. 어떤 기준도 더 이상 없는, 그리고 비판의 원리들이 의문시되어 버린 그곳에서는 이론이 더 이상 가능할 수 없는 그것을 실제로 실행하여 시도하는 경계설정의 윤리학적 문제가 생긴다. 이것에 대해서는 로티(R. Rorty), 『우연, 아이러니 그리고 연대』(Kontingenz, Ironie und Solidarität), Frankfurt/M. 1989, S. 229ff., 305ff. 참조.

9 "나는 네가 알지 못하는 것을 안다" 에코와의 인터뷰, in : Psychologie heute, März 1990, S. 31.

10 『해석의 한계』 162쪽에서 에코는 자신이 『푸코의 진자』의 견지

에서 미셸 푸코를 생각했지만 이러한 관련은 원래 부차적인 것이었음을 언급한다. 푸코가 무엇을 나타내고 그의 작품은 무엇을 가능하게 했는지,—그리고 이것은 "68세대 이후"에 해당하는데—그 소설이 무엇에 관해서 설명하는지는 분명히 부차적인 것은 아니다. 에코는 이미 153쪽에서 예견하는 듯이 명백하게 "작가의 대답은 자신의 텍스트의 해석의 확증을 위해 사용되면 안 되고 단지 작가의 의도와 그 텍스트의 의도 사이의 불일치의 제시를 위해 사용됨"을 확정했었다.

11 경계로서 이성의 "타자"의 적법성에 대해서는 뵈메와 뵈메(H. Böhme/G. Böhme), 『이성의 타자성－칸트의 예에서 이성 구조의 발전에 대하여』(das Andere der Vernunft－zur Entwicklung von Rationalitätsstrukturen am Beispiel Kants), Frankfurt/M. 1983를 참조.

12 데리다(J. Derrida), 『소크라테스에서부터 프로이드까지의 엽서와 그 너머의 모습』(Die Postkarte von Sokrates bis an Freud und jenseits), 1. Lieferung, Berlin 1982.

13 이것에 대해서 에드가 알렌 포우의 『도둑맞은 편지』(Der stibitzte Brief)의 여러 가지 상이한 심리분석적인 해석에 대한 에코의 비평을 참조하시오. in : Lector in fabula, München/Wien 1981, S. 224ff.

14 에코는 『해석의 한계』 139쪽 이하에서 워즈워드의 『루시의 시』(Lucy's Poems)에 대한 하르트만(Geoffrey Hartmann)이 행한 해석의 예를 논의한다.

15 니체(F. Nietsche), 『도덕의 계보학에 대하여』(Zur Genealogie der Moral), in : ders., Werke III, Frankfurt/M./Wien 1981, Nr. 24, S. 336를 참조.

16 에코는 『해석의 논쟁』(Streit der Interpretationen), Konstanz 1987, S. 40f.에서 로널드 레이건이 1985년도에 공식적인 연설을 하기 위해 마이크 테스트를 하려고 말한 다음의 예를 들었다 :

"2-3분 후에 저는 빨간 단추를 누르고 소련에 폭탄 투하를 시작할 것입니다." 이러한 진술은 냉소적 표현이거나 진보된 무감각의 표현이거나 가치 없는 경솔함의 표현이었을 수 있다. 사람들이 항상 해석하는 바대로 "어떤 사람이 어느날 'p'를 말하고 'p'는 영어 코드에 알맞게 직관적으로 의미하는 것을 의미하게 된다."

17 카스토리아디스(C. Castoriadis), 『미로를 관통하여-영혼, 이성, 사회』(Durchs Labyrinth-Seele, Vernunft, Gesellschaft), Frankfurt/M. 1983, S. 111f.

18 에코에게 잘못된 해석들의 위증을 위한 기준들을 명명하는 것이 실제로 얼마나 어려웠는가는 『해석의 논쟁』(Streit der Interpretationen) (Konstanz 1987, S. 46f.)에 나온 부분이 증명해 준다.

19 아도르노(Th. W. Adorno), 『최소한의 도덕』(Minima Moralia), Frankfurt/M. 1951, S. 327.

20 계속해서 아도르노(Th. W. Adorno), 『최소한의 도덕』(Minima Moralia), a.a.O., S. 321 이하를 참조.

21 플라톤(Platon), 『티마이오스』(Timaios), Särtliche Werke Bd. 5, Reinbek 1959를 참조. 특히 30a 이하.

22 같은 책, 69b.

23 아퀴나스(Th. von Aquin), 『진리에 대한 연구』(Untersuchungen über die Wahrheit) (Questiones disputate de veritate), 2 Bde., Darmstadt 1970, 2, II, c.

24 칸트에 의하면 유추는 어떤 이성 추론이 아니고 단지 "논리적인 추정"이다 ; 그의 책 『논리학, 기초이론, 추론에 대하여』(Logik, Elementarlehre, Von den Schlüssen), A 208 ; in : Werke in 12 Bden., Bd. VI, Wiesbaden 1958, S. 565.

25 보헨스키(I. M. Bochenski), 『유추의 수학적-논리적 분석에 대한 단상들』(Gedanken zur mathematisch-logischen Analyse

der Analogie), in : Studium Generale, Heft 3, 9. Jg. 1956, S. 121－125를 참조.

26 에코도 역시 그것을 지적했다 : 『해석의 논쟁』(Streit der Interpretationen), a.a.O., S. 27f. ; 더 나아가서 『거울과 다른 현상에 대하여』(Über Spiegel und andere Phänomene), a.a.O., S. 10f. und : 『해석의 한계』(Die Grenzen der Interpretation), a.a.O., S. 59ff.

27 이러한 예들에 대해서는 『해석의 한계』(Die Grenzen der Interpretation), a.a.O., S. 89를 참조.

28 같은 책 115쪽, 에코는 수많은 생략을 포함한 47개의 이름을 가진 목록을 인용한다.

29 푸코(M. Foucault), 『사물의 질서』(die Ordnung der Dinge), a.a.O., S. 46 이하를 참조.

30 같은 책 61쪽.

31 아도르노(H. W. Adorno), 『최소한의 도덕』(Minima Moralia), a.a.O., S. 326.

32 오토(R.Otto), 『성스러운 것』(Das Heilige), a.a.O., 특히 28쪽 이하.

33 이념의 기호학적인 이론을 위해서는 특히 『기호학－기호이론의 기안』(Semiotik－Entwurf einer Thorie der Zeichen), a.a.O., S. 385 ff.를 참조.

34 바츠라빅(P. Watzlawick), 『스스로 이루어지는 예언』(Sich selbst erfüllende Prophezeihungen), in : P. Watzlawick/F. Kreuzer, Die Unsicherheit unserer Wirklichkeit, München 1981, S. 52－76을 참조하시오.

35 이를 통해서 "이념비평"은 좁은 경계를 설정했다. 사람들은 에코가 『기호학』(Semiotik－Entwurf einer Theorie der Zeichen), a.a.O., S. 396ff.에서 한 것처럼 이념을 비판할 수 없다. 왜냐하면 이것 자체는 아직 어떤 절대적인 입장을 전제하지 않기 때문이

다. 사람들은 단지 그것이 기호학적으로 어떻게 기능하는가, 그리고 기호적인 우주가 이념론자들이 이것을 믿게 만드는 것보다 더 복잡함을 지시할 수 있다. 그러나 소설은 정확히 이러한 방식을 사용한다.

36 포퍼(K. Popper), 『연구의 논리학』(Logik der Forschung), 6. Aufl., Tübingen 1976, 특히 47쪽을 참조.

37 포퍼, 『추측과 반박』(Conjectures and Refutations), London 1969, 특히 S. 47쪽 이하 참조.

38 짐멜의 『비밀과 비밀사회』(Das Geheimnis und die geheime Gesellschaft), in : Soziologie−Untersuchung über die Formen der Vergesellschaftung, Gesmatausgabe Bd. 11, Frankfurt/M. 1992.

결론 : "현재를 즐겨라"의 지혜

1 에코는 비슷한 중간위치를 이미 『종말론자와 통합론자』에서 표명한 바 있다 : 사람들은 대중문화를 "종말론자"가 되지 않고 비평할 수 있고 동시에 "통합론자"로서 행동하지 않고 대중문화를 즐길 수 있다. 문화의 몰락에 대한 염세적인 탄식을 나타내지 않고 긍정적인 적응에 기울지 않는 비평의 차원이 있다.

2 쇼펜하우어(A. Schopenhauer), 『의지와 표상으로서의 세계』(Die Welt als Wille und Vorstellung), in : ders., Sämtliche Werke in 6 Bdn., Bd. 1, Leipzig 1890, 특히 §§ 68ff., 71 ; S. 485ff., 523ff.를 참조.

3 하이데거(M. Heidegger), 『평정』(Gelassenheit), Pfullingen 1959, 특히 S. 42ff., 57f., 60을 참조.

4 푸코(M. Foucault), 『성과 진리』(Sexualität und Wahrheit), Bd. 3, Frankfurt/M. 1984을 참조. 더 나아가서 그것에 대해서 역시 슈미

트(W. Schmid), 『새로운 삶의 기술에 대한 추구』(Auf der Suche nach einer neuen Lebenskunst), Frankfurt/M. 1991도 참조.

옮긴이 후기

1 『장미의 이름』은 출간과 동시에 엄청난 주목을 받았으며, 1,500만부가 팔렸고 1986년 장 자크 아노 감독이 제임스 본드로 열연한 바 있는 숀 코네리를 주연으로 영화를 만들기도 하였다.

‖ 참고문헌 ‖

1. 에코의 작품

a) 독어 번역 (알파벳 순서에 따라서)

AI Apokalyptiker und Integrierte, Frankfurt/M. 1984 (it. Apocalittici e integrati, Mailand 1964).

ES Einführung in die Semiotik, München 1972 (it. La struttura assente, Mailand 1968 ; zusammen mit Le forme del contenuto, Mailand 1971).

FP Das Foucaultsche Pendel, 1989.

GI Die Grenzen der Interpretation, 1992.

GW Über Gott und die Welt, 1985.

KM Kunst und Schönheit im Mittelater, 1991.

LF Lector in Fabula, 1987.

NR Der Name der Rose, 1982.

NNR Nachschrift zum 「Namen der Rose」, 1984.

OK Das offene Kunstwerk, 1977.

PS Platon im Striptease, 1990.

SI Streit der Interpretationen, 1987.

SS Semiotik und Philosophie der Sprache, 1985.
SZ Semiotik – Entwurf einer Theorie der Zeichen, 1987.
ÜS Über Spiegel und andere Phänomene, 1988.
Z Zeichen – Einführung in einen Begriff, 1977.

b) 에코의 다른 작품

Der Zirkel oder Im Zeichen der Drei. Dupin, Holmes, Peirce, München 1985 (hrsg. zus. mit Thomas A. Sebeok).

Die Bibliothek, Jahresgabe des Carl Hanser–Verlages, München/Wien 1987.

Die drei Kosmonauten, Mailand 1989 (zus. mit Euginio Carmi).

Die Bombe und der General, Mailand 1990 (zus. mit Euginio Carmi).

Streichholzbriefe, München/M. 1990.

Im Labyrinth der Vernunft–Texte über Kunst und Zeichen, Leipzig, 1990 (Kompilation aus den semiotischen Hauptschriften sowie den kulturkritischen und kunsthistorischen Essays).

Wie man eine wissenschaftliche Abschlußarbeit schreibt. Doktor–, Diplom–und Magisterarbeiten in den Geistes–und Sozialwissenschaften, Heidelberg 1990.

Kunst und Schönheit im Mittelalter, München/Wien 1991.

Die Grenzen der Interpretierbarkeit, München/Wien 1992.

Die Gnome von Gnu, Mailand 1992 (zus. mit Euginio Carmi).

Wie man mit einem Lachs verreist, München/Wien 1993.

c) 논문, 서문, 인터뷰

Die Gliederung des filmischen Codes, in : Sprache im technischen Zeitalter, Berlin 1968, S. 230–252.

Vorsichtige Annäherung an einen anderen Code. Einleitung zu : Das München aus der Volkskommune. Chinesische Comics, Reinbek

1972.

Semiotik der Ideologien, in : Peter V. Zima (Hg.), Textsemiotik als Ideologiekritik, Frankfurt/M. 1997, S. 54–64.

Ein unmögliches Interview mit Pythagoras, in : Freibeuter 3, Berlin 1980, S. 166–171.

Die Karte des Reiches im Maßstab 1 : 1, in : Freibeuter 14, Berlin 1982, S. 143–147.

Die Abduktion in Uqbar, in : Jorge Luis Borges/Adolfo Bioy Casares, Gemeinsame Werke Bd. 1, München 1983, S. 271–286 (wiederabgedruckt in : Über Spiegel und andere Phänomene, S. 200–213).

» Eine Geste der Zuneigung oder auch ein Akt der Befreiung von uralten Obsessionen «, Interview, in : Bogen 6, München 1982, S.10–13.

Hörner, Hufe, Sohlen. Einige Hypothesen zu drei Abduktionstypen, in : U. Eco/Th. A. Sebeok (Hg.), Der Zirkel oder Im Zeichen der Drei, 1985, S. 288–320 (wiederabgedruckt in : Die Grenzen der Interpretation, S. 301–336).

Die Zeit der Kunst, in : Michael Baudson (Hg.), Zeit. Die vierte Dimension in der Kunst ; Acta humaniora, Weinheim 1985, S. 73–83.

Eine Stele für Celli, Vorwort zu Giorgio Celli, Der lekzte Alchimist, Stuttgart 1986.

Manzonis Verlobten, Vowort zu : Alessandro Manzoni, Die Verlobten, 3. Aufl., Darmstadt 1989.

» Ich weiß etwas, was du nicht weißt … «, Interview, in : Psychologie heute, März 1990, S. 30–35.

Charles Sanders Pe(i)rsonal. Modell künstlicher Interpretation, in : Armin Burkhardt/Eberhard Rohse(Hg.), Umberto Eco–Zwischen Literatur und Semiotik, 1991, S. 1–28 (wiederabgedruckt in : Die Grenzen der Interpretation, S. 398–424).

d) 독어로 번역되지 않은 다른 문헌들

Poetica ed estetica in James Joyce, in : Rivista di Estetica Padova 1957, S. 64–100.

Storiographia medievale e estetica teoretica, Torino 1960.

Arte programmata, in : Verri, 3, Milano 1962, S. 72–80.

Diario minimo, Milano 1963 (Kolumnen aus L'Espresso ; teilweise übersetzt in : Platon im Striptease–Lokal).

La generazione di Nettuno, in : Gruppo 63. La nuova letteratura. 34 scrittori, Palermo 1963, S. 407–416.

Sviluppo dell'estetica medievale, in : Momenti e problemi di storia dell' estetica, Milano 1965–1970, Vol–1, S. 115–229.

Poissons Rouges et tigres en papier, in : Les Temps Modernes25 (277–278), 1969, S. 280–293.

Il problemo estetico in Tommaso d'Aquino, Milano 1970 (in völlig neuer Bearbeitung erweitert zu : KM, München/Wien 1991).

Sémiologie des messages visuelles, in : Communications 19, 1970, S. 11–51.

Asemiotic approach to semantics, in : Versus 1, Milano 1971, S. 21–60.

The Death of the Gruppo 63, in : 20th Century Studies 5, Canterbury 1971, S. 60–71.

Semiotica e filosofia, in : Bollettino della Societá Filosofica Italiana, Nuova Serie, Nr. 78, Roma 1972, S. 1–15.

Homo ludens oggi, in : Johan Huizinga, Homo ludens, Torino 1973, S. VII–XXVII.

Palisesto su Beato, in : Beato di Liébana, Miniature del Beato di Fernando Iy Sancha, Parva 1973. S. 21–80.

Come si fa una tesi di laurea, Milano 1977.

La critica semiologica, in : I metodi attuali della critica in Italia, Torino

1980, S. 317–330.

Two problems in Textual Interpretation, in : Poetics today 2, Tel Aviv 1980, S. 145–161.

Dall'albero al labirinto, in : (zus. mit Achille Bonito Oliva) (Hg.), Luoghi el Silenzio Imparziale. Labirinto Contemporaneo, Milano 1981, S. 39–50.

On Symbols, in : Recherches Semiotiques 2, Toronto 1982, S. 15–44.

The frames of comic » freedom «, in : Thomas A. Sebeok (Hg.), Carnival! Berlin 1984, S. 1–9.

2. 독일어로 된 에코에 대한 작품들

a) 책, 묶음집

Flans Jürgen Bachorski (Hg.), Lektüren–Aufsätze zu Umberto Ecos » Der Name der Rose «, Göppingen 1985.

Luigi Bauco/Francesco Millocca, Das Geheimnis des Pendels–entschlüsselt, München 1990.

Hans D. Baumann/Arman Sahidi, Der Film » Der Name der Rose «, Weinheim/Basel 1986.

Armin Burckhardt/Eberhard Rohse (Hg.), Umberto Eco–Zwischen Literatur und Semiotik, Braunschweig 1991.

Alfred Haverkamp/Alfred Heit (Hg.), Ecos Rosenroman–Ein Kolloquium, München 1987.

Klaus Ickert/Ursula Schick, Das Geheimnis der Rose–entschlüsselt München 1989.

Max Kerner (Hg.), » … eine finstere und fast unglaubliche Geschichte «, 3. Aufl., Darmstadt 1988.

Burkhart Kroeber (Hg.), Zeichen in Umberto Ecos Roman » Der Name der Rose «, München/Wien 1987.

Manfed Moser, Musil, Canetti, Eco, Calvino. Die überholte Philosophie, Wien 1986.

Thomas Stauder, Umberto Ecos » Der Name der Rose «—Forschungsbericht und Interpretation, Diss. Erlangen 1988.

b) 개별적인 논문, 서평 등

Piergorgio Bellocchio, Rätsel um Eco, in : Düsseldorfer Debatte 1988, Heft 3, S. 22—32.

Patricia Blake, Murders in a Medieval Monastary, in : Time 24, 13. 1. 1983.

Jörg Drews, Ecco! Ein Krimi aus dem Herbst des Mittelalters, in : Lesezeichen, 1982.

Michael Franz, Das menschliche Maß der Kunst, in : Umberto Eco, Im Labyrinth der Vernunft, Leipzig 1990, S. 455—473.

Horst Fuhrmann, Besprechung von Umberto Eco, Der Name der Rose ; in : Deutsche Archiv für Erforschung des Mittelalters 39, 1983, S. 718f.

Mario Fusco, Gespräch mit Umberto Eco, in : Sinn und Form, 1982, Heft 2, S. 374—385.

Horst Heintze, Der Name eines Bestsellers. Zur Literaturgeschichtlichkeit und aktualisierenden Bedeutung in Umberto Ecos mittelalterlichem Kriminalroman, in : Weimarer Beiträge 1987, Heft 2, S. 256—276.

Burkhart Kroeber, Bücher in heimlich—unheimlichem Dialog miteinander, in : Frankfurter Rundschau vom 24. 7. 1982.

Teresa de Lauretis, Das Rätsel der Lösung—Umberto Ecos » Der Name der Rose « als postmoderner Roman, in : Andreas Huyssen/Klaus R. Scherpe (Hg.), Postmoderne—Zeichen eines kulturellen Wandels, Reinbek 1986, S. 251—269.

Cees Nooteboom, In Ecos Labyrinth, in : Umberto Eco. Pendel und Computer, Der Bogen 1989, Ⅱ, 29.

Jürgen Petersohn, Ecos Echo–Ein Anstoß für Mittelalterhistoriker?, in : Geschichte in Wissenchaft und Unterricht 39, 1986, S.761–766.

H. R. Schlette, » Nur noch nackte Namen...«. Überlegungen zu Umberto Eco : Der Name der Rose, in : Orientierung 48, 1984.

Gustav Seibt, Den Text der Welt verrühren. Trivialroman für gelehrte Leser : Umberto Ecos » Das Foucaultsche Pendel «, in : Frankfurter Allgemeine Zeitung vom 16. 12. 1989.

Fred Silbermann, Umberto Eco : Der Name der Rose, in : Neue Deutsche Hefte, 1987, Heft 3, S. 636f.

Rolf Theers, Sherlock Holmes im Mönchsgewand– » Der Name der Rose « –gelesen als Kriminalroman ; in : Umbruch. Zeitschrift für Kultur 5 ; Nr. 4, 1986.

Alfred K. Treml, Der Name der Rose. Selbstverständnis und Verhängnis der modernen Wissenschaft in Umberto Ecos Roman, in : Universitas, Heft 12, 1986, S. 1306–1319.

Heidi Urbahn de Jauregui, Stat Rosa, in : Sinn und Form 1987, Heft 6, S. 1324–1333.

Heinz–Günter Vester, Konjunktur der Konjunkturen. Postmodernität bei Pynchon, Eco, Strauß, in : L'80, 1985, Heft 34 S. 11–28.

Alice Vollenweider, Ein Krimi aus der Retorte, in : Frankfurter Allgemeine Zeitung vom 9. 10. 1982.

Harald Weinrich, Namen des Mittelaters : Vergleichende Anmerkungen zu Scheffel, Hesse und Eco, in : Italia Viva. Studien zur Sprache und Literatur Italiens (Festschrift für Ludwig Scheel), hrsg. von Willi Hirdt und Reinhardt Klesczewski, Tübingen 1983.

Willi Winkler, Rezension des Foucaultschen Pendels, in : Der Spiegel, Nr. 52, 1989.

Ulrich Wyss, Spiegel, Traum, Allegorie. Über Mittelalterbücher, in : Mitteilungen des Deutschen Germanistenverbandes 30(1983), Heft 4, S. 21–29.

Dieter E. Zimmer, Gipfelkonferenz im Kloster, in : Die Zeit, Nr. 41, 8. 12. 1982.

3. 사용된 다른 문헌들

Theodor W. Adorno, Minima Moralia, Frankfurt/M. 1951.

– Positivismusstreit–Einleitung, Darmstadt/Neuwied 1969.

– Negative Dialektik, Gesammelte Schriften Bd. 6, Frankfurt/M. 1973.

– Philosophische Terminologie, Bd. 1, Frankfurt/M. 1973.

– zus. mit Max Horkheimer, Dialektik der Aufklärung, Frankfurt/M. 1969.

Horst Althaus, Hegel und die heroischen Jahre der Philosophie, München/Wien 1992.

Karl–Otto Apel, Die Idee der Sprache in der Tradition des Humanismus von Dante bis Vico, 2. Aufl., Bonn 1975.

– Wie ist Erkenntniskritik als Sprachkritik möglich?, in : J. Schlemmer (Hg.), Sprache als Brücke und Hindernis, München 1972, S. 11–22.

– Transformation der Philosophie, 2 Bde., Frankfurt/M. 1973, Bd. 1.

– Der Denkweg von Charles Sanders Peirce–Eine Einführung in den amerikanischen Pragmatismus, Frankfurt/M. 1975.

– Der semiotische Pragmatismus von Ch. S. Peirce und die » abstractive fallacy « in den Grundlagen der Kantischen Erkenntnistheorie und der Carnapschen Wissenschaftslogik, in : bewußtsein, Festschrift für Gerhard Funke, Bonn 1975, S. 48–58.

Aristoteles, Nikomachische Ethik, hrsg. v. Günther Bien, 3. Aufl.,

Hamburg 1972.
– Poetik, hrsg. v. Olof Gigon, Stuttgart 1961.
Rosario Asunto, Die Theorie des Schönen im Mittelalter, Köln 1963.
Thomas v. Aquin, Untersuchungen über die Wahrheit (Questiones disputatiae de veritate, aus d. Lat. v. E. Stein 1932) 2 Bde., Darmstadt 1970.
Michael Bachtin, Rabelais und seine Zeit, Frankfurt/M. 1987.
Roland Barthes, Elemente der Semiologie, Frankfurt/M. 1979.
– S/Z, Frankfurt/M. 1975.
– Im Reich der Zeichen, Frankfurt/M. 1981.
– Lecon/Lektion, Frankfurt/M. 1988.
J. E. Berendt, Nada brahma–Die Welt ist Klang, Reinbek 1985.
Ernst Bloch, Verfremdungen, I, Frankfurt/M. 1962.
Hans Blumenberg, Die Lesbarkeit der Welt, 2. Aufl., Frankfurt/M. 1989.
I. M. Bochenski, Gedanken zur mathematisch–logischen Analyse der Analogie, in : Studium Generale, Heft 3, 9. Jg., 1956, S. 121–125.
Gernot Böhme, Der Typ Sokrates, Frankfurt/M. 1988.
– Philosophie als Arbeit, Neue Zürcher Zeitung vom 21./22. 4. 1991.
– Atmosphäre als Grundbegriff einer neuen Ästhetik, in : Kunstforum, Kunst und Humor, Bd. 120, 1992.
– zus. mit Hartmut Böhme, Das Ardere der Vernunft, Frankfurt/M. 1983.
Jorge Luis Borges, Ausgewählte Essays, Frankfurt/M. 1982.
– Die zwei Labyrinthe. Ein Lesebuch, München 1986.
– Die Unsterblichkeit, Essays, Berlin 1987.
Pierre Bourdieu, Die feinen Unterschiede–Kritik der gesellschaftlichen Urteilskraft, Frankfurt/M. 1982.
Rüdiger Bübner, (Hg.), Sparache und Analysis, Göttingen 1968.
Karl Bühler, Sprachtheorie, Jena 1934 in : ders., Die Axiomatik der

Sprachwissenschaften, Kantstudien XXXVIII.

Fridjof Capra, Wendezeit, 6. Aufl., Bern/München/Wien 1983.

Rudolf Carnap, Der logische Aufbau der Welt, 4. Aufl., Frankfurt/M./ Berlin/Wien 1974.

– Sinn und Synonymität in natürlichen Sprachen, in : J. Sinnreich (Hg.), Zur Philosophie der idealen Sprache, S. 145–163.

Ernst Cassirer, Philosophie der symbolischen Formen, 3 Bde., Berlin 1923–29, Nachdr. Darmstadt 1964.

Cornelius Castoriadis, Durchs Labyrinth. Seele, Vernunft, Gesellschaft, Frankfurt/M. 1983.

François Châtelet, Geschichte der Philosophie, 8 Bde., Frankfurt/M./ Berlin/Wien 1973.

Noam Chomsky, Aspekte der Syntaxtheorie Frankfurt/M. 1969.

Marius Tullius Cicero, Topik, hrsg. v. Hans G. Zekl, Hamburg 1983.

Ernst Robert Curtius, Europäische Literatur und lateinisches Mittelalter, Bern 1948.

Philip J. Davis/Reuben Hersh, Descartes'Traum, Frankfurt/M. 1988.

Gilles Deleuze, Nietzsche–ein Lesebuch, Berlin 1979.

– zus. mit Felix Guatteri, Anti–Ödipus, Frankfurt/M. 1974.

– zus. mit Felix Guatteri, Rhizom, Berlin 1977.

– zus. mit Michel Foucault, Der Faden ist gerissen, Berlin 1977.

Jacques Derrida, Grammatologie, Frankfurt/M. 1974.

– Die Stimme und das Phänomen, Frankfurt/M. 1979.

– Randgänge der Philosophie, Frankfurt/M./Berlin/Wien 1976.

– Die Schrift und die Differenz, Frankfurt/M. 1976.

– La dissémination, Paris 1972.

– Die Postkarte von Sokrates bis an Freud und jenseits, 1. Lieferung, Berlin 1982.

René Descartes, Meditationes, Hamburg 1972.

John Dewey, Die Erneuerung der Philosophie, Hamburg 1991.

Wilhelm Dilthey, Die Aufbau der geschichtlichen Welt in den Geisteswissenschaften, Frankfurt/M. 1970.

Hans–Peter Dürr, Traumzeit–Über die Grenzen zwischen Wildnis und Zivilisation, Frankfurt/M. 1978.

– (Hg.), Der Wissenschaftler und das Irrationale, 2 Bde., Frankfurt/M. 1981.

Ralph Waldo Emerson, Essays, Zürich 1983.

Peter Engelmann, Philosophie und Totalitarismus, Zur Kritik dialektischer Diskursivität–Eine Hegellektüre, Wien 1990.

J. A. Foder/J. J. Katz, Spachphilosophie und Sprachwissenschaft, in : Günther Grewendorf/Georg Meggle (Hg.), Linguistik und Philosophie, Frankfurt/M. 1974, S. 103–127.

Michel Foucault, Wahnsinn und Gesellschaft, Frankfurt/M. 1969.

– Die Ordnung der Dinge, Frankfurt/M. 1971.

– Überwachen und Strafen–Die Geburt des Gefängnisses, Frankfurt/M. 1976.

– Archäologie des Wissens, Frankfurt/M. 1973.

– Dies ist keine Pfeife, München 1974.

– Dispositive der Macht, Berlin 1978.

– Die Ordnung des Diskurses, München 1974.

– Der Ariadnefaden ist gerissen, in : ders. zus. mit Gilles Deleuze, Der Faden ist gerissen, Berlin 1977.

– Sexualität und Wahrheit, Bd. 1. Frankfurt/M. 1984.

– Die Sorge um sich, Sexualität und Wahrheit, Bd. 3, Frankfurt/M. 1986.

Manfred Frank, Was ist Neostrukturalismus? Frankfurt/M. 1984.

Gottlob Frege, Über Sinn und Bedeutung, in : Zeitschrift für Philosophie und Philosophische Kritik, 100, 1892.

Sigmund Freud, Die Witz und seine Beziehung zum Unbewußten, in : Werke Bd. 4, Frankfurt/M. 1970, S. 9–219.

Hugo Friedrich, Die Struktur der modernen Lyrik, 10. Aufl., Reinbek 1981.

Hans–Georg Gadamer, Wahrheit und Methode, 3. Aufl., Tübingen 1972.

Helga Gallas (Hg.), Strukturalismus als interpretatives Verfahren, Darmstadt/Neuwied 1972.

Martin Gardner, Bacons Geheimnis, Frankfurt/M. 1990.

Jacques Le Goff, Geschichte des Hochmittelalters, Fischer Weltgeschichte 11, Frankfurt/M. 1965.

Günther Grewendorf/Georg Meggle (Hg.), Linguistik und Philosophie, Frankfurt/M. 1974.

Jürgen Habermas, Theorie des kommunikativen Handelns, 2 Bde., Frankfurt/M. 1981.

Martin Heidegger, Sein und Zeit, 12. Aufl., Tübingen 1972.

– Über den Humanismus, Bern 1947.

– Unterwegs zur Sprache, 5. Aufl., Pfullingen 1975.

– Der Satz vom Grund, Pfullingen 1957.

– Gelassenheit, Pfullingen 1959.

– Holzwege, 5. Aufl., Frankfurt/M. 1972.

– Was ist Metaphysik?, Frankfurt/M. 1975.

– Identität und Differenz, 6. Aufl., Pfullinger 1978.

– Die Technik und die Kehre, 4. Aufl., Pfullingen 1978.

– Vorträge und Aufsätze, 4. Aufl., Pfullingen 1978.

C. G. Hempel, Probleme und Modifikation des empirischen Sinnkriteriums, in : J. Sinnreich (Hg.), Zur Philosophie der idealen Sprache, München 1972, S. 104–125.

Detlev Horster, Richard Rorty zur Einführung, Hamburg 1991.

Kurt Hübner, Die Wahrheit des Mythos, München 1985.

Johan Huizinga, Herbst des Mittelalters, 11. Aufl., Stuttgart 1975.

Edmund Husserl, Logische Untersuchungen. I und II, 5. Aufl., Tübingen 1968.

Andreas Huyssen, Postmoderne–eine amerikanische Internationale?, in : A. Huyssen/K. R. Scherpe(Hg), Postmoderne–Zeichen eines kulturellen Wandels, S. 13–44.

– zus. mit Klaus R. Scherpe (Hg), Postmoderne–Zeichen eines kulturellen Wandels, Reinbek 1986.

Luce Irigary, Speculum. Spiegel eines anderen Geschlechts. Frankfurt/M. 1980.

Ludwig Jäger, Zu einer historischen Rekonstruktion der authentischen Sprach–Idee F. de Saussures, Diss. Düsseldorf 1975.

Roman Jakobson, Aufsätze zur Linguistik und Poetik, Frankfurt/M./ Berlin/Wien, o, J., S. 150–224.

Juan Ramon Jimenéz, Herz, stirb oder sing!, Zürich 1977.

Béla Juhos, Über Analogieschlüsse, in : Studium Generale, 9. Jg., Heft 3, 1956, S. 126–129.

Immanuel Kant, Beantwortung der Frage : Was ist Aufklärung?, in : Werke in 12 Bdn., Bd. XI, Frankfurt/M. 1964.

– Logik, Elementarlehre, Von den Schlüssen, Werke in 12 Bdn., Bd. VI, Frankfurt/M. 1964.

Hermann Kern, Labyrinthe, 2. Aufl., München 1983.

Julia Kristeva, Die Revolution der poetischen Sprache, Frankfurt/M. 1978.

– Zur Semiologie der Paragramme, in : Helga Gallas(Hg.), Strukturalismus als interpretatives Verfahren, Darmstadt/Neuwied 1972, S. 163–200.

Gottfried Wilhelm Leibniz, Monadologie, in : Die Hauptwerke, Stuttgart 1967, S. 130–150.

– Studien zur Theodizee, in : Die Hauptwerke, S. 151–288.

Emmanuel Lévinas, Die Spur des Anderen, 2 Aufl., Freiburg/München 1987.

Bruno Liebrucks, Sprache und Bewußtsein 2 Bde., Frankfurt/M. 1964.

John Locke, Versuch über den menschilchen Verstand (Nachdruck der Wincklerschen Ausgabe 1911–1913), Hamburg 1968.

Guillaume de Lorris, Der Rosenroman, übers. v. M. Krüger, Stuttgart 1985.

Georg Lukács, Die Theorie des Romans. Ein geschichtsphilosophischer Versuch über die Formen der großen Epik, 12. Aufl., Neuwied/Berlin 1989.

Jean François Lyotard, Das postmoderne Wissen, Wien 1986.

Fritz Mauthner, Beiträge zu einer Kritik der Sprache, unveränderter Neudruck der Ausgabe von 1906, 2 Bde, Frankfurt/M./Berlin/Wien 1982.

Dieter Mersch, (Hg.), Gespräche über Wittgenstein, Wien 1991.

– Jenseits des Zeichens–Einige sprachphilosophische Reflexionen zu John Cages Textkompositionen, in : MusikTexte, Nr. 15, 1986, S. 18–22.

Marvin Minsky, (Hg.), Semantic Information Processing, MIT Cambridge/Mass. 1968.

Charles William Morris, Zeichen, Sprache und Verhalten, Düsseldorf 1972.

– Grundlagen der Zeichentheorie, Berlin 1979.

– Pragmatische Semiotik und Handlungstheorie, Frankfurt/M. 1977.

Ludwig Nagl, Charles Sanders Peirce, Frankfurt/M. 1992.

Friedrich Nietzsche, Götzen–Dämmerung, in : Werke III, hrsg. v. Karl Schlechta, Nachdruck der 6. Aufl. 1969, Frankfurt/M./Berlin/Wien 1981.
– Umwertung aller Werte(–Der Wille zur Macht), 2 Bde., München 1969.
– Die fröhliche Wissenschaft, in : Werke II, hrsg. v. Karl Schlechta, Nachdruck der 6. Aufl. 1969, Frankfurt/M./Berlin/Wien 1979.
– Zur Genealogie der Moral, in : Werke III, hrsg. v. Karl Schlechta, Frankfurt/M./Berlin/Wien 1981.

Novalis, Heinrich von Ofterdingen, Werke, hrsg. von H. J. Mähl und R. Samuel, München/Wien 1981.
J. C. Nyíri, Österreich und das Entstehen der Postmoderne, Manuskript, 1989.
C. K. Odgen/I. A. Richards, Die Bedeutung der Bedeutung, Frankfurt/M. 1974.
Rudolf Otto, Das Heilige, München 1963.
Erwin Panofsky, Sinn und Deutung in der bildenden Kunst, Köln 1975.
Octavio Paz, Wir müssen keine Brüber sein–Über das Zeitalter der Entdeckungen und die Zukunft der Demokratie, in : Frankfurter Allgemeine Zeitung vom 2. 10. 1992.
Charles Sanders Peirce, Schriften I und II. Frankfurt/M. 1967, 1970.
– Phänomen und Logik der Zeichen, Frankfurt/M. 1983.
– Collected Papers, Cambridge/Mass., 1931–35/1958.

Platon, Aplogie, Sämtliche Werke Bd. 1, Reinbek 1959.
– Timaios. Sämtliche Werke Bd. 5, Reinbek 1959.
Helmut Plessner, Lachen und Weinen, Frankfurt/M. 1970.
Karl Popper, Conjectures and Refutations, 4. Aufl., London 1972.

– Der Zauber Platons, Bern 1957.

– Logik der Forschung, 6. Aufl., Tübingen 1976.

William Poundstone, Im Labyrinth des Denkens, Reinbek 1992.

Mario Praz, Liebe, Tod und Teufel. Über die schwarze Romantik, München 1963.

William van Orman Ouine, Ontologische Relativität und andere Schrifen, Stuttgart 1975.

– Von einem logischen Standpunkt, Frankfurt/M./Berlin/Wien 1979.

Rainer Maria Rilke, Sonette an Orpheus, in : ders., Werke in 6 Bdn.,

Bd. 2, Nachdruck Frankfurt/M. 1966, 1980.

Richard Rorty, Kontingenz, Ironie und Solidarität, Frankfurt/M. 1989.

– Consequences of Pragmatism, Minneapolis 1982.

Ferdinand de Saussure, Grundfragen der allgemeinen Sprachwissenschaft, 2. Aufl., Berlin 1967.

J. Schlemmer, (Hg.), Sprache als Brücke und Hindernis, München 1972.

Wilhelm Schmid, Auf der Suche nach einer neuen Lebenskunst, Frankfurt/M. 1991.

Hermann Schmitz, System der Philosophie, 10 Bde., Bonn 1964ff.

– Der unerschöpfliche Gegenstand. Grundzüge der Philosophie, Bonn 1990.

Arthur Schopenhauer, Die Welt als Wille und Vorstellung, in : ders., Sämtliche Werke in 6 Bdn., Bd. 1, Leipzig 1890.

Richard Sennett, Civitas, Frankfurt/M. 1991.

Angelus Silesius, Der cherubinische Wandersmann, Zürich 1946, Nachdruck 1979.

Georg Simmel, Soziologie–Untersuchung über die Formen der Vergesellschaftung, Gesamtausgabe, Bd. 11, Frankfurt/M. 1992.

Johannes Sinnreich (Hg.), Zur Philosophie der idealen Sprache, München 1972.

Gunnar Skirbekk(Hg.), Wahrheitstheorien, Frankfurt/M. 1977.

Oswald Spengler, Der Untergang des Abendlandes, München 1963.

Peter Frederick Strawson, Bedeuten, in : Rüdiger Bubner(Hg.), Sprache und Analysis, Göttingen 1968, S. 63–95.

Ortrud Stumpfe, Die Heroen Griechenlands, Einübung des Denkens von Theseus bis Odysseus, München 1973.

Alfred Tarski, Die semantische Konzeption der Wahrheit und die Grundlagen der Semantik, in : Gunnar Skirbekk(Hg.), Wahrheitstheorien, Frankfurt/M. 1977, S. 140–188.

Jürgen Thorwald, Das Jahrhundert der Detektive, Bd. 1, 4. Aufl., München/Zürich 1971.

Stephen Toulmin, Kosmopolis. Die unerkannten Aufgaben der Moderne, Frankfurt/M. 1991.

Barbara Tuchman, Der ferne Spigesl, 5. Aufl., München 1985.

Ernst Tugendhat, Tarskis semantische Definition der Wahrheit und ihre Stellung innerhalb der Geschichte des Wahrheitsproblems im logischen Positivismus, in : G. Skirbekk(Hg.) Wahrheits theorien, S. 189–223.

Gianni Vattimo, Jenseits vom Subjekt, Graz/Wien 1985.

Paul Watzlawick, Wie wirklich ist die Wirklichkeit?, München 1976.

– Sich selbst erfüllende Prophezeiungen, in : ders./Franz Kreuzer, Die Unsicherheit unserer Wirklichkeit, München 1981. S. 52–76.

Carl–Friedrich v. Weizsäcker, Die Einhiet der Natur, München 1974.

– Der Mensch in seiner Geschichte, München 1991.

Wolfgang Welsch, Unsere postmoderne Moderne, 3. Aufl., Weinheim 1991.

Ludwig Wittgenstein, Tractatus logico–philosophicus, Frankfurt/M. 1960.

– Philosophische Untersuchungen, Frankfurt/M. 1971.

– Über Gewißheit, Frankfurt/M. 1970.

– Schriften 3, Wittgenstein und der Wiener Kreis. Gesptäche, aufgezeichnet von Friedrich Waismann, Frankfurt/M. 1967.

N. L. Wilson, Linguistic Butter and Philosophical Parsnips, in : Journal of Philosophy 64, 1967.

‖ 에코 연보 ‖

1932 1월 5일 알레산드리아-피멘트에서 출생.

1955 튜린 대학교에서 "토마스 아퀴나스에서의 미학에 대한 문제"로 철학 박사학위 취득, 이태리 국영 텔레비전 RAI의 문화부서 근무.

1961 튜린 대학교에서 미학 강의.

1962 『열린 예술작품』(*Opera aperta*).

1963 아방가르드풍의 "그룹 63"의 공동 발기인.

1964 마이란드 대학교에서 강의.

1965 신문 "L'Espresso"에서 정규적인 컬럼 기고.

1966 플로렌츠 대학교에서 시각 커뮤니케이션학 교수, 브리질 상파울로 대학교 객원교수.

1967 문학적-예술적인 모임 "Quindici"의 공동 발기인.

1968 『기호학 입문』(*La struttura assente*, Einführung in die Semiotik) 발간.

1969 뉴욕 대학교 객원교수.

1970 부에노스 아이레스 대학교 객원교수.

1971 기호학 『Versus』를 창간하기 위한 국제 잡지 창간 및 공동발행인.

1972 시카고 노턴웨스턴 대학교 객원교수.

1975 볼로냐 대학교 커뮤니케이션-연극학 연구소 감독 및 기호학 교수.

1976 『기호학 이론』(*A Theory of Semiotics*, Semiotik-Entwurf einer Theorie der Zeichen) 발간.

1980 『장미의 이름』(*Il nome della Rosa*, Der Name der Rose) 출간.

1981 스트레가 상 수상(이태리).

1982 메디시스 상 수상(프랑스).

1985 맥루한 상 수상(캐나다).

1988 『푸코의 진자』(*Il pendolo di Foucault*, Das Foucaultsche Pendel) 발간. 산 마리노 대학 총장.

| 지은이에 대하여 |

디터 메어쉬(Dieter Mersch)는 1951년에 태어났고 독일의 보훔 대학교, 쾰른 대학교, 다름슈타트 대학교에서 수학과 철학을 공부해서 박사학위와 교수자격 논문을 통과했다. 쾰른에서 자유기고가로 활동하였고, 현재 포츠담 대학교 예술과 매체 연구소 교수로 재직 중이다. 저서로는 『비트겐슈타인에 대한 대화』(1991, Wien), 『컴퓨터, 문화, 역사』(1991, Wien), 『나타나는 것 ; 재료, 현존, 결과』(2002, München) 등이 있다.

| 옮긴이에 대하여 |

안정오(An, Cheung-O, 安正五)는 1956년에 태어났고 고려대학교 문과대학 독어독문학과와 일반 대학원에서 독어학, 독일문학, 일반언어학 등을 공부한 후 독어학 석사학위를 취득하고 독일 부퍼탈 대학교에서 독어학, 일반언어학, 문학, 철학을 수학한 뒤 철학 박사학위를 취득했다. 독일 보훔 대학교 동양학부에서 비교언어학, 한국어문학, 일반언어학 등을 2년 동안 강의하였다. 현재는 고려대학교 서창캠퍼스 인문대학 독일문화정보학과에서 교수로 재직하며 기호학, 언어학, 유럽사상, 독일인물론 등을 강의하고 있다. 저서 및 역서로는 『훔볼트의 상상력과 언어』(공역), 『비트겐슈타인』(역서), 『미드』(역서), 『기호학으로 세상읽기』(공저), 『기호학의 전통과 경향』(역서), 『훔볼트의 유산』(저서) 등이 있다.

움베르토 에코

초판1쇄 / 2006년 3월 30일

지은이 **디터 메어쉬**
옮긴이 **안정오**
펴낸이 **여국동**
펴낸곳 **도서출판 인간사랑**
인 쇄 **백왕인쇄**
제 본 **은정제책사**

출판등록 1983. 1. 26. / 제일-3호

정가 15,000원

ISBN 89-7418-608-X 93100

(411-815) **경기도 고양시 일산구 백석동** 1178-1
TEL (031)901-8144, 907-2003
FAX (031)905-5815
e-mail/igsr@Yahoo.co.kr
e-mail/igsr@Naver.com